诸葛亮传

何国松◎主编

吉林大学出版社

图书在版编目（CIP）数据

诸葛亮传/何国松主编.—长春：吉林大学出版社，2010.1
ISBN 978-7-5601-5116-8

Ⅰ.①诸… Ⅱ.①何… Ⅲ.①诸葛亮（181~234）—传记 Ⅳ.①K827=362

中国版本图书馆CIP数据核字（2009）第215049号

书　　　名	诸葛亮传
作　　　者	何国松
责 任 编 辑	王世林
责 任 校 对	王世林
封 面 设 计	点滴空间
出 版 发 行	吉林大学出版社
社　　　址	长春市明德路421号
邮　　　编	130021
发行部电话	0431-88499826
网　　　址	http://www.jlup.com.cn
E-mail	jlup@mail.jlu.edu.cn
印　　　刷	三河市金轩印务有限公司
开　　　本	710×1000毫米　1/16
印　　　张	16
字　　　数	310千字
版　　　次	2010年1月第1版　2020年修订
书　　　号	ISBN 978-7-5601-5116-8
定　　　价	58.00元

版权所有　翻印必究

前　言

诸葛亮是中国历史上杰出的政治家、军事家。在民间传说中，诸葛亮是智慧的化身，他算无遗策，用兵如神。那么，诸葛亮的智慧是从何处来的？诸葛亮真有这么神奇吗？

本书根据史料，详细记叙了他在干戈扰攘、风云变幻的三国时期，辅助刘备、刘禅父子所取得的卓越成就；全面地展现了他在政治、军事、经济、法制、哲学等思想领域的熠熠光彩，揭示其以"拯世济民""兴复汉室"为核心的思想特征及对实践所起的指导作用，从而有助于读者对这位古代伟人的进一步了解。

当然，本书并非一本历史学著作，因此，我们在尊重史实的基础上，根据行文和读者的需要，合理、大胆地进行了合乎文学规律的再创作和艺术加工，以期为读者带来最大的精神享受和阅读享受。

由于学识所限，加之时间仓促，本书的不当之处自是难免，诚望各位读者提出宝贵意见，在此先予致谢。

目　录

第一章　少年时光 ………………………………… 1

第二章　隆中对策 ………………………………… 22

第三章　初展宏图 ………………………………… 41

第四章　霸业初成 ………………………………… 56

第五章　荆州之失与吴蜀修好 …………………… 108

第六章　治理蜀国 ………………………………… 131

第七章　平定夷越 ………………………………… 166

第八章　北伐曹魏 ………………………………… 197

第一章
少年时光

在中国家喻户晓的"智慧"化身诸葛亮于东汉灵帝光和四年（181）四月十四日，诞生于琅琊国阳都县（今山东沂南）的一个官宦之家。

《太平御览》卷470引晋《中兴书》说："汉司隶校尉诸葛丰以忠强立名，子孙代居二千石。三国之兴，蜀有丞相亮，吴有大将军瑾，魏有司空诞，名盖海内，为天下盛族。"意思是说，从诸葛亮先祖诸葛丰开始，诸葛氏家族世代为官，特别是到了三国时期，由于诸葛亮、诸葛瑾、诸葛诞三人分别在蜀、吴、魏三国做官，地位显赫，诸葛氏家族更具有丰采。

诸葛姓氏是怎么来的？自古以来说法不一。

一种说法认为自古以来就有姓诸葛的。如传世辑本《世本》说："有熊氏之后，詹葛氏，宋景公有大夫詹葛祈，其后齐人语讹，以詹葛为诸葛。"这就是说，"诸葛"，原为"詹葛"，先秦就有此复姓，后来因为齐国地方的人发音不准，将"詹葛"误称"诸葛"。这种说法，因《世本》一书已经亡佚，詹葛祈又查无此人，现在难以作为证据。

另一种说法认为诸葛氏是葛婴的后裔。应邵在《风俗通》中说："葛婴为陈涉将军，有功而诛，孝文帝追录，封其孙诸县侯，因并氏焉。"葛婴是秦末农民起义首领陈胜手下的将领，后来被陈胜杀害。汉文帝时，为了追录葛婴反秦之功，便把他的子孙封为诸县侯。葛婴后裔，把诸与葛合起来，因此就姓诸葛。这种说法没有史实根据。《汉书·功臣表》记有文帝所封的十侯，既没有葛氏被封侯的，也没有"诸县侯"这一封号。另外，汉文帝所封的这十位诸侯，除少数是协助汉高祖刘邦统一天下的功臣子孙外，大多是文帝时的有功之臣。即便是陈涉，刘邦也不过为其

"置守冢三十户",所以陈涉部下葛婴的子孙不可能封侯。

比较一致的说法认为阳都原先就有姓葛的,当时的人们为了把从琅玡诸县迁到阳都姓葛的与阳都原有姓葛的区别开来,就把从琅玡诸县迁到阳都姓葛的称诸葛。《三国志·吴书·诸葛瑾传》注引《吴书》就是这样说的:"其先葛氏,本琅玡诸县人,后徙阳都。阳都先有姓葛者,时人谓之诸葛,因以为氏。"《吴书》的作者韦昭(204—273)与诸葛瑾及瑾子诸葛恪是同国、同时代的人,诸葛氏来源的这一说法,极有可能来自诸葛瑾或诸葛恪,这种说法应该是可信的。学术界现在多数采用《吴书》的说法,认为诸葛氏的祖先本来姓葛,住在琅玡诸县,后来迁居到阳都。人们为了把这两支葛姓区别开来,就把从诸县迁到阳都的诸葛亮的先祖们称为复姓诸葛。

诸葛氏是因葛姓自诸县迁入阳都而得氏,但从谁开始的,目前尚不清楚。《汉书·诸葛丰传》称诸葛丰为琅玡郡人,没有说明是哪个县的,故有人认为诸葛丰为始迁者。诸葛丰出仕时在汉宣、元之际,当时阳都为侯国,属琅玡郡,故诸葛丰应即琅玡阳都人。从两汉魏晋南北朝到唐代,诸葛氏家庭中出现了诸葛丰、诸葛亮、诸葛瑾、诸葛诞、诸葛乔、诸葛瞻、诸葛融、诸葛恪、诸葛靓、诸葛恢、诸葛长民、诸葛璩、诸葛勖、诸葛颖等有名的历史人物。这些历史人物中大都是琅玡阳都人。特别是由于诸葛氏家族中出现了千古名相诸葛亮这样的著名历史人物而使诸葛氏家族门第生辉,千古荣耀。

诸葛氏家族自古就有精研儒学的风气,以儒学传家。诸葛亮远祖诸葛丰以明经为郡文学。诸葛亮的父亲诸葛珪先任梁父尉,后升为泰山郡丞,也应当是由察举而步入仕途,而东汉顺帝以后的察举对策是要考试经文和"家法"的。诸葛亮的哥哥诸葛瑾年少的时候就到京城洛阳游学,主要学习《毛诗》《尚书》《左氏春秋》。诸葛亮幼承家学,学习的内容也不外乎此。诸葛亮对《周易》《公羊春秋》不但熟知,而且深得其精髓。诸葛亮本人的言论及其政治实践,到处可见儒家思想熏陶的痕迹。诸葛亮为文,或直接引用儒家经典,或述其大义,信手拈来。如《上言追尊甘夫人为昭烈皇后》,就引用《礼记》一处:"立爱自亲始,教民孝也;立敬自长始,教民顺也。"引《诗经》二句:"榖则异室,死则同穴。"述其大义一处:"《春秋》之义,母以子贵。"《正议》中的"昔轩辕氏整卒数万,制四方、定海内"等语,都是儒家习用的语言。因此,诸葛亮政治思想的基础,是以儒学为根底的。这说明诸葛氏家族的儒学传统是源远流长的。

但诸葛氏家族又不仅仅拘泥于儒学,其家族文化的传统是兼容了各家的学术思想,吸收了儒家以外的多种思想的养料。例如,诸葛丰虽主治《公羊春秋》,但汉元帝时为司隶校尉,执法严正,"刺举无所避",其法家思想的影响是显见的。诸葛亮以后在治军治国方面的重"法",也可找到他的渊源。而且,诸葛亮本人还亲自为后主刘禅"写《申》《韩》《管子》《六韬》",更可见他对各家思想的熟悉了。

诸葛氏家族有积极入世的从政传统。诸葛氏家族非常重视"修身""养性",但修身养性的最终目的是为了"兼善天下",就像诸葛亮在《诫子书》中所提到的"接世"。诸葛氏家族自其先祖诸葛丰任司隶校尉开始,中经东汉、三国以迄魏晋、隋唐,其从政者可谓代不乏人。尤其是三国时期,诸葛瑾为吴大将军,诸葛亮为蜀丞相,而其族弟诸葛诞又为魏将军,一门三方为冠盖,并有盛名。他们的子孙后代中,也有不少人从政。如诸葛瑾之子诸葛恪,孙诸葛竦、诸葛建;诸葛亮之子诸葛瞻,孙诸葛尚、诸葛京;诸葛诞之子诸葛靓,孙诸葛颐、诸葛恢,都曾担任过一定的政治或军事职务。

诸葛氏家族追求淡泊宁静的人生境界。诸葛亮在《诫子书》中说:"静以修身,俭以养德。非淡泊无以明志,非宁静无以致远。"无论诸葛亮本人,还是诸葛氏族人,也都以"淡泊"、"宁静"为其人生的最高境界。所谓"淡",既强调"少私寡欲",又指淡于名利,是一种崇高的精神境界。而所谓"静",则不单单是讲"养身之静"和"致学之静",更不是一味求"静";而是静中寓动,以静求动,动静相辅而相成。其最终目的如上所述,还是为了"兼善天下",为国家社稷出力,为黎民百姓造福。

千百年来构成诸葛亮这个历史人物形象的核心是"忠贞","忠贞"是贯穿诸葛亮始终的支柱和灵魂。

诸葛亮在追随刘备之后,他曾明确表白自己的心迹,即自己一生的奋斗都是"报先帝""忠陛下"。对诸葛亮的耿耿忠心,历朝历代的一些著名诗人、政治家、军事家、名流雅士以及布衣骚人都有赞叹颂扬。就连一代帝王清朝康熙皇帝也感慨地说:"诸葛亮云:'鞠躬尽瘁,死而后已。'为人臣者,惟诸葛亮能如此耳。"

诸葛亮的这种忠臣义士之节，我们可以从诸葛氏忠诚刚直的家风找到其历史渊源。

诸葛氏家族十分崇尚气节。诸葛亮的先祖诸葛丰，在汉元帝初元五年（前44），因为明经而任郡文学。他"名特立刚直"，故琅琊人贡禹于汉元帝初年任御史大夫时，即任命诸葛丰作属吏，推为侍御史。汉元帝提拔他任司隶校尉后，诸葛丰尽职尽责，公正无私，"刺举无所避"。京师长安流传着两句歌谣："间何阔，逢诸葛。"（"为啥长时间见不着？因为碰上了诸葛。"）汉元帝颇为赞赏诸葛丰嫉恶如仇的节操，加封诸葛丰为光禄大夫。

然而，当事情涉及外戚许章时，情况就不同了。当时任侍中的许章，凭借外戚的身份受到信任，骄奢淫逸而不守法度。许章的宾客触犯法律，案件牵涉到许章。诸葛丰据实写好了弹劾的奏章，适逢许章外出而与诸葛丰相遇。诸葛丰停下车，举着皇帝赐予的节大声喝道："下车！"欲收治许章。许章见此十分害怕，掉转车头飞驰而去。诸葛丰紧追不舍。许章入宫面见了皇帝。汉元帝此时不理诸葛丰的奏章，反而收去了司隶校尉可以代表皇帝收治不法官员的节。在中国司法史上，司隶校尉被去掉旄节就是从诸葛丰开始的。

诸葛丰既"特立刚直"，对皇帝如此袒护贵戚自然不满意，故他马上上书皇帝说："我诸葛丰无能而怯懦，行文不能劝善，用武不能压邪。陛下不估量我有没有才能，任命我为司隶校尉；我还没有为皇帝效力，又加秩为光禄大夫。地位高而责任重，不是我应当处的位置。再加上年事已高，经常担心突然死去，无法报答您的恩德，使谏议的臣子讥笑我于世无补，反而获得尸位素餐的名声，故而经常希望有朝一日拼上性命，把奸臣的头颅斩下，悬在街市上，写清楚他的罪过，让天下四方明确了解作恶应受到惩罚，然后我因而受到杀身之祸，也是心甘情愿的。即便平民百姓，尚有刎颈之交；现在凭四海之大，竟没有尽节死义的臣子，大都是苟合取容，结党营私，只考虑自己家门的利益，忘掉了国家的政局。污浊邪恶之气上触至天，因此灾害多次发生，百姓生活贫困艰难，这是臣子不忠的反映啊！我实在对此感到羞愧不已。一般人的想法，都是希望平安生存而讨厌危险死亡的；然而忠贞的臣子、正直的士子不去躲避祸患的原因是为了君王。"字里行间，流露出刚正不阿之气，忠君报国的拳拳之心。他要求辞仕回家，元帝不允许。

此后，诸葛丰所提建议，皇帝更不采纳。故诸葛丰又上书说："我听说伯奇很孝顺而为亲人所弃，伍员忠贞反被国君杀死，隐公慈爱被弟弟杀害，叔武孝悌而为兄所杀，凭着四子的行为，屈原的才能却不能自明反而招致刑戮，难道不值得注意吗！让我遭杀身之祸而使国家安定，被诛戮使国君扬名，我确实愿意；只怕没有什么好处反而为那些奸邪的人排斥，让谗谄的人达到目的，堵塞了正直的途径，忠臣伤心，智士闭口，这是我感到害怕的。"诸葛丰的正直得不到皇帝的理解，被调为城门校尉，后又被免为庶人，终老于家。诸葛丰从出仕至被免为庶人，前后仅两年的时间，但诸葛丰的忠贞为国却传为家风，对后代影响很大。

从诸葛丰开创忠诚事主的家风之后，诸葛氏家族代代相袭，及至三国魏晋时期，诸葛氏家族的忠贞之风大放异彩，其流风余韵直到南朝。这种代代相沿的家风，可以说培育了诸葛亮忠臣义士之节。这种家风及诸葛亮的忠臣义士之节，它的直接来源是沂蒙文化的底蕴。在这一方面，对诸葛亮影响最大的两个历史人物是曾子和荀子。

孔子创立儒学，临沂籍的学生有三个，即曾晳、曾参、澹台灭明，其中以曾参成就最高。曾子说："士不可以不弘毅，任重而道远。仁以为己任，不亦重乎？死而后已，不亦远乎？"他又说："可以托六尺之孤，可以寄百里之命，临大节而不可夺也，君子人欤？君子人也。"这些掷地有声的壮语，是曾参发自内心的自白。我们联系到诸葛亮的政治实践，他以天下为己任"死而后已"的精神，与曾子之论是一脉相承的。

曾子在战国时影响很大，荀子经常引用曾子的话作为论据。荀子对诸葛亮的影响，我们对比诸葛亮的《论诸子》与荀子的《解蔽篇》可以看出，诸葛亮的一些重要思想直接继承了荀子的思想。诸葛亮在《论诸子》中说："老子长于养性，不可以临危难。商鞅长于理法，不可以从教化。苏、张长于驰辞，不可以结盟誓。白起长于攻取，不可以广众。子胥长于图敌，不可以谋身。尾生长于守信，不可以应变。王嘉长于遇明君，不可以事暗主。许子将长于明臧否，不可以养人物。此任长之术者也。"诸葛亮此文，与《荀子·解蔽篇》有诸多相似之处。《解蔽篇》说："墨子蔽于用而不知文，宋子蔽于欲而不知得，慎子蔽于法而不知贤，申子蔽于势而不知知，惠子蔽于辞而不知实，庄子蔽于天而不知人。"二者在语法结构及措辞方面是基本一致的，说《论诸子》脱胎于《解蔽》，并不为过。所不同的是，荀子对墨、道、法三家用"蔽

于"与"不知"二词加以评论，诸葛亮则用"长于"和"不可以"二词加以评价。"蔽于"是"被遮蔽"的意思，即深入某一领域而不顾及其他方面。但诸葛亮对诸子是有褒扬、有批评，荀子则仅就其"蔽于"方面论及。我们举此一例，目的就是在于说明诸葛亮对荀子思想的继承。就忠诚方面而言，荀子在其著作论及为人、为臣之道时，特别强调忠诚。别人问他怎样做臣子？他回答说："以礼待君，忠顺而不懈。"终诸葛亮一生的言行，我们可以看到他完全实践了荀子"以礼待君，忠顺而不懈"的教诲。

诸葛亮兄弟共三人。哥哥诸葛瑾，弟弟诸葛钧。正当诸葛亮无忧无虑地过着比较优裕的生活时，母亲章氏突然病故，父亲为他们娶了一个继母，虽然也能照顾兄弟三人的生活，但家庭的温暖已大不如前。

诸葛亮八岁的时候，他的父亲诸葛珪不幸身患重病。这一天，诸葛珪知道自己将不久于人世，就把妻子儿女们叫到床边，吩咐他们，待自己死后，就回老家投靠自己的弟弟诸葛玄。诸葛珪嘱咐这番话三天后，就因病去世了。这一年是汉灵帝中平五年（188）。

诸葛珪死前是泰山郡郡丞，诸葛亮童年的大部分时间，是跟着父亲在泰山附近度过的。

父亲去世后不久，诸葛亮等兄弟姐妹随同继母，乘坐一辆马车，踏上返回老家的路程。途中走了一个多月，经历了不少艰苦和波折，这一天，他们终于回到了老家琅玡国阳都县。诸葛玄是重亲情的，见大嫂和侄儿侄女们到来，并不嫌弃，悉心照顾。

诸葛亮幼年就失去父母，又逢战乱年月，可以说少年不幸。好在有叔父诸葛玄照顾，也还衣食无忧。

哥哥诸葛瑾比诸葛亮大七岁，曾在洛阳太学府游学，专攻《毛诗》《尚书》《左传春秋》，成绩优异。诸葛瑾后来为了照顾弟妹，毅然放弃学业，回到家乡。不言而喻，他也就成了弟妹们的"家庭教师"。

诸葛亮聪明而好学，所读之书，过目不忘，深受叔父诸葛玄和兄长诸葛瑾喜爱。

琅玡国属徐州管辖，在黄巾军起义初期，这里也闹过兵乱，后来兵乱被朝廷派来的徐州刺史陶谦平息。再后来，又发生了董卓之乱，以及反董卓联盟与董卓的战争，因陶谦保持中立，徐州幸未受到冲击。

可好景不长，雄踞兖州的曹操，为报杀父之仇，在汉献帝初平四年

(193)和兴平元年（194）接连两次兴兵进攻徐州。特别是第二次进攻，战火遍及徐州所辖各县，诸葛亮的家乡也深受战乱之苦。

为避战乱，作为一家之主的诸葛玄决定举家外迁。可迁往何处呢？恰在这时，坐镇淮南的扬州军阀袁术派人给诸葛玄送来一封信，邀请他担任豫章郡太守。诸葛玄喜出望外，决定带一家老小去豫章赴任。

诸葛瑾这时已成年，颇有见识，建议叔父先带其他人去豫章赴任，而自己和继母留在家乡，变卖家产后再去豫章会合。诸葛玄认为此计甚好，就同意了。

由徐州北部的琅玡阳都南下前往豫章，途中要经过一些战乱区。一路上，诸葛亮亲眼看到了社会黑暗和战乱带来的恶果，肥沃的中原已经土地荒芜，没有庄稼；老百姓扶老携幼，颠沛流离，生活没有出路，不少人在饥饿和兵荒马乱中死去。他的思绪很不宁静。十四岁的诸葛亮所目睹的天下百姓的悲惨景象，对他的人生观产生了深远的影响。

诸葛玄到豫章上任不久，东汉朝廷又派朱皓为豫章太守。朱皓来上任时，还从扬州刺史刘繇那里请来军队，强行赶走诸葛玄。诸葛玄力薄势孤，没有办法抵挡，只得匆匆撤离。家乡是不能回去了，但要找一个能够安身的地方。

当时比较安定的地方，一个是江东孙权的属地，一个是淮南袁术的地盘。诸葛瑾变卖家财后，还未来得及到豫章会合，叔父这边就出了变故。无奈，他带着继母一起跑到江东，后经由孙权的姐夫弘咨推荐，与鲁肃一起在孙权身边做了一名宾客。

诸葛玄把诸葛亮等带到了襄阳（当时的荆州治所，今湖北襄樊市），投奔他的老朋友荆州牧刘表。他们经过十几天的舟楫颠簸之苦，终于来到了荆州。刘表接待、安置了他们。

自此，一家人在战乱中离散，各奔东西。

诸葛玄到襄阳后，成为刘表府里的幕僚。过了没多久，他把大侄女许配给蒯祺，把小侄女许配给庞山民。此二人都是襄阳的望族。

两个侄女出嫁了，诸葛玄又开始操心诸葛亮兄弟的前程。于是，诸葛亮被送进刘表办的"学业堂"里读书。诸葛亮在"学业堂"结识了同窗好友徐庶、石广元、孟公威，还有和徐庶同住在檀溪的崔州平。后来，诸葛亮又结识了庞统、杨颙、杨仪、马良、马谡、陈震、廖化、向朗等好友。

虽然暂时有了安身之所,但诸葛玄总觉得自己寄人篱下,不是长久之计,又为子侄的前程担心,难免心绪不安。结果忧愤成疾,一病不起,与世长辞。叔父的去世,使年轻的诸葛亮更加孤苦伶仃,没有亲人照顾了。

从黄河流域来到长江流域,由北向南,再由东向西,辗转千里。流离漂泊的生活和遭遇,使诸葛亮增长了不少见识。他意识到家庭、个人的命运是和整个社会紧密地联系在一起的。

由于顾及老朋友的情谊,刘表没有将诸葛亮兄弟赶走,仍然照顾他们的生活。但是,诸葛亮是一个有志气的青年,他想到自己已经十六七岁了,不应总是仰人鼻息,长期靠人施舍过活。他决心靠自己的努力,克服困难,闯出一条路来。他去见刘表,表明了自己的意愿。刘表很高兴,帮助他们在襄阳城西二十多里一个叫隆中的地方,置了点田产,兄弟二人在这里定居下来。时为公元197年。从此,隆中便成为了诸葛亮的第二故乡,他在这里开始了所谓的隐居生活。

诸葛亮为什么离开刘表的庇护,到隆中隐居呢?因为他发现,刘表并不是一把值得依赖的"保护伞"。

当时,刘表以"八顾"之一而著称,但他心胸狭窄,"外貌儒雅,而心多疑忌"。因此,怀才抱艺之士,多弃他而去。如"刘备奔表,表厚待之,然不能用";别驾韩嵩探查曹操虚实,刘表反而怀疑韩嵩通敌,想杀掉韩嵩,亏得他的妻子蔡氏说合,才因而不诛;祢衡是当时的名士,刘表不能用,便送给江夏太守黄祖,结果被黄祖所杀。又如庞统、马良、马谡、杨仪等人,都曾投奔他,却不能为他所容,后来都成了刘备的谋士或战将。

总地来说,刘表目光短浅,没有理想和抱负,苟安于荆州一隅,非霸主之器,致使志士离心。因此,诸葛亮对刘表很失望。他认为,在这个弱肉强食的乱世,跟着刘表不仅没有前途,甚至还有生命之虞。

到建安二年(197),曹操、袁绍、吕布、孙策等各霸一方,袁术又在淮南称帝,战争连年不断,国家形势异常混乱,群雄争霸尚不知鹿死谁手。而原来还比较安宁的荆州,从建安二年的五月开始,由于曹操进攻宛城的张绣,战火烧到了荆州,引起此地的人心不安。

在这强者兼并弱者的严酷形势下,刘表只求自保一州,而不思进取;荆州又处于天下必争之地,随时都有被人吞并的危险。在这种情况下，唯有锐意进取才有生路，一味偏安，哪有前途呢？诸葛亮也许正是看出刘表难成大事，又不愿投靠别的军阀，所以才选择暂时隐居。

再者，诸葛亮的叔父诸葛玄求安思想对他影响较大，这让他事事谨慎，知道荆州不可能长治久安，遂决定隐居躲避。后来他在《出师表》中说的"苟全性命于乱世，不求闻达于诸侯"，正是反映了当时真实思想。

同时，诸葛亮想找一个适合自己的环境，埋头苦读，积极探索治国安邦之道。

诸葛亮出身名门世族，身上有先祖遗风，又受到过良好的儒家教育，特别是颠沛流离中目睹和经受了战乱之苦，使他产生了铲除群雄、平定战乱、统一天下的伟大抱负。但他也知道，要实现人生抱负，必须有担当重任的才能，所以，他要移居隆中，为自己找一个好的环境来从事躬耕、苦读。

隆中是一个山清水秀又很幽静的地方，有名的沔水从北面缓缓流过。从一个不大的谷口进去，再走三四里山路，便是隆中村。史书记载说，诸葛亮在这个山村里"结草庐而居"，还亲自耕种过田地（《三国志·诸葛亮传》）。因为这时的诸葛亮无家资财产，生活来源没有保障，除倚仗亲友的接济外，只能不时亲自参加农业劳动，以补衣食的不足。

史书上没有记载他在襄阳和隆中时期读了什么书，但从他出山后治军治国方略中可以推断，他在青少年时代熟读了儒家的经典，又广泛地阅读了法家、兵家、道家、墨家等书，接受了诸子百家的思想。

他后来为刘禅手抄《申子》《韩非子》《管子》，这些都是法家著作，《六韬》是兵书。他把这些书抄写给刘禅学习，说明他早已对这些书有过研究。

诸葛亮在隆中除了种地、读书，研究天下大事外，同时他还练习书法、研究音乐和绘画，使自己成为一个综合性人才。

在书法方面，诸葛亮从幼年到青年一直进行练习和研究。他能写多种字体，而尤其以篆书、草书最为出色。

在宋代，诸葛亮的书法作品作为有示范意义的"法帖"流行于世。北宋时，皇宫内还珍藏有他的书法作品。

在音乐方面，诸葛亮精通音律，喜欢操琴吟唱，有很高的音乐修养。更重要的是，诸葛亮不仅能吟唱、操琴，而且还会制作乐器——七弦琴和石琴。他还写了一部音乐理论专著《琴经》。

可见,诸葛亮在隆中时期是他的积累阶段,为以后在政治舞台上施展身手打下了坚实的基础。

诸葛亮定居隆中之后,全家在乡亲们的帮助下,克服了困难,很快适应了山村生活,开始走上了自力谋生的道路。战乱中颠沛流离的遭遇,山村中粗素清苦的生活,以及劳动中与下层民众的接触,使诸葛亮对劳动人民的生活状况、思想感情有了比较深入的了解,使他的思想感情与广大劳动人民的思想感情有一些接近之处,这对诸葛亮政治理想的形成,产生了相当大的影响。

荆州地区当时战乱相对较少,中原地区的不少人都到这里来避乱。其中有些年轻的地主阶级知识分子,如博陵的崔州平,颖川的徐元直(徐庶),汝南(今河南平舆县)的孟公威等,都是其中的佼佼者。他们都厌恶当时腐败的政治和战乱不休的局面,都有改善政治、安定社会的抱负。他们常常在一起研习经史、切磋学问、读书吟诗、谈古论今、品评人物、砥砺志气,很是投合。诸葛亮原先在"学业堂"与他们同窗,又因志趣相投,日后经常往来,遂结为推心置腹的朋友。

有一天,崔州平、徐庶、孟公威三人到隆中来与诸葛亮聚会。他们在山上的茅舍中边品茶、边聊天,欣赏着周围山川的秀丽景色。

这时,诸葛亮已经是一个二十岁出头、身材高大、相貌堂堂的青年,谈到天下大事时,他不禁叹了一口气说:"当今天下大乱,豪强割据,战乱不休,整个中原就像一个大屠场,老百姓哪里还有活路啊!我们也不能终日谈文论赋,应该做一点于国家百姓有益的事才行啊!"

崔州平说:"此言正合我意。但是,我们有心建功立业,怎奈英雄无用武之地,怎么办呢?"

诸葛亮说:"自古以来,天下总是由乱而治,又由治而乱。当今天下大乱,总有一天要走向天下大治的。由乱而治,需要各种人才,我们只要静观其变,选择明主,将来还怕不能干出一番事业?"

孟公威说:"依兄长之见,我们日后的成就如何?"

诸葛亮笑道:"各位平时都能用功读书,又注意了解时势,以你们的才干,将来一定可以做到刺史、郡守。"

徐庶便问诸葛亮:"你说我们将来可以当刺史、郡守,那么你将来能做什么呢?"

诸葛亮笑了笑,却没有回答。

其实,"少有逸群之才,英霸之器"的诸葛亮,他的抱负是何其远大!史书记载说他每自比于"管仲、乐毅"(《三国志·诸葛亮传》)。管仲是春秋时期齐国的大政治家,曾辅佐齐桓公整顿国政,进行一系列改革,使原来贫弱的齐国很快富强起来,成为春秋五霸之一。乐毅是战国时期燕国的名将,燕昭王时,他曾经领兵打败齐国军队,取得了连克七十多座城池的卓越战绩。春秋战国时代诸侯割据纷争的局面,和东汉末年军阀割据混战的局面非常相似。

诸葛亮常常自比管仲、乐毅,说明他有出将入相、治国安邦的抱负,希望能够辅佐明君,在乱世中施展自己的才能,建立"丰功伟业"。对此,当时的一些人还不了解,甚至认为他有些狂妄。燕雀安知鸿鹄之志哉!但他的好朋友崔州平、徐元直等了解他、佩服他,"谓为信然"。诸葛亮对他的几个朋友的评价,也是实事求是的。后来他们在曹魏方面确实都做了刺史、郡守一类的官。如石广元历任郡守、典农校尉,徐元直官至右中郎将、御史中丞,孟公威做过梁州刺史、征东将军。官位都不算低。后来,诸葛亮任蜀汉丞相时教育群臣说:"昔初交州平,屡闻得失,后交元直,勤见教诲。"这是他对青年时期好朋友们的回忆,从中可以看出这批胸怀大志的青年之间互相勉励,互相帮助,以诚相待的友情。

诸葛亮在隆中"隐居"期间,心情并不平静。他想投身到政治舞台,早日实现自己的政治抱负,可是诸葛亮又怕轻率地投奔一个碌碌无为、刚愎自用的军阀,很难保证自己政治抱负的实现,也容易受到嫉妒和陷害。因此,他一直踯躅不前。在未遇明主之前,只好耐心等待,创造条件。《三国志》记载诸葛亮经常抱膝长啸,好为《梁父吟》,借以抒发自己的复杂心情。《梁父吟》是一种曲调的名称,用这种曲调写的诗歌不止一首。相传诸葛亮所吟诵的《梁父吟》原文是这样的:

步出齐东门,遥望荡阴里。
里中有三坟,累累正相似。
问是谁家冢,田疆古冶子。
力能排南山,文能绝地纪。
一朝被谗言,二桃杀三士。
谁能为此谋,国相齐晏子。

田开疆、古冶子和公孙捷是春秋时代齐景公门下的三个壮士，因为他们三个恃功自傲，逐渐成为国家的祸害。国相晏婴便要相机除掉他们，以免他们继续危害国家社稷。晏婴聪明无比，利用齐景公巧妙地杀掉了这三个人：赏给三个壮士两只桃子，叫他们各自估量自己的功劳，功劳大的可以吃桃。结果三人因争功而自相残杀。这就是二桃杀三士的故事。诸葛亮经常吟咏这首诗歌，从侧面也反映出他愿意辅助贤明有德的君主，拥有成就一番像管仲、乐毅那样事业的理想和抱负。

在隆中这个偏僻的小山村，诸葛亮度过了十个寒暑。这十年，对诸葛亮来说，是不平常的。但是，他并没有被困难所吓倒，而是迎着困难走出了自己生活的道路。来到隆中的开始几年，人地生疏，无亲无友，生活的重担，自然主要由他承受。然而，最大的困难，还是没有学习的条件。东汉政府虽然办了一所太学，却远在洛阳，何况诸葛亮也无条件入太学学习。因此，为了获得知识，提高自己，诸葛亮只能一边进行农业劳动，一边学习。

这个时期，诸葛亮结交荆州地主阶级中有影响的人物，特别是有声望的名士，同他们搞好关系，向他们请教，以增长自己的见识，扩大自己的影响力。

庞家的庞德公是豪强大姓中的头面人物，是当时襄阳地区颇有声望的大名士。他交游甚广，见识颇高，而且，这个人很清高，曾经多次拒绝了刘表的邀请。有一次，刘表亲自去请庞德公，劝他说："你自己不肯出来做官求禄，那拿什么东西遗留给子孙呢？"庞德公回答说："我和别人不同，别人给子孙留下危险，我独给子孙留下平安，只是所遗留的不同，并不是没有遗留啊。"其实，庞德公也不是真心不想做官，只是他看到刘表庸碌无能，成不了大事，因此不能公开出来支持他，以免自己在政治上失足，招来杀身之祸。

庞德公周围团聚了不少有才干的人，他们经常在一起切磋学问，评论政局。庞德公经常品评人物，他的言论在当时的地主阶级和士大夫阶层很有影响。诸葛亮非常敬重庞德公，经常登门求教，而且每次都是恭恭敬敬的在床前跪拜，以求教诲，"跪履益恭"，就像秦末张良（字子房）求教黄石公那样，很是谦虚、很是虔诚。

庞德公很有政治眼光，他议论政事，揭示时弊，都很中肯。在诸葛亮的成长过程中，他所起的作用是不能低估的。清朝的阮函在《答鹿门与隆中孰优说》中曾评论说:"隆中之所以为隆中,鹿门有以成之也。"(《襄阳府志,卷二十四》)诸葛亮住在隆中,庞德公以后隐居襄阳城东鹿门山,因此称诸葛亮为隆中,称庞德公为鹿门。

庞德公有个侄儿叫庞统(字士元),也是一个很有才能和政治抱负的青年,住在襄阳城东南汉水边上的白沙洲。诸葛亮经常与他交往,他们不仅是亲戚,而且又是志同道合的好朋友。庞统被庞德公誉为"凤雏",后来和诸葛亮同为刘备的军师中郎将。

庞德公"初不令止"(《三国志·庞统传·裴注》),同时,并不把诸葛亮当做外人看待,还把家里的藏书借给他看,经常加以指教。随着交往的深入,庞德公对诸葛亮的为人、才能和抱负逐渐有所了解。觉得他进取心强,人又很聪明,而且胸怀大志,将来必能干出一番事业。加上庞德公的儿子庞山民娶了诸葛亮的二姊为妻,两家的关系不同一般,诸葛亮同庞德公的交往更为密切了。

东汉末年品评人物的风气很盛,如果得到一个德高望重的大名士的好评,就能使被誉者的身价提高不少。庞德公对诸葛亮非常器重并寄予很大希望,称诸葛亮为"卧龙"。卧龙是对隐居俊杰的比喻。一条蛰伏在沼泽里的卧龙,一待气候合适,就会升入云霄,施展其非凡的本领。这种雅号的评定和传播,使诸葛亮的名声越来越大了。

有一天,诸葛亮将自己批注的《孙子兵法》和绘制的作战阵图呈给庞德公看。

庞德公道:"兵不在多而在精。对于兵法,一个人精通以后就可以教成十个人;十个人学了就可以教成百人,百人教千人,千人教万人。这样的军队就一定比那百万之师的乌合之众强得多。"庞德公的观点对诸葛亮产生了很大的影响,他后来成为军师,特别注重练兵。弱小的蜀国之所以能与强魏抗衡,很大程度上取决于诸葛亮练兵有方。他还将自己的心得写在《将苑》一书中:"夫军无习练,百不当一;习而用之,一可当百……教之以礼义,诲之以忠信,诫之以典刑,威之以赏罚,故人知劝,然后习之,或陈而分之,坐而起之,行而止之,走而却之,别而合之,散而聚之。一人可教十人,十人可教百人,百人可教千人,千人可教万人,可教三军,然后教练而敌可胜矣!"

诸葛亮虚心求学的精神感动了庞德公,他不仅教给诸葛亮一般的治兵技巧和用兵方法,还将自己花了半生研究兵法的成果——从八卦到八

阵的推演——交给了诸葛亮,他希望诸葛亮能够据此推演出完善的八阵图来。他甚至没有将自己的成果传给亲生的儿子,这令诸葛亮万分感动,决心不负庞德公的殷切期望。

为了抓紧时间学习,他每天黎明即起,晚上也总要学习到深夜。他的学习方法,主要是结合当时社会的实际,反复深入思考。学习疲倦了,他就抱膝高歌,唱一首《梁父吟》,既消除疲劳,同时也寄托他忧国忧民和"复兴汉室"、统一天下的胸怀。因此,在他刻苦学习的过程中,他并不像两耳不闻国家大事的书呆子,而是时刻以东汉政权的兴亡为己任,经常思索使国家长治久安的治国方略。为此,他特别留心研究汉以前的社会历史、诸子百家思想以及兵法等,力求从中总结出西汉兴隆和东汉衰败的原因。他的学习态度,是那样地谦虚谨慎,尽管他对当时社会的重大问题都有自己的见解,但别人问到时,他总是轻轻地笑一笑,从不在别人面前夸耀自己的才能与见地。正因为这样,当时凡是同他经常有联系的人,没有一个不称赞他的。

回到隆中,诸葛亮就把自己关在屋中,经过他日日夜夜的苦心研究,八阵草图绘出来了。庞德公告诉他:"八阵通不通,须拜司马公!"

司马徽,字德操,人称"水镜先生",隐居在襄阳西南百里外。诸葛亮来到了水镜山庄。司马老先生用了很长一段时间带领诸葛亮去游历名山大川,尤其是那些两军对垒、兵家鏖战、成败于刀枪剑戟之下的古今战场。

游学使诸葛亮受益匪浅。诸葛亮在隆中一共居住十年多,这期间他并没有远离尘世,孤守田园,过真正的隐居生活。随着年龄、阅历和学识的增长,他在政治上逐渐成熟了。同时,频繁的社会交往,名士们的垂青,使他的社会影响不断扩大,这就为他结束隐居生活,登上政治舞台,施展自己的聪明才智,实现自己的政治抱负,准备了必要的条件。

八月十五"花红宴"(花红,一种水果,襄阳特产),是庞德公用以聚集荆州名流、隐士、学者的一年一度的盛会。这天,宾客们从四面八方来到鹿门山,围坐在一起,一面品尝花红果和花红酒,一面切磋学问,交流信息。来此的皆是忧国忧民的饱学之士,大家平起平坐,不分长幼,畅所欲言。诸葛亮一反沉默寡言的常态,他以《吾有孙武、吴起之法》为题,一口气从用兵之法讲到布阵之秘,从将才、将志、将器、将弊、将德讲到用将七戒;从择才用智讲到爱兵、励士、赏罚、恩威并重。他那精益求精、天衣无缝的百战奇略与运筹帷幄、决胜千里的绝论，标新立异，令人耳目一新。荆州名流们无不对诸葛亮肃然起敬。

由于诸葛亮的刻苦自励，经过十年的时间，便在荆州地区建立了广泛的社会联系，赢得了荆州地主集团的拥戴；通过劳动，了解了百姓的疾苦；通过艰苦学习，获得了丰富的文学、史学、军事和科学等方面的知识。从而积累了较多的社会实践经验，增长了才干，形成了对当时军事、政治形势的精辟见解。因此，颠沛流离的青少年时期的生活，通过自己的主观努力，把坏事变成了好事。如果没有"躬耕隆中"的十年生活，没有迎着困难前进的刻苦学习精神，他的知识、才能、智慧的获得都是不可能的。诸葛亮的经历证明：知识在于积累，聪明在于努力。所以，诸葛亮是人才，而不是什么"受之于天"的天才；他是时代铸造出来的英雄，而不是超越时空的神灵。

"卧龙先生"的大名也给诸葛亮带来了不少麻烦，其中最让他头疼的是没完没了以各种方式为各地大家闺秀前来联姻的人的纠缠，有的还拿着画像，一个个貌似天仙。诸葛亮已经烦透了，厉声道："自古以来，帝贪色，倾国！士爱色，毁业！人恋色，败名！亮今生求才不求貌。"

黄承彦家在沔南，也是位大名士，更是荆襄地区的宿老，像庞德公一样拒绝刘表对他出仕的邀请，一直保持着在野豪族的地位。

黄承彦非常喜欢年轻而有志、有才的诸葛亮。

有一次，黄承彦来到诸葛亮的草庐中，谈话时，他问诸葛亮说："你年纪也不小了，怎么还不成家啊？"

诸葛亮答道："成家易，择偶难，因尚未遇到合适女子，才没成家。"

黄承彦笑了，说："以你的才学人品、风度相貌，我听说有许多名士都想把女儿嫁给你。可能你择偶的标准太高了吧！"

诸葛亮说："我择偶不追求女方相貌、家庭地位、贫富状况，只有一个标准，就是必须德才兼备。"

黄承彦说："若果然是这样，老夫倒想厚颜地说个提议。我有一个女儿，长得不漂亮，黄头发，黑皮肤，样貌是有点丑，可德才俱优。我想把她许配给你，不知道你愿不愿意接受她？"

诸葛亮说："先生德才令我一直敬佩，相信令爱德才必如先生所言。承蒙先生垂爱，我哪有不接受的道理。"

黄承彦一听乐了。他的女儿确实相貌欠佳，眼界却挺高的，一般凡夫俗子根本不放在眼里，拒绝了不少人的求婚。问她想择一个什么样的郎君，她就说除非诸葛亮这样有才有貌的，否则宁可不嫁。这让黄承彦很是为难。如今听诸葛亮说愿意结亲，他哪能不高兴呢。

诸葛亮是山东大汉，身长八尺（约合今1.84米），容貌堂堂，竟然答应娶黄家丑女为妻，这在当地成了一桩有趣的新闻，甚至有人把这件事编成歌谣传唱开来："不要学孔明挑媳妇，挑来挑去只得到一个丑媳妇。"

诸葛亮娶黄氏丑女为妻之事，既见之于史籍所载，又为民间所广泛流传。但是，却很少有人探讨他娶丑女为妻的原因。

诸葛亮为什么要选择黄承彦之丑女为妻？

在一贯以"郎才女貌""英雄美女""才子佳人"为传统楷模的中国封建社会里，人们对诸葛亮选择丑女为妻的原因，或是避而不谈，或是有意掩饰。特别是随着诸葛亮被逐步地神化，有意掩饰的说法更多了起来。

很多人都认为：黄氏虽丑，而才能非凡。诸葛亮得此贤内助，不仅在当时对他的学业甚有补益，而且在他一生的事业上也起了相当的作用。例如，范成大《桂海虞衡志》就载有：有一次，客人来家，诸葛亮嘱妻子磨面做食款待，不一会儿就做好端了出来。诸葛亮甚感惊异：哪能这么快呢？于是，他悄悄去后面窥看，"见数木人斫麦，运磨如飞"。诸葛亮当即讨教，"求传是术"。二十年后北伐时，诸葛亮用来转运军粮的木牛流马，就是"变其制"而搞成的。但是，这毕竟是传说。要说黄氏能使"数木人斫麦，运磨如飞"，当然是不可相信的。而且在诸葛亮一生的事业中，要说黄氏对他有很大的帮助，也只能是假设、猜想而已。如果有，历史资料不会毫无记载。之所以有这些传说，其实都是因为才貌双全的诸葛亮选择了丑女为妻，不符合人们对已被神化了的诸葛亮的崇敬心理，为之惋惜而编造出来的故事。

诸葛亮之所以要违背"爱美之心，人皆有之"这一原则而选择丑女为妻的原因，在历史资料上其实是记载得很清楚的。一再言明的"黄承彦之女"，当世人对此事的嘲讽，都告诉我们，诸葛亮也是凡人而并非神人，他择亲很可能重的不是其女而更是其父，很可能是利用婚姻而作为踏入仕途的一块"敲门砖"。因为恩格斯早就指出：作为一种政治手腕，可以"借新的婚姻来扩大自己的势力"。诸葛亮在隆中"隐居"时，是不甘寂寞的。他关心天下大事，预测可能出现的变化，又常以管仲、乐毅自比，渴望以救天下为己任，建立一番功业。但他也十分清楚，在当时的条件下，要实现他的理想，是十分困难的。

刘秀的东汉政权建立以来，豪强地主力量迅速扩张，他们世代把持中央和地方的重要官职。虽然封建王朝自秦汉以来就一直有所谓的"察举征辟制度"，但由于军阀割据和战乱，早已未能实行。客观事实即是由士族垄断了官位，非世家大族、名门大姓之子第，是很难踏入仕途的。在一个专讲出身、门第、等级的时代，诸葛亮虽有才能，又怎能入仕去实现理想呢？他出身门第不高，父亲诸葛珪不过当过泰山郡的郡丞，况又早逝，不可能给诸葛亮有所帮助。他随叔父远离故乡山东到湖北襄阳居住，叔父又不幸去世。在隆中，诸葛亮可谓人地生疏。他虽然依靠自己的才能获得了当地名士们的称赞，但与他们的关系还不稳固。如何改变这种状况：利用婚姻与当地联姻是最简便易行的方式。

《襄阳记》对此记载得很清楚："黄承彦者，高爽开列，为沔南名士。"《三国志集解》引《襄阳耆旧传》进一步补充说："汉末诸蔡最盛，蔡讽姊适太尉张温，长女为黄承彦妻，小女为刘景升（刘表）后妇，谓之姊也。"可知，黄承彦本人是"沔南名士"，又和当地的最高行政负责人荆州牧刘表以及荆州最大家族蔡氏都有十分密切的姻亲关系。与这样的人攀上亲戚，尽管黄氏女可能丑了一些，但对要入仕以实现理想和抱负的诸葛亮来说，实在是一个明智的选择。

关于诸葛亮娶丑女的故事，民间广泛流传着一个有趣的传说，据说有一天，诸葛亮在蒙山脚下锄地拔草。休息的时候，心里琢磨昨晚学习的"八卦阵"。他想："那'八卦阵'奥妙无穷，有朝一日领兵打仗，必定能派上用场！"于是他在地下演习起来。他先用树枝画好阵盘，又用石子布起阵法，嘴里念着'八卦阵'的歌诀儿："休、生、伤、杜、景、死、惊、开……"用来当作阵法各门的石子都摆好了，就是那"开"门的子儿不知摆在啥地方，急得他抓耳挠腮，心里一个劲地责怪自己："诸葛亮呀，诸葛亮！你这兵法咋学得这么窝囊？要是这样去指挥作战，千军万马也会毁于一旦！"忽然，"吧嗒"一声，头上掉下个桑椹来，不偏不倚正好落在阵盘上，沉思中的诸葛亮被吓了一跳。他抬头观看时，从树顶上"腾"地跳下一个大闺女。只见她生得黑面黄发，

虽说五官还算端正,可丑得让人怎么看怎么都不舒服。那丑女子倒挺大方,笑盈盈地看着诸葛亮:"大哥哥,什么事把您愁成这样?我能不能帮您的忙?"诸葛亮把脸一歪,生气地说道:"采桑娘,采桑娘,不要多嘴论短长。男儿自有男儿志,山村野女难猜量!"那丑女子听了微微一笑,也随口唱道:"种田郎,种田郎,不要下眼把人量。好汉还得众人帮,逞强只有犯愁肠!"

诸葛亮一惊,心中暗叫:"这丫头的嘴真利落!可和这种又丑又野的妮子磨牙,犯得上吗?"于是他缓和了气氛:"您虽然伶牙俐齿,不甘人下,但我这个忙,不是您能帮得了的。"丑女子笑道:"恐怕现在只有我才能帮您呢!"诸葛亮压下去的火又上来了:"您不要自命不凡,我是在研习兵法战术、布阵打仗呢,你懂吗?"丑女子冷冷一笑:"我看你学到的那点兵法战术只不过是皮毛而已。"诸葛亮听了火冒三丈,涨红着脸喊道:"我饱读兵书,熟知兵法,你却鄙视我,你有能耐,先说说地上布的是什么阵?"丑女子仰着头答道:"我看什么阵都不是,不像骡子不像马!"诸葛亮哈哈大笑说:"连阵法都不懂,还要口出狂言帮我的忙哩,快回家喂你的蚕去吧!"丑女子也不示弱,回敬道:"我看你呀,快回家关上门读上三年兵书再到这里布阵吧!连'八卦阵'都摆不囫囵还自逞高强呢!"诸葛亮心里"咯噔"一下:"真是人不可貌相,海水不可斗量。她竟然知道什么是'八卦阵',看来还不能小看哩!"想到这里便和气地问道:"请问这'八卦阵'缺了何处?"那女子扳着指头说:"'八卦阵'是休、生、伤、杜、景、死、惊、开。心中无'开',阵法不全,战场如此,到头来只有担'惊',受创了。"一席话说得诸葛亮大惊失色,急忙拱手说道:"大姐说得不差。请教大姐,这'开'门摆在什么地方呀?"丑女子抿嘴一笑:"那不早帮你摆好啦!"诸葛亮低头一看:"天哪!刚才掉下来的那粒桑椹正好和那七块石子一起布成了完整的'八卦阵'!"诸葛亮惭愧得无地自容,赶忙施礼:"大姐才气不凡,确确实实称得上是我的师父。我方才多有冒犯,还望大姐多多包涵!"丑女子急忙还礼——"小哥哥过奖了,我实在算不上什么高才,又怎么敢妄称您的师父呢?我也不过是学了点皮毛。"诸葛亮听了,一本正经地说:"这点皮毛我也得再学好几年,希望大姐多多指教!"……就这样,两人越来越熟悉,越来越亲密。

这个女子小名叫阿丑儿,出生于官宦世家。她父亲黄承彦曾多年在朝为官,人品、学识朝野闻名,后因对时政不满,便辞官回家务农。黄承彦平时经心传授女儿各种知识,那阿丑儿本来就聪明过人,学习时又格外用心,不几年的工夫,便已是满腹经纶:上通天文,下通地理,精于诗画,长于兵法了。

阿丑儿和诸葛亮从那次相识后,两人就经常在那棵桑椹树下一块攻读兵法,研究学问。从此,阿丑儿回家张口闭口夸诸葛亮聪明、勤学,黄承彦本人也对少年诸葛亮的才学早有耳闻,在阿丑儿敦促下,黄承彦将诸葛亮收为关门徒弟。黄老先生很喜欢诸葛亮,他巴不得把浑身的解数全传授给他,诸葛亮如鱼得水,学习得更起劲了。

有一天,两人把"八卦阵"的攻守演习一番之后,阿丑儿说:"爹爹和我商讨过,这'八卦阵'是古人发明出来的好阵法,用兵打仗非学好它不可。可如今光靠它还远远不能保证打胜仗!因为敌我双方都熟知它。你既有治国安邦之志,何不想法创造出一种新阵法以克敌制胜呢?"诸葛亮连连摆手道:"请你不要抬举我了,我哪是能创造出新阵法的人呢?"阿丑儿正色道:"世上只有懒人,没有笨人。古人能创造出'八卦阵',我们为什么就不能研究出一种新阵法呢?你只要大胆地努力,成功是会属于你的。"经阿丑儿再三鼓动,诸葛亮也就有信心了。

诸葛亮开始研创新的阵法了。他使出了浑身解数,有时喜出望外,有时垂头丧气,阿丑儿一直在旁边给他支持和鼓励。最后,诸葛亮费尽心机,终于发明出一种"八阵图"来。这种阵法吸取了"八卦阵""长蛇阵""九曲黄河阵""天门阵"等阵法的长处,能攻能守,易于围歼,反复试用,百战百胜。喜得诸葛亮眼里直泛泪花,感激地说:"好姐姐,这全是你和师父的一番心血啊!阿丑姐,你能帮我一辈子吗?"阿丑顿时羞得满脸通红,又不忍心嗔怪他,只好羞答答地说:"你怎么净说傻话——我要是个男子还可能一辈子与你奔走天下。一个女子怎么能一辈子光跟着你呢?"诸葛亮一听,立时也涨红了面孔。他想到他们二人朝夕相处,互帮互学,感情深厚,可随着年龄的增长,他们必须得分手,立刻感到万分伤心!诸葛亮也不看"八阵图"了,两眼呆呆地望着远方,眼泪在眼里直打转转。看着他伤情的样子,阿丑儿心里也十分难过,她想:诸葛亮为人忠厚赤诚,既有满腹经纶,又有百里挑一的人品,日后若能嫁得这个郎君,我该有多幸福!只是自己长了一副丑容,而世上哪个男儿不想娶个漂亮媳妇呀?不过,诸葛亮气度不凡,也

· 19 ·

许他能超越世俗，会做与他人不同的选择！不过，婚姻大事谁能说得清呢。就这样，两人无言地待了半天，恋恋不舍地分手了。

诸葛亮回家以后，茶不思，饭不想，一天到晚光叹气。嫂子问他发生了什么事，他也不说。这样一来，嫂子可着急了。因为诸葛亮哥哥临去东吴做官时，再三嘱咐要照顾好弟弟、妹妹。如果诸葛亮有个三长两短该怎么办呢？嫂子思前想后，忽然心生一念：男孩子大了，是不是想成家了。于是她把诸葛亮叫到面前说道："我今天算猜中你的心事了。不用愁，不用急，我这就托人给你说亲去。"诸葛亮一听，还以为她知道了他和阿丑的事，于是红着脸说："嫂子操心也没有用，你知道人家愿意不愿意？"嫂子把手一拍说："凭你的相貌、人品、学识，谁家的姑娘会不愿意？"

一听说诸葛亮要娶亲，四州八县，十里八村，大家小户都跑来和他攀亲戚。谁知说了一个又一个，不管闺女容貌有多俊、家有多富，诸葛亮都不答应。这样一来，嫂子又着急了："好弟弟，这么多闺女你都看不中，你到底是想寻月亮里的嫦娥，还是想作玉皇大帝的女婿？"诸葛亮回答："男儿娶妻，一为的是成家过日子，二为的是建功立业有个好内助。至于容貌丑俊，都是小事。"嫂子很为难："娶个会过日子的媳妇倒不难，找个建功立业的好内助可不容易！不过，不管怎么样，嫂子要给你娶个称心如意的媳妇，你放宽心好了。"

我们回过头来再说与诸葛亮分手后的阿丑，一天到晚不是坐着呆呆地发愣，就是找个角落暗自垂泪，父亲反复询问、劝说也无济于事。阿丑是父亲的心头肉，虽然相貌不漂亮，但品德、学问可是千里挑一。看着闺女这副模样，黄承彦急得团团转。有一天，他忽然想到：男大当婚，女大当嫁。阿丑到了该找婆家的年龄了！我就这么一个宝贝闺女，必须找个好女婿，否则，一则对不起早逝的妻子，二则可惜了女儿的德行与学问。我看阿丑的脾性、志向和诸葛亮差不多，可容貌诸葛亮能看中吗？不过，听说成千上万的人家都想选他做女婿，他就是不答应，也许他有不平常的打算？黄承彦把自己的想法告诉了阿丑，阿丑虽然没说什么，但眼中露出了笑意，脸上的愁容也消失了。

第二天一大早，黄承彦来到诸葛亮家，对他嫂子说："我家有一小女，论容貌万万配不上你家老二，可论品德、才能，不是老夫夸口，她确能配得上你小叔子。今天老夫不拘俗礼，亲自登门为小女求婚，不知夫人意下如何？"嫂子一听，心里"咯噔"一下：听人说，这老先生的闺女是远近闻名的才女，可也听说，那闺女的容貌够丑的。凭我小叔子的才和貌，怎么说也不能找她呀！于是急忙说："老先生的来意我明白了，不过我得与弟弟商量商量，同时还得听听他哥的意见。就请您回去等我们的回音吧！"黄承彦嘱咐了一番，回家去了。

嫂子一问诸葛亮，诸葛亮满口答应。嫂子苦口婆心地说："好兄弟，我不是那种只重外表不重内里的人，可你俩从外表上看也太不般配了，婚姻可是终身大事，你得三思呀！"诸葛亮红着脸说："嫂子只管同意就是，娶了阿丑，我谢您还来不及呢！"嫂子了解诸葛亮的脾气，叹了口气说："咱先甭做决定，明天去相相，相中了，给你娶，相不中，咱再找别人！"诸葛亮也只好听从嫂子的安排。

嫂子到了黄承彦家，从头到脚把阿丑打量了一遍：阿丑虽说面、发之色不好看，但也不像外人传得那么吓人。再和阿丑攀谈起来，更觉得这女子知书达理，才分过人，文静贤惠，气度不凡。不由得心中大喜过望。她对黄承彦说："我们两家就准备办喜事吧！"

过了几个月，远近各村的人们听说诸葛亮办喜事了，都跑来祝贺，看热闹。有些人一看他娶得是阿丑儿，七嘴八舌议论不休，有的说诸葛亮傻，有的说他是一时糊涂，可是诸葛亮却毫不在意。结婚以后，小夫妻互敬互爱，你帮我助，生活十分美满。

后来，刘备三顾茅庐，诸葛亮和黄夫人告别了充满甜蜜回忆的隆中隐居生活，去辅佐刘备打天下。从此以后，黄夫人协助丈夫征战不息：火烧赤壁、三气周瑜、五次北伐、七擒孟获、治理蜀汉，同甘苦，共患难，可谓功绩赫赫。到此时，人们才认识到了诸葛亮在婚姻大事上的远见卓识。所以，这对夫妇的爱情故事在民间广为传颂。

不管传说中的故事是否是真，事实上诸葛亮成了黄承彦的女婿之后，更加赢得了荆州名士们的尊重，名声大噪，作为当地名士的地位也就更加巩固了。当后来刘备来到荆州，吸收部分荆州士族加入刘备集团时，经当地名士司马徽、徐庶的推荐，诸葛亮也就理所当然地出山，去实现他"兴复汉室"的凌云壮志了。

第二章
隆中对策

在介绍诸葛亮和刘备隆中对策的时候,我们有必要介绍诸葛亮受顾前的社会背景,这就需要从东汉末年说起。

诸葛亮在其《出师表》中说:"亲小人,远贤臣,此后汉所以倾颓也。先帝在时,每与臣论此事,未尝不叹息痛恨于桓、灵也。"东汉末年桓、灵之时,政治腐败,经济衰微,宦官外戚相争,此消彼长,社会已走向战乱。《三国演义》开篇云:"话说天下大势,分久必合,合久必分。"必分是由治到乱。我们议论的封建社会,远在汉代,宦官与外戚之争,根本原因固然不能说是由治到乱引起的,也不是因为官制分工的改变。封建社会或带封建特点的社会,治久必乱乃是其不可改易的本性。封建社会之治主要在于君明臣良,皇帝开明(封建叫圣明),大臣贤良,他们都体恤老百姓,办事公平公正。他们能立法公平,执法严明,于是国得以治。历史实践表明,这种局面不可能经久不衰,君昏臣佞之世必然要出现,这是在君臣的主观劣根性之外,还有客观上的不可避免性(如皇帝接班人确立所受的各种制约,但又具有一定的随意性等)。君昏与臣佞,咎在君昏。昏聩之君往往荒淫无道,他需要顺从的奸佞之臣,只有奸佞的小人才能迎合昏君而为非作歹。东汉桓、灵之世就是这样的君臣搅乱之世,必然酝酿着官逼民反的形势。

在政治上,从上到下黑暗腐败,从皇帝起,大官大贪,小官小贪。东汉之取士,在于地方官吏保举孝廉、茂才。多数地方官吏所保举的孝廉、茂才,与宦官或外戚不无关系,上下狼狈,他们在贪污敛财和欺压百姓上,是相当一致的。又因为在东汉后期,接连对外动武(如征讨西羌和匈奴),加上皇宫的穷奢极侈,皇亲国戚、大小官员的花天酒地、荒淫糜烂,哪一项不是最后都由百姓负担的呢?经济上的大量开销,早已使国库入不敷出。于是朝廷便卖官鬻爵，政治上再加一层的腐败。这已经让百姓喘不过气来了，偏偏再加上水旱蝗灾和地震之祸，真是天怒人怨，百姓揭竿而起，实在是顺理成章的事了。史书上所谓"黄巾造反"，今日称之为"黄巾起义"，便在汉灵帝中平元年（184）轰轰烈烈地爆发了。

人祸和天灾逼得人民造反。造反的人认为刘汉朝廷所代表的苍天该更换了，要改换为黄天，这就是"黄巾造反"或"黄巾起义"。当初冀州的巨鹿郡人张角、张宝和张梁兄弟三人（他们的家乡在今河北省平乡），以传授"太平道"，广收徒众；以画符念咒和泼水来治病，大众信而神化之。他们分头派人到冀州郡活动，发展徒众。十余年里，扩大了的徒众有三四十万，遍及当时的青、徐、幽、冀、荆、扬、兖、豫八州。这八州地盘大致相当于现在河北、山东、河南、江苏、安徽、湖北、湖南等省。"角遂置三十六方，方犹将军也。大方万余人，小方六七千，各立渠帅。"即他们把三四十万人，分成三十六个部分，相当于今之师旅之类；每部有其统帅。他们甚至把势力扩展到皇宫，中常侍（宦官职称）封谞和徐奉也加入其中，愿作内应。

张角自称天公将军，封其弟张宝和张梁分别任地公将军和人公将军。预定在光始七年，即中平元年（184）三月初五日，在各地同时起义，每个人头上包裹黄巾，统治者诬为"黄巾贼"。由于有叛徒告密，致使洛阳地区的统帅马元义和宫内外上千人遭到捕杀，张角决定提前在二月内举事，紧张而迅速地通知各地行动起来。与此同时，东汉朝廷也紧张地动员起来，派兵镇压。

黄巾起事后，声势浩大，参加黄巾军的人数如滚雪球，愈来愈多。他们所到之处，烧衙门，杀官吏。因为人多势众，也没有什么地方官吏能够或敢于抵抗，只有逃亡或者投降，短短的十多天，"天下响应，京师震动"。

东汉朝廷这一边，本来政治已十分腐朽，经济濒危，外戚宦官彼此争权，杀戮频仍，正直敢言之士遭到迫害。此时，在黄巾起义的巨大威胁下，统治者内部的诸多矛盾暂时缓和，他们联合起来，镇压黄巾起义。洛阳朝廷派北中郎将卢植前往冀州（今河北省），派左中郎将皇甫嵩和右中郎将朱俊到豫州（今河南省）。毕竟农民军缺乏军事战略家，卢植先围困张角于广宗（今河北省威县），后来皇甫嵩又把张梁消灭

了,张角此时已病故。张宝也被皇甫嵩派军消灭于下阳曲(今河北省晋县境内),杀戮起义军十几万人。皇甫嵩和朱俊在豫州颍川郡(治所在阳翟,今河南省禹州市),把已发展壮大的另一部分黄巾军用火攻打败,也杀戮了数万人。

声势浩大的黄巾起义在不到一年的时间,基本上被镇压了下去,虽然以后仍有其余部在活动,但已不起大的作用了。

黄巾起义虽然被镇压下去,但东汉王朝就此走向了衰亡。在封建社会时期,农民起义是在官逼民反的客观条件下必然出现的事,但其结果,不外乎被残酷地镇压下去;即使能成功者,首领做了皇帝,也是再度经历镇压人民,专制腐化,乃至再度激起农民起义,这已为历史实践所证实。黄巾、黄巢属于前者,刘邦、朱元璋属于后者。这是客观规律。我们评论他们的优劣,仍看他们是否贤德,对老百姓是否施仁政,办事是否公平、公正,依法而行,等等。在历史上少数仁君虽有善可陈,但确实不多。黄巾首领为农民,他们缺乏有头脑的政治家和军事家,不能解决当时政治上与经济上的种种弊端,也不能保证在战略上战胜敌人,并巩固成果,他们的失败也在情理之中。可是话说回来,如果他们胜利了,谁能保证,他们不是新一代的专制皇帝和残酷统治人民的专制暴君呢?

在黄巾起义过程中,地方官僚与豪强为了抵抗与镇压黄巾军,便招兵买马,修筑城坞,抢占郡县,割据一方。汉灵帝为了加强中央对地方的控制,任命亲信或宗室为州牧,掌管一州的军政大权。州牧有了名正言顺的大权,也就更方便地"跨州连郡",对中央阳奉阴违。这都为后来的军阀混战作了准备。另外,在黄巾起义被镇压下去后,皇帝的外戚与宦官之争再起。之后,汉室也就名存实亡了。由于我们在下文中要经常提到州郡和其官职的概念,先在此解释一下。东汉时期全国分为十二个州和一个司隶校尉部。每个州包括若干个郡,每个郡有若干县。州原设刺史,监督郡以下的官员,并无实权。后来设州牧,州牧掌管一州的军政大权,就是个实权之位了。郡设太守,太守掌管全郡的军政,是实权官职。至于县,可设县令或知县,视其大小而定。

汉灵帝刘宏,本是个昏庸之君,他宠信宦官,被所谓十常侍(实际为十二人)所包围。而这十常侍也都非善类,除贪得无厌外,就是挑拨皇帝镇压敢言之士。灵帝死于中平六年(189),尚未立太子。皇子中刘辩和刘协非一母所生，灵帝死后，却是刘辩继位，年十四岁。其母何太后，临朝称制，相当于后来的垂帘听政。宦官蹇硕本来手握重兵，为灵帝亲信，此时则面临失势之虞。何太后之兄何进，则以大将军之职，与太傅何隗进宫参录尚书事，掌握了实权。何进办的第一件大事就是逮捕蹇硕，并予杀死。随后把皇子刘协改封为陈留王，并向何太后进言，除掉所有的宦官。为达到这个目的，何进召董卓带兵进京（洛阳）。董卓绝对是一个阴险残忍的恶魔，他一来，便成为天下大乱的一个祸根。

宦官们得知，何进要铲除所有宦官，"中常侍"张让、段珪等多人先下手为强，把何进杀死在宫内。何进部下吴匡、张璋与虎贲中郎将袁术（中郎将比校尉略高，比将军职位略低）知道何进为宦官所杀，便率兵杀进宫门。后来中军校尉袁绍、董卓的弟弟董旻也带兵入宫。袁绍最恨宦官，他们此时大杀宦官，大大小小的宦官几乎一个不留。漏网者张让等人带着刘辩（少帝）与刘协（陈留王）逃至黄河边上，被尚书卢植追上，所有逃走的大小宦官在此遭到杀戮或溺水身亡，均未能逃脱覆灭的命运。袁绍诛宦官后，董卓带兵进洛阳，从此开始胡作非为，迎来了下一轮的军阀混战。宦官们过去坏事干尽，此时遭此大难，也是罪有应得，即使其中有些不那么坏的小宦官被悉数灭绝，也算是在劫难逃吧！

中国的历史实践证明，在天下大乱或即将大乱之际，会出现一些英雄和能人，也会出现奸雄和残暴的恶魔。董卓属于后者，如果不能说他是中国历史上最残暴的恶魔，至少能说他是历史上最残暴的恶魔之一。他军人出身，在镇压黄巾军、镇压凉州（今甘肃、宁夏、青海一带）地区羌人以及攻打凉州起事（或造反）的韩遂、马腾的战事中，董卓基本上无所作为，但一路升官，由中郎将升为将军，后来做了并州（今山西省）牧，就在此时，何进召他入京。在宦官被诛杀之后，董卓劫持少帝刘辩，时在中平六年（189）。这一年九月，董卓废少帝刘辩，立陈留王刘协为帝，为汉献帝，当时刘协九岁。他随后杀了少帝和何太后，自封为相国，大权在握，控制朝廷，动不动就杀人，朝官没有敢抗言的。

次年，汉献帝初平元年（190），渤海郡（治所在浮阳，今河北省沧州东南）太守袁绍等人成立同盟，传檄天下，讨伐董卓，参加者多人，如袁术、桥瑁、张邈等，皆太守刺史等封疆大吏。同时起事讨董

者,还有曹操、孙坚、刘备等人。以袁绍为盟主的同盟军兵多将广,又有名望地位,但是他们缺乏救国的愿望,也没有政治军事的头脑和本事;而曹操、孙坚和刘备等人名望和地位不高,兵将也少,虽欲与董卓作战,尚缺乏客观的条件。在没有大战事的情况下,董卓却火烧洛阳,挟献帝西去长安。讨董的各路诸侯先后离散,纷纷割据城池,形成此后的军阀混战。

在随后的两年时间里,董卓坏事做尽,国人皆曰该杀,但是,靠刀兵相见的讨伐,仍难奏效。初平三年(192),司徒王允争取了董卓亲信——大将吕布,矫诏杀了董卓,这就是三国演义"王司徒巧使连环计"一回,所演绎的美人计中,有吕布与貂蝉的故事。董卓该死,而且死有余辜。董卓一死,士兵、百姓歌舞相庆,因董卓肥胖,人们置捻子在他的肚脐内,以为烛芯,竟亮了一夜。

王允除掉了董卓,立了大功,在司徒之外,录尚书事,掌握实权。吕布封温侯,握有军权。此时,镇压黄巾的名将皇甫嵩和朱俊等尚在。但王允虽有治平之心,却无经世之才。吕布乃一有勇无德的大将,皇甫嵩等人都缺兵少将,终于还是没有能够拨乱反正。董卓部将李傕、郭汜等人造反,杀向长安,吕布抵抗不了,逃出长安,去投奔南阳袁术,参加了随后的军阀混战。可怜王允一家俱被李、郭杀害。

李傕、郭汜等人都是残暴成性,属于董卓一类。他们除了杀害与王允有关的在消灭董卓事件上有功的人士外,相互之间为了独揽大权,也争战不已,完全不顾老百姓的死活。当然,相互也还要打着汉献帝这块招牌。李傕把献帝从宫中抢出来,安顿在自己的军营中,献帝希望逃离他们的钳制,多次要求释放,兴平元年(194),在一些老臣的护卫下,艰苦东行,迁到弘农郡(今河南省灵宝县境内)。不久李傕、郭汜又后悔放走了汉献帝,决定武力劫回。护侍献帝的董承、杨奉等人打不过李、郭,找到了强人"白波"(黄巾一类)首领韩暹与李乐等人,打败了李傕和郭汜。献帝于建安元年(196),迁回洛阳。从此,汉献帝离开了李傕、郭汜的狼窝,又陷入了韩暹等人的熊洞了。就在这一年,已经崛起的曹操做了兖州牧,州辖地大致为今山东省的西南部,治所在昌邑(今山东省金乡县西北)。曹操打败了韩暹,迎献帝去了许县(今河南省许昌)。曹操有胆量,也有韬略,专制残暴,从此挟天子以令诸侯。汉献帝离开了熊洞,又入虎穴。顺带提及,建安二年(197)冬,韩暹在并州被杀,郭汜为部将所杀;次年夏,李傕为关中诸将所杀,被夷三族。

早在黄巾失败之际,很多太守、刺史等封疆大吏都扩大地盘,壮大势力,不受朝廷节制,但又和朝廷若即若离。反正皇帝已被挟持,不论短时间的董卓、李傕和郭汜或韩暹以及较长时间的曹操,皇帝只能是个傀儡,还需小心谨慎,以免杀身之祸。朝廷的命令(实即挟持者的意思),军阀们可以有选择地听从;而军阀们的意见,往往也上报朝廷,朝廷同意与否,可以"承制"名义,变为既成事实,尤其在任命大员上,更是如此。曹操胜过袁绍一筹,迎献帝于许县,而袁绍却错过了这样的机会。所以,在军阀的争战上,挟天子以令诸侯,曹操也就具有更多优势。

前面提到,吕布本是一有勇无谋之人,又无信义可言。他自从与李傕、郭汜作战失败后,率残部南下,投靠袁术。后不辞而别,北投袁绍,也不为所容。又经过一系列曲折,投奔刚接替陶谦任徐州牧的刘备。再与袁术勾结,背叛刘备,占领徐州。终于在建安四年(199),为曹操所败,被杀。这也是《三国演义》"白门楼吕布殒命"(第十九回)所描述的故事。

陶谦似乎没有野心,他兼具文武之才,出身孝廉,立有军功,早在汉灵帝中平元年(184),就做了徐州刺史,后升为徐州牧。董卓废立专横之时,他虽然未参加以袁绍为盟主的讨董联军,却是站在董卓对立面的。在董卓被诛以后,支持朱俊,以期复兴。初平四年(193),曹操以其父曹嵩过徐州被害为由,率兵攻陶谦,大开杀戒,"坑杀男女数十万口于泗水,水为不流"。曹操之行为太残忍、狠毒了,滥杀无辜,无丝毫怜悯心到如此地步,再"雄才大略",也为世人所不耻,为历史所不能原谅。兴平元年(194),陶谦病危,表荐刘备为徐州牧,也是他看到曹操太残忍,而刘备则宽宏仁厚的缘故。虽然很快徐州又被吕布攻陷,曹操又杀吕布,占据了徐州,但陶谦不把徐州交给儿子或部将,而坚持让与刘备,这也是他仁德可贵之处吧!

袁术和袁绍为同父异母兄弟,世代公卿。袁术参加了袁绍为盟主的讨董联军,当时他已是后将军了。此后,在孙坚的帮助下,占据了南阳郡(治所在今河南省南阳市),刘表为荆州牧,表奏袁术为南阳郡太守。袁术却鼓动孙坚攻刘表,孙坚被黄祖杀死,袁术离开南阳,北上兖

第二章 隆中对策

州陈留，又被曹操打败，逃到扬州的九江郡（治所在今安徽省寿县）。他实际只控制了扬州（辖区包括今安徽、江西、浙江省与江苏省的各一部分）的一小部分。袁术无才无德，又有荒唐的野心，竟在建安二年（197）做起"皇帝"来了。几乎没有人支持他，两年以后，四面楚歌，呕血而死，成为历史上一个可笑又可卑的小人物。

公孙瓒，出生在幽州（今河北省迁安），也出身世家，曾从学卢植，举孝廉。后在幽州牧刘虞手下做事。幽州辖区包括今河北省中北部与辽宁省中南部，治所在蓟县（今北京市西南）。刘虞是皇族，为人正派，讲原则，拒绝袁绍拥立他做皇帝，承认献帝；对外族主张和抚。中平五年（188），刘虞和公孙瓒打败了造反的张纯，受到朝廷的表彰。这个公孙瓒不仅没有远见，而且糊涂，不分善恶，竟在初平四年（193）杀了刘虞，称霸幽州。但也免不了覆灭命运，在刘虞部将和袁绍军队的合攻下，于建安四年（199）被杀死。幽州也就成为袁绍的地盘了。

在诸多割据的军阀中，袁绍的势力属最大。除其累世三公的家世条件外，他本人主盟讨董联军，又有大将军职衔，亲领冀州牧，实际占有冀、幽、并、青四州，相当于今河北、山西、山东和辽宁省的一部分。曹操占据豫、徐、兖三州，相当于今河南以及山东、江苏、安徽省的各一部分，兵力与地盘略逊于袁绍，但后来有了献帝的招牌，多了一些优势。在改元建安的随后几年里，双方均蓄势待发，各自扫荡自己辖区内的小股异己势力。曹操会用兵，多谋善断，且能抓住时机；袁绍多疑寡断，缺乏英雄气概，且多次错过时机。建安五年（200）初，曹操攻打徐州的刘备，袁绍失机，未南下攻操。等曹操打败刘备（刘备投奔袁绍），袁绍才准备攻打曹操。同年十月，官渡一战，袁绍大败。建安七年（202），袁绍病卒，地盘大部分归属曹操。

曹操打败袁绍以后，成为势力最大的军阀，统百万之众，挟天子以令诸侯。但仍有不少割据势力，盘踞在远离战事频发的中原地区。早在汉灵帝中平六年（189）黄巾起事之时，已经做了太守与九卿的皇族刘焉进入益州，领益州牧，成为独立王国。益州包括今四川、重庆、云南与贵州地区。兴平元年（194），刘焉病逝，其子刘璋继位，后领州牧。除和汉中张鲁的矛盾外，益州地区没有大的战事。

刘表也是皇族，出身世家，汉献帝初平元年（190），为荆州刺史。

· 28 ·

董卓死后，李催、郭汜把持的朝廷任命刘表为荆州牧、镇南将军。后来他收取了长沙、零陵、桂阳等地，北据汉川，利尽南海。虽然他能力平平，也居然有十几年的地区霸主地位。

西北地区的韩遂和马腾，早在灵帝末年就闹独立，占据凉州（今甘肃、宁夏、青海一带）。东北地区（即现今的辽东地区）也一直为公孙度祖孙所控制。在董卓掌权时，公孙度做了辽东郡太守，其子公孙康、康子公孙渊接着掌权，虽然其间与袁绍父子有不少恩怨，与曹操也有交往，但直到曹操死，一直未被征服。

在袁绍与曹操争战之时，孙坚父子控制并巩固了在江东的政权。早在联盟讨伐董卓时，孙坚率兵认真地与董卓部队打了几仗。联盟解散后，孙坚与袁术有合作，有斗争。初平三年（192），袁术鼓动孙坚攻打刘表，孙坚被刘表部将黄祖射死。坚子孙策脱离袁术，驰骋疆场，在周瑜等人辅佐下，横扫江东，做会稽太守、讨逆将军，封吴侯，势力扩展至今浙江、江苏省南部和江西省等地，统称江东地带。建安五年（200），孙策英年遇害，年仅二十六岁，他把创建的事业交给了其弟孙权。

这个时候的刘备呢？

刘备，字玄德，幽州涿郡涿县（今河北省涿州市）人，生于桓帝延熹四年（161），他比诸葛亮大了整整二十岁。刘备本是汉景帝之子中山靖王刘胜之后，这已是二三百年前的血缘关系了。

刘备的出身对他的名望与号召力起了一定的作用。但是我们今天评论他，应该有一个新的原则。《三国演义》把刘备的蜀汉视为正统，根据就在于他是汉皇帝的后裔。在京剧《甘露寺》中有句唱词："刘备本是中山靖王之后，汉帝玄孙一派流。"在封建时代，可以这么论。而在今天，我们读历史小说，听戏剧，就应想到，这是封建时代对刘备出身的颂扬与肯定，不是我们今天评论的标准。对以皇帝为首的统治者阶层，只能根据统治者的道德品质，是否执法公平，是否关心百姓、实施仁政以及实践效果，即老百姓是否满意，来加以判断。对刘备的评论也不例外。下面，我们来看一下刘备的早期经历。

刘备的父亲刘弘曾做过县令，为政清廉，但去世早。留下刘备孤儿寡母，经济自然不宽裕，曾以编织草鞋、草席，贩卖为生。《三国演义》的一些人物，如袁术、吕布之流，以此鄙视刘备的出身。刘备十五

第二章 隆中对策

岁从学涿郡大儒卢植，公孙瓒是他的同学。他的一位本族长辈资助他上学，看出他日后会有出息。但是，刘备青少年时并不特别热爱学习，却胸有大志，不多说话，可以克制自己的喜怒，好结交侠义与豪迈之人，讲究信义。关羽和张飞就是他青少年时结交的莫逆之友。

关羽，字云长，河东解县（今山西省运城市的解州）人；张飞，字益德，乃刘备同乡涿县人。他们都高大魁梧，而且都有一定的文化水平。关羽年轻时在家乡犯事，据《三国演义》描写，是杀了地方恶势力，根据他傲上恤下的性格，这是有可能的，因此逃到涿县。他与刘备、张飞志同道合，情胜兄弟，同吃同住。《三国志·蜀书》记载："先主与二人寝则同床，恩若兄弟。而稠人广坐，侍立终日，随先主周旋，不避艰险。"关羽和张飞常常侍立刘备之侧，遇事不避危险，鼎立相扶，《三国演义》叙述了他们在张飞家的桃园中，结拜为兄弟，这就无从考证了。凭他们的历史功绩，演绎为桃园结义，而且宣誓："同心协力，救困扶危；上报国家，下安黎庶。"这大概是上下各阶层人士都是赞许的。

由于刘备待人宽厚，不少人投奔他，做他部下。在当地富豪的资助下，他以关、张为辅翼，组织起几百人的队伍。时值黄巾起义，刘备就参加到镇压黄巾的官军之中。黄巾起义是农民在忍无可忍的情况下，对腐败透顶的王朝的反抗，自然也会做出不少过激的事，刘备因与黄巾军作战有功，当了安喜县尉，安喜在今河北省定州，县尉是县长级的官。当时巡察县政的官称督邮，巡察安喜的这位督邮与很多贪官一样，不仅对下级摆架子，而且还索要贿赂，招待不周，就难免丢官。刘备受不了这份气，一怒之下，把督邮捆在了柱子上，狠狠地打了他二百鞭棍。然后把县尉官印挂到他脖子上，官不做了，与关、张逃走。

《三国演义》描写"张翼德怒鞭督邮"（史书记载张飞字益德，演义称字翼德），刘备反来劝解，藉以突出张飞嫉恶如仇的勇猛性格和刘备的宽厚作风。实际上，可能是刘备作出决定，由张飞来执行，或由张飞监督，士兵来执行。《三国演义》描写的具体事件、情节，虽在史书上找不到证据，但有相当多的事还是合乎情理的。

刘备既然鞭打了督邮，安喜县尉就做不成了，他和关、张率部又在何进的部下立了军功，被保荐做了下密县丞。下密在今山东省昌邑县附近，县丞为副县长级别。后迁为高唐县尉，再升为县令，高唐在今山东省禹城。汉献帝初平二年（191），青州黄巾攻破高唐，刘备战败。这次他走得远，北上幽州投靠公孙瓒。公孙瓒是他的老同学，保荐他做了别部司马，让他统率一支非主力部队，抵抗冀州牧袁绍。

刘备在公孙瓒处结交了赵云。他们很谈得来，很快成了相知。赵云字子龙，常山郡真定（今河北省正定）人。他长得雄伟，武艺高强，且颇有见地，早年投奔公孙瓒，受到重视。常山郡属于冀州，当时袁绍为冀州牧。公孙瓒与袁绍不和，彼此猜忌。赵云来投，公孙瓒在高兴之余，问赵云："听说冀州人士多向往袁绍，而将军你独来找我，是什么原因？"赵云说："天下乱糟糟的，也不知道谁是谁非。本州人士向往能施仁政的州郡首脑，倒不是轻视袁公而亲近将军呀！"从这段话看出，赵云不仅有见识，而且有道德标准。他听到刘备的志愿和对形势的分析，很是钦佩；而刘备见到赵云的言谈举止，也十分喜爱。这一相遇成为他们日后共患难的契机。

刘备协助公孙瓒，参加了与袁绍的战争。后往青州，协助田楷攻略地盘多次建功，被任命为平原县令，又升为平原国相，这时田楷被公孙瓒任命为州刺史。平原国即平原郡（在今山东省平原县），因朝廷封皇室为王，改为国，国相相当于郡太守。

因为连年战乱，百姓生活困苦，不能温饱；盗贼成群结伙，到处抢掠。刘备任国相期间，一方面平定盗寇，一方面为百姓安排生产，解决温饱之事，且见到了效果，获得了人民的拥护。这不仅说明，刘备具有很高的行政能力，更反映出他眼睛里还是有老百姓的。后来，小说反复宣扬他宽仁敦厚，反而令人难以尽信。不过，他并不是为争权夺利而表现出伪善，所以，才获得百姓与士人的信任。他能做到礼贤下士，士人们也就愿意投奔其下，为他服务。他在任平原国相期间，当地一位有势力者叫刘平的人，对他不满，可能刘备的一些措施触犯了他的利益。他派一刺客去刺杀刘备。刘备不知底细，仍然热情地招待了这个刺客，经过交谈，刺客认为刘备乃仁义之人，不仅未行刺他，反而告诉了他行刺的计划。

做了平原国相的刘备，还没有袁绍、公孙瓒或曹操的地位与声势。但因他的仁德表现，却也名望在外。连徐州广陵郡（今江苏省扬州市）太守陈登都十分推崇他，称他"雄姿杰出，有王霸之器"。这位陈登不仅出身贵胄，而且清高之名为时人所膺服。北海相孔融亦当时名士，对

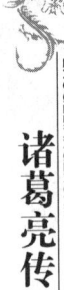

刘备也有很高的评价。北海国为青州一郡，治所在营陵，今山东省昌乐县东南。北海国被黄巾围困之时，孔融派太史慈突围，往平原国求刘备相助，刘备解除了孔融的危难。

不久，袁绍攻打公孙瓒，攻占了平原国。田楷和刘备向东撤退，退守齐郡（青州一郡，辖地今山东省益都地区）。就在这时，初平三年（192），曹操父亲曹嵩携带妻妾家众和许多金银财宝，从洛阳去琅琊，途经徐州地界，当时的徐州牧陶谦派兵保护。无奈率兵的张闿看上了曹嵩的大宗财宝，杀死曹嵩，劫夺财宝而逃。虽然曹嵩的财宝也是不义之财，但这一来，就给陶谦和徐州百姓带来了大灾难。日后曹操为父报仇，不仅杀了陶谦，还屠杀了大量徐州百姓。

汉献帝初平四年（193），曹操进攻徐州陶谦。就在这次进攻中，曹操一路屠杀，杀了包括从凉雍逃难来的几十万人民，使"睢水为之不流"，真是鸡犬不留，惨不忍睹。曹操"宁我负天下人，不让天下人负我"，过于残忍，为后人所不耻。不过，在刘备的协助下，陶谦竟然守住了郯城（今山东省南部偏东，接近江苏）。其时，刘备也只有千余人属于自己的部队，还有几千乌桓骑兵。陶谦又给他补充了四千士兵。陶谦对刘备非常敬重，表荐刘备为豫州刺史，屯驻小沛（今江苏省沛县）。刘备和公孙瓒的关系就结束了。次年（194），陶谦病危，他上表推荐刘备为徐州牧。刘备再三辞谢，他举荐袁术。陈登和孔融力陈不可，他们都认为袁术骄纵，不是治乱之主，也非忧国之人。孔融进一步说，袁术乃"冢中枯骨，何足介意"。在对袁术的评价上，刘备的理解确实不如陈登和孔融，也不如陶谦和曹操。徐州别驾（为州牧佐吏，随从外出巡行）糜竺已承陶谦遗嘱，坚请刘备继任徐州牧。

刘备做了徐州牧，虽实际管辖地盘不多，总也算跨州连郡了，兵力也有几万，大将有关羽、张飞，此时赵云已回到公孙瓒处。在诸多军阀豪强的包围之下，他纵有澄清寰宇之志，仍是力不从心。刘备做徐州牧不久，吕布在兖州被曹操打败，到徐州投靠刘备。刘备还不知吕布是朝三暮四、恩将仇报之人，不仅收留了他，还让他进驻小沛（今江苏省沛县）。建安元年（196），扬州军阀袁术进攻刘备。趁刘备后方空虚之际，吕布攻克了徐州（治所在今山东省郯城，魏以后移至今江苏省徐州）。刘备在袁、吕两路夹攻之下，进退失据，只得向吕布求和，把徐州牧让给吕布，他又被吕布派驻小沛，做了豫州刺史。此后，刘备重整兵力，逐渐变强。吕布既害怕又忌妒，再次攻打刘备。刘备战败，投降曹操，曹操表荐刘备为豫州牧。这一年曹操迎献帝于许（今河南省许昌），曹操的决定以献帝的名义下达。刘备又常被称为刘豫州，根据也在此。虽然，他也做过徐州牧，但很少有刘徐州之称，大概部分理由是因陶谦表荐，虽然可以做，但还没有"名正言顺"。建安三年（198），曹操攻吕布，他和刘备攻下了下邳城（今江苏省邳县），吕布最后固守的城楼被攻破，吕布被杀。这段历史，在《三国演义》里，以"白门楼吕布殒命"为回目，有生动的描述。吕布如在一位德才兼备的上级手下，不失为一员勇猛的战将。如果他自为军阀，既无仁义原则，又听不进意见，失败乃是必然的结果。而刘备坚持建议曹操杀吕布，勿留后患，也是经历了吕布忘恩负义的教训后得出的结论。

打败吕布后，刘备随曹操回到了许县。曹操又以汉献帝的名义，拜刘备为左将军——一个有名位而无实权的官职，而自动免去了豫州牧的官职。曹操对待刘备确实很够意思，"出则同舆，坐则同席"。从曹操一方面讲，他也确实看得起刘备，他不仅要控制刘备，不能使其力量强盛起来；他还要利用刘备的名望和能力为自己服务。否则，他就不会拒绝其手下谋士劝他杀刘备以绝后患的建议了。如果不为利用他，只是限制他，凭曹操的残忍性格，恐怕也早就把刘备杀了。从刘备一方面讲，他对曹操也深知其人，他借曹操的力量消灭吕布，也深惧曹操置自己于死地。所以，他灌园鬻蔬，以显拙者之为政也，故意表白自己无野心，胸无大志，以免曹操猜疑。而曹操偏和他"煮酒论英雄"，对袁绍等当时有名望和地盘，又兵多将广的人不屑一顾，偏偏说"天下英雄乃使君与操耳"，吓得刘备失落手中筷子，急中生智地以害怕雷声为藉口，掩饰过去。

刘备对曹操名义上拥护汉献帝，而实际上全不把汉献帝放在眼里的事，看得一清二楚。他本来暗中和董承等人策划除曹，适值曹操派他去徐州袭击袁术。他便顺顺斩了曹操派去的徐州刺史车胄，决心脱离曹操的束缚，而与之对抗。这是建安四年（199）的事。曹操让刘备离开自己身边，这是他一时疏忽，也可能是，他认为刘备仍在其掌握之中。而刘备此时公然对抗曹操，虽然莽撞了一点，但由于董承事发，也不得不为了。曹操知刘备杀了车胄，急派刘岱、王忠率军攻打刘备，被刘备打败。此时曹操正率军在官渡一带，与袁绍对峙。他于建安五年（200），

挥师东进,在徐州把刘备的几万人打得溃不成军。刘备带领少数人去投奔袁绍。关羽则在下邳被围困,后投降,连同刘备的夫人,一起到许县,受到曹操的优厚待遇。张飞战败后逃往汝南郡(郡治所在平兴,今河南省驻马店周围地区)。

袁绍派大将颜良率军攻打曹操,关羽在白马为曹操立功杀了颜良。大将文丑也为曹军所杀。历史记载上没有明确提出是为谁所杀。《三国演义》记叙文丑为关羽所杀一事,没有充足的证据,疑为虚构。而颜良为关羽所斩,确有文字记载。《三国志·蜀书·关羽传》记载"羽望见良麾盖,策马刺良于万众之中,斩其首还"。这有点像在万军之中取上将首级如探囊取物。这种情形大概不多见,在小说《三国演义》中却常常出现。两军对峙,主将一来一往地刀枪对打,而士兵观战,若干回合后,一方主将被另一方主将杀死,大军便溃败云云。这虽不无可能,但更带有舞台戏剧性质。

刘备已投靠袁绍,而袁绍大将为关羽所杀,这种结果甚是尴尬。在军阀混战中,已谈不上什么原则。关羽以此作为对曹操优待他的报答。当他知道刘备在河北袁绍处,便义无反顾地挂印封金,辞别曹操,北上寻兄。而曹操不仅没有把他扣住不放,软禁起来,更没有杀之以绝后患,甚至还通令放行,不许中途拦阻,在这一点上,曹操确实十分仗义,与他"宁我负天下人,不让天下人负我"的凶残性格判若两人,说明一个人性格的复杂性。大概他真从心底嘉许其志,才有这么大的容量以成其义。

关羽不顾危险,这危险包括曹操后悔而追杀他,路途遇兵将加以阻拦,袁绍为了大将被杀而报复他……"关云长千里走单骑"。他不忘报效曹操的恩情,又把与刘备的友谊始终放在第一位,不怕危险,与之会合。这是后人认为他仁义的表现。"过五关斩六将"的故事情节十分有趣,历来为世人所津津乐道。虽然这可能是演义故事,然而关云长千里走单骑,确是事实。在成都武侯祠,刘备殿东侧关羽殿有匾曰"义薄云天",也是符合事实的。

再说刘备投奔袁绍的事。袁绍出城二百里,迎刘备至邺县(今河北省临漳县内),说明刘备在袁绍心中有相当高的地位。刘备投靠袁绍之选择乃不得已,他对袁绍的为人并不佩服。再说赵云从徐州返回公孙瓒处,认为公孙瓒成事不足,败事有余,乃藉口兄丧回到常山(今河北省正定)。此时,打听到刘备在邺县,乃以刘备的名义,召集几百兵士,到邺县和刘备会合,就未再分开。

刘备在投靠袁绍的一年多时间里,曾先后两次去汝南,分别与黄巾余部刘辟和龚都联络。刘、龚二人也都敬服刘备的为人,愿为他效劳。但毕竟刘备人马不多,刘辟、龚都的力量也微弱,未能起大的作用。刘备在第二次去汝南与龚都会合之际,也是刘备、赵云与关羽、张飞久别重逢之时,这一段的具体情节为史书所略,只叙述曹操派蔡阳攻刘备,蔡为刘备所杀。

在《三国演义》里,他们的重逢都颇有戏剧性,故事情节也跌宕起伏,读起来颇有趣味。这里具有几分可信性和更多的演义性质。比如,徐州战败后,只知道张飞逃奔汝南一带,具体地点和活动不得其详。小说叙述他占据了古城,也有几分可信。为了突出张飞的勇猛刚毅,疾恶如仇,多少带有鲁莽的性格。小说描写张飞以为关羽真的背叛与刘、张的友情,投降曹操,所以,一见面就准备拼命。其实,他未必如此莽撞。为了释疑,关羽斩了追来的蔡阳。读者因刘、关、张、赵的重逢而感到高兴,也就不一定深追历史的具体真实情节了。

确实,曹操为了打刘备派蔡阳去,并不是为了追杀关羽。很有可能是,蔡阳到达之前,刘、关、张已经会合了。而出战蔡阳,一举杀死蔡的是关羽,因为蔡阳既来,刘备不太可能是独率一支兵马迎敌。大将关、张、赵均在,无须他亲自出马,也不应由他出马。蔡阳既是来打刘备,为刘备部下所杀,所以,史书上往往以"为刘备所杀"来概括结果。

建安六年(201),曹操打败袁绍后不久,亲率大军到汝南攻打刘备和龚都。刘备未与之战,就南下荆州投奔刘表,龚都部也就溃败了。

可见,十多年来,刘备始终没有很好地发展壮大自己的力量,东奔西跑,先后辗转依附于公孙瓒、陶谦、曹操、袁绍、刘表,寄人篱下,险些丧失性命,更谈不到实现"兴复汉室"的大业了。

刘备在荆州居住数年,事业毫无起色,很是忧伤。有一次,刘表请他赴宴,席间去厕所时,发现自己大腿的肌肉松弛,身体胖了起来,不禁一阵心酸,流下泪来。刘表惊问他是怎么一回事,他回答说:"过去我南征北战,身不离鞍,腿肉瘦硬。现在长期闲居,腿肉增多了,时光过得真快,不觉已经快老了,而功业还没有建立起来,所以悲伤。"

为什么刘备到了如此地步呢？原因很多，其中重要的一条就是没有得到智能之士的辅佐。痛定思痛，他决心争取有智谋的人辅佐自己。于是他注意与襄阳地区有影响的知识分子接触，在他们中间物色人才，以求得他们的支持。

刘备首先拜访了司马徽，向他请教，希望得到他的帮助。司马徽是经古文学家，不守旧，鄙视俗儒，是一个讲究经世致用的学者，且很"知人"。他对有经世之才的诸葛亮很赏识，对庞统也很称赞。在刘备诚恳请求下，他回答说："儒生俗士是不懂得时务的，真正了解天下大势的是有真才实学的俊杰。我们这里被人们称为卧龙、凤雏的，就是这样的俊杰。"刘备问："卧龙、凤雏是谁？"司马徽回答说："就是诸葛孔明和庞士元。"经"水镜先生"这么一说，诸葛亮在刘备心中的地位就更高了。

如果说司马徽是诸葛亮的"伯乐"，那么，另一个举荐诸葛亮的则是他的同学徐庶。徐庶是寓居荆州的知识分子中最早来到刘备身边成为其重要谋士的，刘备对他很器重。

徐庶原名单福，少年时好击剑，想做个侠客。后来替别人报仇杀了人，逃到外地，才改名为徐庶，从此弃武习文，"听习经业，义理精熟"。避乱到荆州后，与诸葛亮结为好友。徐庶向刘备推荐说，诸葛亮是一位才能比自己高的卓越人物。经徐庶这么一介绍，刘备便急切想见诸葛亮。他想靠徐庶同诸葛亮是学友的方便条件，把诸葛亮请来相见。徐庶却说："这个人由我去请是不会出来的，将军如果真心求教，必须亲自去拜访才行。"于是比诸葛亮大二十岁的刘备，便亲自到隆中山村去请教诸葛亮。先后去了三次，诸葛亮热情地接待了他，时间是在公元207年冬季。这就是人们通常所说的"三顾茅庐"。

刘备见到诸葛亮后，两人进行了多次诚挚的交谈。

交谈的主要过程和内容是：刘备诚恳地对诸葛亮说："现在汉朝衰败，群雄混战，权臣控制朝政，使我大汉天子蒙受流亡之苦。我不度德量力，想伸张正义于天下，完成统一大业，恢复汉朝统治。但由于我才疏德薄，智谋短浅，能力有限，屡遭失败，至今一无所成。不过，我的志向并未因此减退和消失，还想干一番事业。希望你能为我出谋划策。"刘备谦恭诚恳的态度使诸葛亮很受感动。于是他便把在隆中十年所观察的天下形势作了一番精辟的分析，并据此提出了鼎足三分、兴复汉室、统一全国的战略规划。

首先，诸葛亮分析曹操、孙权的情况说：

自从董卓乱国以来，四方豪杰并起，割据一方，争夺天下。曹操同袁绍相比，名望低微，兵力薄弱，但他最后竟能打败袁绍，由弱变强。这不仅由于客观形势对他有利，而且由于他的主观努力，依靠人的智谋取胜。现在曹操已拥兵百万，又有"挟天子以令诸侯"的有利地位，确实不可以同他争锋。孙权占据江东，已经历了三代。那里地势险要，民众归附，有德才的人为他效力。看来只可以把他作为外援，与他联合，而不可去谋取他。

在这里诸葛亮承认敌对者曹操力量的优势、异己者孙权势力的强大。从这一实际出发，他提出了联孙抗曹的战略方针。

接着，诸葛亮又分析荆州刘表和益州刘璋的情况说：

荆州这个地区，北有汉水、沔水，南可直达南海郡，东南可连接吴郡、会稽，西则通往巴蜀，是一个兵家必争的战略要地，但刘表却没有能力守住它。这是将军占有它的一个很好的机会，不知道将军是否有这个打算？益州地势险要，沃野千里，号称天府之国，汉高祖刘邦就是凭借它完成了帝业。但占据益州的刘璋，昏庸无能，北面又有张鲁的威胁，虽然他拥有众多的百姓和富饶的资源，却不知道如何治理它，使百姓安定。那里有智慧有才能的人，都希望得到一个贤明的君主。

在这里诸葛亮指出当时的薄弱环节是荆州和益州，从而确定了先占据荆、益二州的方针。

最后，他概括指出平治天下的任务说：

将军是汉朝皇室的后代，声誉传于四海，收揽英雄，思贤如渴，如果能跨有荆、益二州，据险防守，对西边和南边的诸戎、夷越采取和抚政策，对外结好孙权，对内修明政治，天下形势一有变化，就可命令得力将领，带领荆州的军队向宛城和洛阳进攻，将军自己则率领益州的军队出秦川（今陕西南部），到那时，老百姓谁能不带着好饭美酒来欢迎

第二章 隆中对策

将军呢！如果能够这样，将军统一的事业就可以成功，衰颓的汉王室也就能够复兴了。

诸葛亮还确定了占据荆、益二州之后的具体任务，主要是：巩固地盘，改革政治，改善同少数民族的关系，稳定内部，积蓄力量，为北伐创造条件。还确定了北伐的作战方向是两路分兵，钳击中原，最后达到兴复汉室的目的。

这就是诸葛亮战略规划的全部内容，被称为"隆中对"（也称"草庐对""隆中对策"）。"隆中对"对形势的分析是正确的，符合客观实际的。它根据各割据势力之间的力量对比和发展前途，提出的战备方针、任务和策略是比较切实可行的。实现的步骤一环扣一环，考虑比较周到，可以说是抓住了关键问题。这些步骤大体上是：（一）联合孙权抗击曹操；（二）占据荆、益，鼎立一方；（三）改善政治，稳定内部；（四）分兵两路，夺取中原。"隆中对"规划确定的近期目标是完成霸业，三分天下；远期目标是兴复汉室，统一全国。

"隆中对"是诸葛亮长期研究思考的产物，是他十年心血的凝聚，它集中反映了诸葛亮的智慧谋略，标志着这位二十七岁的青年在政治上已经进入成熟时期。为什么诸葛亮很快就能成熟到这样的程度呢？我们从诸葛亮少年时期的遭遇和隆中十年的经历中是不难找到答案的。

第一，诸葛亮出身于官僚家庭。家庭传统的熏陶，父亲、叔父的严格教育，有利于他的成长。家乡琅玡经世致用的学风和浓厚的学术氛围，对一个接受启蒙教育的少年，也产生了积极的影响。诸葛亮生于乱世，家境破落，颠沛流离，独立谋生，躬耕垄亩，接近下层，使他从小就关心国家大事，并把自己的前途命运和国家的前途命运联系在一起，从而立下大志，献身国家，忠于刘汉王朝，渴望国家统一，并养成了艰苦朴素、坚韧不拔的品德性格。

第二，勤奋学习是诸葛亮取得才识的重要途径。诸葛亮不仅肯于读书学习，而且善于读书学习。在隆中期间，他半耕半读，在幽静的环境中潜心研读古籍，不断从中汲取营养。他注意了解古代各种学派的思想观点，总结历代政治家的治世经验，探讨历代军事家的兵法韬略，增长了知识和才干，并形成了远大的政治理想和抱负。汉代是儒学的发展时期，东汉时的荆襄地区正是"鸿生巨儒，朝夕讲论"的地方。诸葛亮所读的书自然以儒学为主,这一点和其他儒生没有什么区别。但不同的是,他读的是具有进步性的古文经学,他读书不像一般儒生那样,只会寻章摘句、舞文弄墨、死记硬背、烦琐考证,或者浅尝辄止、不求甚解,而是注意抓住书中纲领,领会其精神实质,立足于经世致用,吸取经验教训,寻求治国安邦的道理和方案。这些书本知识是诸葛亮"隆中对策"的不可缺少的思想文化基础。

第三,诸葛亮很注意了解社会现实,向社会实际学习,向朋友老师学习。荆州襄阳是当时人才聚集的地方之一,诸葛亮在这里结交了一批外地来的青年知识分子,如徐元直、孟公威、崔州平、石广元等人,这些人都有政治头脑,关心国家大事,了解社会实际。诸葛亮同他们经常在一起切磋学问,讨论时局,收集各方面情报信息,交换对各种问题的看法。与此同时,诸葛亮注意同当地和外来的名士如庞德公、司马徽、黄承彦等接触,他们都是有阅历、了解时局、政治眼光敏锐的长者。诸葛亮虚心向他们求教,了解他们对形势的看法和治理乱世的见解。他们中的不少人同诸葛亮结成了亲戚关系,给诸葛亮以真诚耐心的帮助和教育。这些因素对诸葛亮了解时局、认清形势、预见未来、确定方针政策,无疑会产生重大影响。

第四,了解时局,判断形势的发展变化,离不开大量而又可靠的信息。当时最能掌握这种信息的是在荆州掌权的刘表及其亲信蔡瑁、蒯越等。诸葛亮与这些人有着亲戚关系。他利用这种关系同这几家接触,从而直接获得了一些有关信息。即或由于年龄辈分关系,诸葛亮同这三人接触不多,他还能通过岳父黄承彦与刘表、蔡瑁的亲戚关系(黄和刘都是蔡的姐夫),从黄承彦那里间接地获得信息。黄承彦为了帮助女婿不可能不尽心尽意地去搜集这方面的信息。这些信息是诸葛亮分析、判断时局发展,预测未来趋势,确定奋斗目标的重要依据。诸葛亮虽然不愿辅佐刘表,不想在荆州跻身于政界,与蔡瑁、蒯越为伍,以求得政治上的升迁,但从刘表他们那里得到了不可或缺的情报信息,则获益匪浅。

总之,诸葛亮预见天下三分的战略决策,不是从天上掉下来的,也不是他生而知之的。先知先觉、"神以知来"的说法,是把"隆中对"神秘化了,也是把诸葛亮神秘化了。诸葛亮"未出茅庐便知天下事",即在未登上政治舞台之前便预知天下形势的发展,只能说是他刻苦学习、接触社会、掌握信息、了解时局、善于思索、学以致用的结果。只

· 39 ·

要有政治头脑,从客观实际出发,注意观察当时的形势,就能做出或多或少符合客观实际的分析,提出比较切合实际的谋略和主张。孙权方面的鲁肃就曾提出过"鼎足江东"、占据荆州、联刘抗曹的主张。甘宁也曾提出刘表父子保不住基业,要孙权先于曹操占据荆州,"渐规巴蜀"的主张。曹操方面的程昱也曾分析预见到孙权要与刘备联合,"以御我"。这些主张与"隆中对"中的某些主张是类似的,思想是相通的,只是立场不同,内容有异,分析不够具体详尽而已。因此,诸葛亮的"隆中对"虽然对形势的分析较为透彻中肯,提出的方针政策较为全面具体,确定的战略步骤较为切实可行,表现了他的智慧才能胜人一筹,但并不是神秘的和不可想象的。

第三章
初展宏图

武装夺取政权，必须要拥有自己的军队，军队的兵员越多越好，但是诸葛亮出山辅助刘备时，刘备屯兵新野（今属河南），手下不过几千兵卒，势单力薄，寄人篱下。诸葛亮一到新野，就"烧"出了新官上任的第一把"火"，建议刘备采取"游户自实"措施，以清查隐户为由，一下扩大了征兵数额，使刘备军队猛增数万人。

《三国志·诸葛亮传》曾注引《魏略》所记载的资料，说刘备在樊城屯兵时，诸葛亮针对刘备兵员较少的状况，向他建议说："今荆州非少人也，而著籍者寡，平居发调，则人心不悦。可语镇南，令国中凡有游户，皆使自实，因录以益众可也。"刘备听从其建议，果然收效显著，增加了兵员。

对这条材料，为《三国志》作注的裴松之是不相信的，认为它不是事实。其实，从当时的情况来看，并不能断然否定诸葛亮提出过所谓"游户自实"以益兵众的建议。何况《魏略》所记并非孤证，裴松之也承认"《九州春秋》所言亦如之"。

下面，根据《三国志》所提供的资料进行一些简略的分析：

首先，荆州地区当时确实存在大量游民。赤壁之战以前，荆州地区相对平静，一直无战事。那时，曹操与袁绍残余势力激战于青、冀、并、幽，张鲁割据汉中，韩遂、马超控制关西，战火不断，故"关西、兖、豫学士归者盖有千数"，"人民流入荆州者，十万余家。"由于"荆州丰乐"，流民游食者日众。

其次，荆州统治者刘表，是一个不能成大事的"坐谈客"，只想"坐保江、汉之间"，并无"四方之志"。虽然搞了种种粉饰太平的活动，却不曾致力于澄清吏治，整顿户籍，扩兵积粮。因而当时"著籍者

寡"是完全可能的事实。

再次,刘备从新野移屯樊城时,所辖兵众不过数千人。而当曹操南下,刘备撤离樊城时,仅关羽之众,即得"分乘舟船数百艘","水军精甲万人"。可见刘备屯樊城时,兵力确有扩大。所以著名史学家王仲荦先生在《魏晋南北朝史》中就认为,刘备确曾"利用荆州搜刮'游户'之际,招募丁壮,补充自己的军队;军队人数有了一定的充实"。

据此,可以认为,当诸葛亮跟从刘备移屯樊城时,根据刘备兵少而当地未著户籍者多的现状,确曾建议刘备使"游户自实",以扩充兵源,增加军队,从而使刘备的军事力量有了较大的发展。这不仅是刘备进一步器重诸葛亮的具体根据,更重要的是这支武装成为孙、刘联盟的物质基础。否则,只有孙权的武装,那么,哪里还谈得上组成孙刘联盟,共同合作抗击曹操呢?

紧接着,诸葛亮又连用火攻计,博望一把火,烧了曹军夏侯惇等人,又在新野一把火,再烧曹洪曹仁等人。

《三国演义》有诸葛亮"博望烧屯"的故事,很是精彩。说刘备"三顾茅庐"请出诸葛亮后,刘备以师礼待之,关羽、张飞以为过分,皆不悦。不久,曹操遣夏侯惇领兵十万,来攻新野。刘备请诸葛亮安排破敌。诸葛亮命赵云为前部,领兵诱敌;命关平、刘封引五百军伏于博望坡后,准备放火;命关羽、张飞各引一千军,分别埋伏于博望左、右之豫山、安林,看见火起,即纵兵出击,并焚烧曹军粮草;又请刘备引军为后援;诸葛亮本人则与糜竺、糜芳引五百军镇守新野县城。关羽、张飞皆疑其计是否灵验,众将初次见孔明用计,亦疑惑不定。夏侯惇与副将于禁、李典等率军来到博望,赵云出战,诈败而退;刘备引兵接应,须臾亦退。夏侯惇欺其兵少力弱,放心追赶。时天色已晚,道路狭窄,李典、于禁恐遭火攻,忙提醒夏侯惇。夏侯惇虽猛省,但关平、刘封已开始放火,曹军顿时大乱。此时,赵云回军赶杀,关羽、张飞亦分头杀出,曹军尸横遍野,夏侯惇等狼狈逃窜。这一仗,完全按诸葛亮的预计进行。因而,诸葛亮建立了出山以后的第一功,关羽、张飞及众将皆心悦诚服,诸葛亮从此在刘备军中树立起崇高威信。

夏侯惇兵败博望以后,曹操亲率大军南征荆州,刘琮不战而降,住在新野的刘备忙与诸葛亮商议拒敌之计。诸葛亮说:"前番一把火,烧了夏侯惇大半人马;今番曹军又来,必教他中这条计。我等在新野住不得了，不如早到樊城去。"于是一面下令将新野居民迁往樊城，一面布置众将，准备再次火烧曹军。曹军先锋许褚及前队将领曹仁、曹洪来到新野，只见四门大开，已是一座空城，便入城驻扎。半夜，赵云分兵从西、南、北三门发射火箭入城，城中顿起大火，曹仁急忙引军从东门突出，赵云趁势掩杀。曹军争相逃跑，糜芳、刘封沿途截去。四更时分，曹军逃至白河边，已是人困马乏，焦头烂额，便纷纷下河喝水。关羽早已在上游用沙袋遏住河水，听得下游人喊马嘶，急令军士搬起沙袋，大水滚滚而下，曹军溺死甚多。曹仁引残兵从水势缓处逃命，刚到博陵渡口，张飞又领伏兵杀出。曹军遭受轮番攻击，伤亡惨重，溃不成军。刘备、诸葛亮则率领众将，乘胜从容退往樊城。

此外，诸葛亮还面临着更棘手的事。

他要协助刘备夺取荆州，但荆州最近成了中国各方觊觎的焦点。曹操已定河北，荆州必是下一个目标，而东吴早已三次进攻荆州江夏，荆州问题已经"国际"化了。以刘备微薄的力量，如何不让荆州落入曹操之手，争得荆州，又与刘表及东吴为友？面临这些难题，几乎没有又必须寻到出路。

诸葛亮主张"外结好孙权"，并十分重视对吴关系，建立了孙刘联盟，从而在赤壁大战中打败曹操，形成三国鼎立的初步形势。

据《三国志·鲁肃传》载："刘表死，（鲁）肃进曰：……刘备天下枭雄，与操有隙，寄寓于表，表深恶其能而不能用。若备与彼协心，上下齐同，则宜抚安，与结盟好；如有离违，宜别图之，以济大事。……同心一意，共治曹操。备心喜而从命。如其克谐，天下可定也。今不速往，恐为操所先。（孙）权即遣肃行……到当阳长阪与备会，宣权旨，及陈江东强固，劝备与权并力，备甚欢悦。"裴松之注引《江表传》补充说："（刘）备大喜，进住鄂县，即遣诸葛亮随肃诣孙权，结同盟誓。"可见，当刘备、诸葛亮等人在曹操大军穷追之下，败退到当阳时，正遇鲁肃奉孙权之命，欲与刘备结盟共抗曹操，刘备才派诸葛亮随同鲁肃去见孙权研究建立孙刘联盟的，并不是诸葛亮主动提出的。

荆州内部相当复杂。刘表欢迎刘备投靠，又怀着猜忌，连曹操方面也看了出来：

"刘表重用刘备，怕控制不住他；不重用，刘备又不肯为他卖命。"

这一点，诸葛亮当然也看出来了。为此，他大力结好刘琦，以便相

第三章 初展宏图

机控制荆州。

与此同时,刘表统治集团内部矛盾发展了,这主要表现在争夺继承权的问题上。刘表有两个儿子,长子刘琦,次子刘琮。按惯例,长子刘琦应该是刘表的继承人,开始刘表也有这个打算。可是刘琮的妻子是刘表后妻蔡氏的侄女,蔡氏在刘表面前说刘琦的坏话,同时蔡氏的弟弟蔡瑁掌握实权,和刘表的外甥张允联合在一起,拥护刘琮,刘表也就倾向于立刘琮了。

由于刘表"爱少子琮,不悦于琦",刘琦感到自己难以继承父业,并且势单力孤,有遭到杀身之祸的危险,心里很是不安。他接近刘备,想借助刘备的势力,求得生存。在刘琮的压力下,刘琦数次求计于诸葛亮。刘琦之所以如此,一是因为诸葛亮和他有亲戚关系,他们是姨表兄弟;二是因为诸葛亮聪明能干,很有谋略。

诸葛亮对刘表早就持不合作态度,他在隆中山林长期躬耕自给,在政治上不靠拢刘表,就是一个例证。"隆中对"中先占有荆州的计划,更表明了这一点。

诸葛亮对刘表集团内部的矛盾是清楚的,对刘琦的处境也是了解的。他不满意刘表偏爱刘琮的做法,但认为对刘表家中的事情不能贸然介入,弄不好不仅帮不了刘琦的忙,反而危及刘备在荆州的地位,因此他很慎重。刘琦头几次见他,他都有意岔开,不表明自己的态度。

有一天,刘琦趁诸葛亮来襄阳时,特意把他请到自己的后花园,上了楼阁,宴饮之间屏退左右,将通上楼阁的扶梯撤掉,然后诚恳地对诸葛亮说:"现在我们上不着天,下不挨地,话从你嘴说出,进我的耳朵,没有第三者知道,这可以讲了吧?"诸葛亮见刘琦的确是诚心请教,便示意他离开襄阳,说:"君不见申生在内而危,重耳居外而安吗?"申生是春秋时代晋献公的太子。晋献公宠爱骊姬,想让骊姬的儿子奚齐来继承自己的君位,申生在骊姬的迫害下,没有办法,最后自缢身死。重耳是申生的弟弟,他见奚齐要掌权,怕自己受迫害,便出逃在外,几经磨难,到献公死后,终于回来即位,是为晋文公。尽管诸葛亮引喻的历史故事没有直接说明其用意,但寥寥数语便点明了刘琦去危就安的出路。刘琦一听,完全理解了诸葛亮的用意。从此他决定出走,到外边去占一块地盘,免遭杀身之祸,还可以寻机发展个人势力。而诸葛亮的打算则是与刘琦结好,控制和利用刘琦的力量,或把他作为外援,以便相机图取荆州。

公元208年春，孙权军队把刘表的江夏太守黄祖杀死，"虏其男女数万口"而归。刘琦乘机请命出任江夏太守，率众屯驻夏口（今湖北武汉市）。

这时候，刚称丞相的曹操正在中原操练兵马，还在冀州邺城做玄武池，专门训练水军，加紧准备南征荆州。孙权杀掉黄祖后，虽然停止进击，但对荆州仍然是个严重威胁。这种局面，使卧病在床的刘表寝食不安，很是担心。这时他对刘备的戒心虽然没有完全解除，但在大敌当前的情况下，只好借助刘备的力量以图自保。于是，他把刘备请来商量对策，语重心长地对刘备说："我的儿子没有才能，手下诸将也不齐心，我死之后，你就掌管荆州吧！"刘备回答说："公子都是贤才，我一定尽力帮助，你尽管安心养病好了。"接着，刘备提出愿意屯兵樊城（今湖北襄樊市），以保卫襄阳，刘表同意。

樊城离襄阳很近，是刘备招揽人才、扩充实力、相机夺取荆州的好地方。

刘琦听说父亲病危，急忙从江夏赶来。蔡瑁、张允等怕刘琦同刘表见面，"父子相感，更有托后之意"，便拦阻刘琦说："将军（指刘表）命公子镇抚江夏，防备孙权，任务重大，如今擅离职守，跑了回来，将军看到了必定发怒谴责你，这就要伤亲人的心，加重他的病情，这不是孝敬的做法。"刘琦无奈，流涕而去。

同年七月，曹操亲自领兵南征荆州。临行前向荀彧问计，荀彧说："如今中原地区已经平定，割据南土的刘表应当知道自己面临危困了。明公可以大张旗鼓地出兵宛、叶，另以轻兵从小道速进，出其不意地掩袭刘表。"曹操按计领兵出发了。不久，刘表病死，刘琮继任荆州牧。刘琮一伙被曹操的声势吓破了胆，决定投降曹操。

当刘琮同手下亲信商量是否依靠刘备的力量抵御曹操时，傅巽说："凭借刘备的力量不足以抵御曹操，就是保全了楚地，也不能用来保存自己，即或利用刘备的力量抵御了曹操，那么刘备是不会久居将军的位置之下的。"刘琮听后，便不通知刘备，偷偷派人去迎接曹操。

当刘备得到刘琮投降的消息后，曹操的大军已经到达宛城（今河南南阳市），离樊城不远了。刘备派人追问刘琮，刘琮派宋忠到刘备处"宣旨"，意思是让刘备也投降。刘备大怒，拔出佩刀，指着宋忠说：

"如今就是砍下你的脑袋也不足以解我心中的愤恨。如果杀掉你,我还不愿意让人觉得大丈夫在临别时还拿你们这些庸碌之辈消气!"于是把宋忠放了。

宋忠去后,刘备与手下人商议对策。经过计议,刘备、诸葛亮很清楚单凭自己的力量是抵御不了曹军进攻的,只好率军向江陵(今湖北江陵)方向撤退。江陵是重要军事基地,刘表在此囤积大量军需物资。与此同时,诸葛亮建议刘备派关羽领水军由汉水到江夏,向刘琦求援,请他派军队、战船接应,最后会于江陵。

当刘备率军路过襄阳时,诸葛亮根据刘琮已经投降曹操的情况,劝刘备攻打刘琮,认为那样的话,"荆州可有",同时也不会影响同刘琦的关系。刘备认为这样做不利于争取人心,回答说:"吾不忍也。"还有人建议把刘琮及其亲信劫往江陵,刘备又说:"刘荆州临亡托我以孤遗,背信自济,吾所不为,死何面目见刘荆州乎?"也没有采纳这个建议。

对于刘备拒不采纳诸葛亮的建议,习凿齿评论说:"刘玄德虽颠沛险难而信义愈明,势逼事危而言不失道。"既然刘备的"吾不忍也"属于"言不失道",那么诸葛亮的"荆州可有"就是"失道"之言了。朱熹则另为评论说:"当刘琮迎降之际不能取荆州,乌在其知权邪?……若声罪致讨,以义取之,乃是用权之善。"既然刘备不取荆州是失于"权",那么诸葛亮的取荆州主张,便是不失于"权"了。

其实,当时各军阀间的割据混战、你争我夺都是地主集团间的封建兼并战争,不存在谁是"正义"或谁是"失道"的问题。刘备没有采纳诸葛亮的建议,不仅仅是为了脸面上的不"失道",对争取人心有好处,也是考虑当时的形势后做出的决定。在曹操大军压境的危急情况下,即使降服了刘琮,也抵挡不住曹军的进攻,占据荆州没有用,最后还是得离开,只能避开其兵锋,逃至他处,保存自己,寻找时机,以图再起。如果从这一角度来看,刘备当时不取荆州,不算什么错误。但从另一角度来看,如果刘备采纳诸葛亮的意见,打败刘琮势力,占据荆州(这是没问题的),取得荆州之主的名义,即使接下来不敌曹操,败走求援,或许荆州军队不会全归曹操所有,又或许不会出现以后刘备、孙权之间"借"荆州、"索"荆州那样麻烦的问题了。当然,这不是刘备、诸葛亮起初所能料及的。

当刘备到达襄阳时,"乃驻马呼琮,琮惧不能起。琮左右及荆州人多归先主。"刘备离开襄阳时,"荆楚群士,从之若云",也有很多老百姓跟着南撤,人数达十万多,辎重达数千辆,行动很慢,一天只能走几十里路。眼看曹军就要追上了,有人建议刘备不要顾及老百姓,赶快退据江陵。刘备不肯,说:"要成就大事,必须以人为本,现在既然人们肯跟随我,怎能忍心丢开他们不管呢?"仍坚持与众人同行。

应该指出,刘备在这里所说的"以人为本",是指成就事业的资本,和我们现在提倡的"以人为本"在性质上、内容上是不同的,不能相提并论。但刘备的这种"以人为本"的思想,也是值得肯定的。江陵是个军事要地,曹操唯恐刘备抢先占据这里,便率五千精锐骑兵,以一天一夜行三百多里的速度追赶。当刘备退到当阳长坂(今湖北当阳东北)时,曹操的骑兵追上了,刘备军队被打得大败。十多万老百姓被冲得七零八落,不少人马和辎重被俘获,刘备的甘夫人和儿子刘禅在赵云的救护下才得以转危为安。在兵荒马乱之际,曾有人说赵云已经北投曹操去了,刘备坚定地说:"子龙是不会弃我而走的。"可见刘备对赵云是多么了解和信任。徐庶的母亲则被曹操俘获了。这迫使徐庶不得不归附曹操,以保全母亲性命。徐庶在辞别刘备时指着自己的心说:"本来想同将军共图王霸之业,现在失去老母,方寸已乱,再也不能做有益于将军的事情了,请从此分别。"刘备不好再挽留,徐庶就这样离开了刘备和他的好朋友诸葛亮。

刘备和诸葛亮带领溃败的人马,仓皇南逃。由于通向江陵的道路已被曹军截断,他们不得不放弃退据江陵的打算,和张飞、赵云等向汉水方向撤退,同由水路赶来的关羽会合。这时,江夏太守刘琦也率部前来接应,刘备一行便随同刘琦一起退到夏口去了。

在危急之时,刘琦不投降大兵压境的曹操,也不投靠势力较强的孙权,偏偏前来接应败逃的刘备,起到了外援的作用。这表明诸葛亮结好刘琦的做法是成功的。但是刘琮的不战而降,长坂的溃败,则是刘备、诸葛亮原来没有估计到的。

诸葛亮结好刘琦,不仅对后来联孙抗曹取得赤壁之战的胜利有着积极的意义,而且对占据荆州计划的实现,也起到重要的作用。

其次,在强敌曹操的进逼下,孙权、刘备双方都有联合抗曹的要求。在刘表刚死时,鲁肃就曾建议孙权图取荆州,或劝说刘备,使其安抚刘表部众,共同对付曹操。鲁肃说:

荆州与我们邻接，江山险固，沃野万里，士民殷富。如果占据这个地区，是建立帝王之业的资本。如今刘表刚死，两个儿子本来就不和，军中诸将也各怀异心。刘备是天下枭雄，与曹操对立，寄寓刘表，刘表忌恶他的才能而不重用。如果刘备与刘氏兄弟同心协力，上下一致，我们就同他们结为盟好；如果他们离心离德互不合作，我们就应该相机图取，成就大事。现在我请求以奉命吊唁的名义，前去荆州慰劳军中重要将领，并劝说刘备，使其安抚刘表部众，同心一意共制曹操，刘备必定欢喜而从命。如果现在不快速前往，恐怕就被曹操抢先了。

孙权赞同这个建议，便派鲁肃以吊丧为名前往荆州探听虚实，相机行事。鲁肃到达夏口时，听说曹操发兵荆州，前锋抵达南郡地界，刘琮已经投降曹操。他赶忙往迎南退的刘备，在当阳长坂与刘备相遇。二人相见后，鲁肃向刘备传达了孙权友好之意，并劝说刘备与孙权并力，共击曹操。

鲁肃问刘备："将军现在想到哪里去？"刘备没有把真实的意图告诉他，只回答说："苍梧（今广西梧州市）太守吴巨是我的老朋友，我想投奔他那里去。"鲁肃却坦诚地对刘备说："吴巨是个平庸的人，不能有所作为，而且地处边远，即将被别人吞并，怎么能依托他呢？我们孙将军聪明仁惠，敬贤礼士，江东英豪都归附他，现在已据有六郡，兵精粮多，足以站得住脚，成就大事。为刘将军打算，不如与孙将军结盟，共图大业。"鲁肃的话正合刘备联孙抗曹的既定方针，刘备听了很高兴，当即表示赞同。

接着，鲁肃又与诸葛亮会见。在交谈中，鲁肃说他是诸葛亮哥哥诸葛子瑜（诸葛瑾字子瑜，时为孙权长史）的至交，于是两人"即共定交"，也结成了好朋友。

刘备退到夏口后，诸葛亮向刘备说："情况已经很紧急了，我愿亲自前往东吴，向孙将军求救。"刘备一方面让诸葛亮同鲁肃一起去会见孙权，一方面按鲁肃的建议进驻鄂县（今湖北鄂城）之樊口，更加靠近孙权。这时孙权正领兵屯驻柴桑（今江西九江西南），关注着局势的发展。孙权原来持观望态度，但局势急剧变化，战火即将烧身，使他感到有同刘备联合的必要，不过，对取得抗曹的胜利他还缺乏信心，态度有些犹豫不决。

诸葛亮随鲁肃来到柴桑后，孙权马上接见了他。寒暄之后，孙权试探地说："如今曹操势力很大，刘豫州新败，江东也处于困境，足下有何良策？"诸葛亮根据当时的形势，针对孙权思想上的疑团和犹豫不定的态度，坦诚地说：

天下大乱以来，将军起兵已经据有江东，刘豫州也在汉水以南招募军队，和曹操并争天下。现在曹操已经灭掉不少对手，基本上平定了北方，又攻破荆州，威名震动四海，使英雄无用武之地，所以刘豫州逃遁到这里。将军应估量自己的力量，采取相应的对策。如果能够以吴越之众同曹操抗衡，就应马上与他断绝关系；如果没有力量抵挡曹军，那就放下武器，捆起盔甲，停止抵抗，趁早投降，向他称臣。可是现在将军表面上服从他，而内心却犹豫不决。在这紧急关头，将军还不能决断，大祸很快就要临头了。

孙权听过之后，有点生气，不禁反唇相讥地问道："既然像您说的那样，刘豫州为什么不投降曹操呢？"诸葛亮理直气壮地回答说：

田横不过是齐国的一个壮士，尚且守义不辱，何况刘豫州是汉家王室的后代，英才盖世，许多贤能之士都仰慕他，投奔他就像江河归大海一样。即使大事不能成功，那也只能是天意，哪能屈从拜倒在曹操的脚下呢！

孙权听后，激动地说："我不能拿整个东吴之地和十万兵众受制于别人，我决心抗击曹操。除了刘豫州再没有能够抗拒曹操的人了，但是刘豫州在新败之后能够挡住曹军的进攻吗？"

诸葛亮针对孙权的疑虑，具体分析了敌我双方的力量对比，说：

刘豫州的军队虽然在长坂打了败仗，但归队的士兵再加上关羽的水军，还有精兵万人，刘琦统领的江夏将士也不少于万人。曹军人数虽多，但远道而来，长途跋涉，很是疲惫。听说追赶刘豫州的轻骑兵，一天一夜走三百多里路，这就是所谓"强弓射出的箭飞到尽头时，连一层薄薄的绢子也不能穿透了"。因此兵法上忌讳这样做，说这种做法"必

定损失上将军"。而且，北方人不习惯水战。还有，荆州民众归附曹操，不过是迫于兵势，并非心服。现在将军如果能够派出猛将统兵数万，和刘豫州同心协力，是一定能够打败曹操的。曹操兵败，必然退回北方。到那时，荆州（刘）、东吴（孙）的势力就会增强，鼎足而立的局面就形成了。成败的关键，就在今日。

孙权听罢诸葛亮的分析，非常高兴，这增强了孙权战胜曹操的信心。他很佩服诸葛瑾的这位弟弟，觉得他见解确实非同一般。孙权决定在部下中进行讨论，征询意见，以统一认识、一致行动。

这期间曹操早已占据江陵（九月），但他没有立即接着追杀刘备，给刘备以喘息机会。在约两个月的时间内，曹操主要做了以下几件事。一是收编刘琮的军队七八万人（多为水军）。二是表彰荆州投降有功（"服从之功"）人员，以刘琮为青州刺史，封列侯，"蒯越等侯者十五人""多至大官"。三是派人对荆州江南四郡（长沙、武陵、零陵、桂阳）进征招抚，取得成功。远在益州的刘璋（时为益州牧）也向曹操称臣，"始受征役，遣兵给军"。四是下令"荆州吏民，与之更始（除旧布新）"。就是要荆州的官吏与老百姓向他投诚，与他合作，一起除旧布新。五是引用荆州名士韩嵩、邓羲等为官。荆州地区不少士人投归于他。

曹操顺利地几乎兵不血刃地占据了荆州，得到了大量的军力、物力和人力，这使他骄傲自得。他根本没把狼狈逃窜的刘备放在心上，就是对占据江东的孙权也没看在眼里。他以为自己可以一举灭掉刘备，进而迫使孙权降服。于是他一方面集中水陆两军，扩充战船准备沿江东下；一方面派人向孙权下战书。书中说："近者奉辞伐罪，旌麾南指，刘琮束手。今治水军八十万众，方与将军会猎于吴。"当孙权把这个战书拿给群臣看时，"莫不响震失色"。

当时孙权部下分为两派：主降派和主战派。

在讨论如何对付曹操时，以张昭、秦松为代表的主降派，被曹操的表面声势吓破了胆，主张不战而降。张昭向孙权说："曹操像豺狼猛虎一样，挟天子以征四方，动不动就以朝廷为辞，今日拒之，事更不顺。将军以前可以依靠长江天险抗拒曹操，现在曹操占据荆州，有了水军，水陆俱下，我们已经失去了这个优越条件。况且双方力量众寡悬殊，根本不能相比，只有投降才是上策。"张昭在东吴统治集团中是一个很有地位的元老，他的话很有影响，他的意见得到了多数人的同意，这使孙权为难了。

主战派的代表人物是周瑜和鲁肃。周瑜正在外地，没有参加商议。在一片"劝权迎之"的议论声中，鲁肃一言不发，他在考虑如何劝说孙权。当孙权起身更衣时，鲁肃追上前去。孙权知道他的意思，拉着他的手说："您想说什么？"鲁肃回答说："刚才，那些人发表的意见，只想误害将军，不值得与他们共商国家大事。现在像我鲁肃这样的人可以迎接曹操，至于将军您则不可以。为什么这样说呢？如果现在我迎接曹操，他会将我送还乡里，评定一个名位，最低可以封官为下曹从事，乘坐牛车，携带随从，交游士林，经过逐级升迁，肯定会做到州郡一级的官员。如果将军投降曹操，能有安身立命之地吗？希望将军早定大计，不要听信他们的意见。"孙权叹息说："刚才那些人的话，使我大失所望。现在您所言国家大计，正与我的想法相同，这是上天把您赐给我啊。"

接着，鲁肃建议孙权速将周瑜从鄱阳（今江西波阳东）召回，商讨抗曹大计。

周瑜在军机会上听到张昭、秦松等人旧调重弹的议论后，针锋相对，理直气壮地说："曹操虽托名汉相，其实是汉贼。孙将军以神武雄才，兼仗父兄之烈，割据江东，地方数千里，兵精足用，英雄乐业，当横行天下，为汉家除残去秽；况且曹操是自来送死，怎能迎之呢！"接着周瑜指出曹操用兵江南的四个不利之处：第一，曹操南下，后方并不稳定，马超、韩遂在潼关以西，对他构成严重威胁，是他的后患；第二，曹操舍弃惯用的鞍马，登上不熟悉的战船同我们较量，这是舍长就短；第三，现在正值盛寒季节，曹军草料短缺，给养不足；第四，曹操驱使北方众多战士远涉江湖之间，水土不服，必生疾病。最后，周瑜说："这四点都是用兵者所应该避讳的，而曹操却冒险行动。将军要活捉曹操，就在今日。我请求带领精兵三万人，进驻夏口，保证为将军打败曹操。"孙权说："曹操老贼想要废掉汉室，自己当皇帝，这是蓄谋已久的了，只是担心二袁、吕布、刘表和我，现在二袁等已被消灭，只有我还在，我与老贼势不两立。你主张抗击曹操，和我的想法完全一致。"然后，拔出宝剑，砍去奏案一角，厉声说道："诸将吏敢有再言投降曹操的，就和此奏案相同！"投降派不敢再说什么了，是战是降的争论，也就此结束。

当天夜间，周瑜又进见孙权，分析曹操的兵力说："那些人只看到

曹操书信中说有水陆军八十万,就吓破了胆,不去弄清虚实,就主张投降,太无道理了。据我侦察的结果,曹操从北方带来的军队不过十五六万,而且已经疲惫不堪;所得刘表的军队,最多有七八万,对曹操还抱有疑惧心理。曹操带着疲劳易病的军队,指挥三心二意的降卒,人数虽多,这没什么可怕的。给我精兵三万,就足以打败曹操,请将军放心。"孙权听罢,感慨地说:"张子布等人各顾妻子,存有私心,很使我失望。唯独你与鲁子敬和我的态度一致。这真是上天安排你们两人来帮助我呀!五万人一时难以备齐,已选出精兵三万,战船粮草和军械均已办好,你同子敬、程公先出发,我随后再增发人众,多载资粮,为你做后援。你能打败曹操就同他决战,如果不如意,就回来同我会合,我与曹操决一胜负。"

经过鲁肃、诸葛亮的努力,实现了孙刘联合抗曹;经过诸葛亮、周瑜的努力,增强了孙、刘战胜曹操的信心。在军事上诸葛亮和周瑜都能抓住曹军内部的致命弱点,不为表面声势所迷惑,这正是他们高人一筹的地方。后来的战争实践证实了他们分析论断的正确性。这年周瑜三十四岁,比二十八岁的诸葛亮年长六岁。

对于诸葛亮这位智慧出众的青年,孙权很想把他留下来,为己所用,于是先示意张昭见诸葛亮,表示要推荐诸葛亮仕吴的意愿,被诸葛亮婉言谢绝。有人问其原因,诸葛亮回答说:"孙将军可谓人主,然观其度(度量),能贤亮而不能尽亮(尽展其才),吾是以不留。"其实诸葛亮在同刘备建立牢固的鱼水关系后,他对刘备忠贞不渝,就是孙权能够"尽其用",诸葛亮也不会离开刘备投靠孙权的。对此裴松之认为,诸葛亮与刘备的君臣相遇是"希世一时,终始之分,谁能间之",即便孙权"尽其用",诸葛亮也能像关羽离开曹操那样,"义不背本"。接着,孙权叫人把诸葛瑾请来,说:"孔明是你的弟弟,弟弟跟随兄长,理所当然,为什么不劝他留下来呢?如果孔明肯留下跟随哥哥,我亲自给玄德写信解释好了。"诸葛瑾领命去劝说诸葛亮留在东吴,诸葛亮不肯。诸葛瑾回报孙权说:"弟弟辅佐刘备,义无二心,弟之不留,犹如我之不往一样。"孙权只好作罢。诸葛亮这次出使东吴能够见到阔别十四年之久的哥哥诸葛瑾,是他在个人方面的一个重要收获。

紧接着,孙权以周瑜为左督(正指挥),程普为右督(副指挥),鲁肃为赞军校尉(类似参谋长),领精兵三万,随同诸葛亮溯江西上,去和刘备的军队会合。这时,在樊口的刘备,目睹曹军日益逼近的形势,非常着急,每天派人探听孙权军队的消息。当他得知周瑜率军同诸葛亮一起前来时,非常高兴,赶忙派人慰劳,并亲自乘船迎接周瑜。双方相见后互致友好合作之意。刘备对周瑜说:"抗拒曹操入侵,这是睿智的决定,不知战卒有多少?"周瑜说:"有三万人。"刘备有些失望地说:"可惜少了。"周瑜说:"这足够用了,豫州但观周瑜破敌。"于是,双方合兵五万迎敌。

到此,诸葛亮出使柴桑,说服孙权共同抗击曹操的使命,算是圆满完成了。

孙刘联盟的实现,是由当时的政治军事斗争形势所决定的。在敌强我弱的情况下,孙刘结盟是双方的共同愿望。诸葛亮善于掌握时机,亲自去会见孙权,促进了孙刘联盟的实现,其作用是应该肯定的。就孙权方面来说,鲁肃的努力也起了相当的作用。《三国志》的注者裴松之曾指出:"刘备与孙权并力,共拒中国(指曹操),皆肃之本谋。"因此,片面夸大诸葛亮个人在孙刘结盟中的作用,把鲁肃置于无足轻重的地位是不合适的。

那么,他们的计谋曹操看出来了吗?

早在刘备逃奔孙权时,曹操手下有些人估计孙权必定杀掉刘备。曹操的重要谋士程昱则认为:"孙权新近即位,还未被海内人士所惧惮。曹公无敌于天下,刚刚占据荆州,威震江南。孙权虽然有谋略,但不能独挡曹公。刘备素有英名,关羽、张飞都是万人敌,孙权必定资助刘备来抵御我军。"程昱果然言中了。

孙权、刘备军队五万多人会师后,统归周瑜指挥,接着沿江西上迎击敌人。这时(十一月间),曹操的军队正顺流而下。双方军队在长江南岸的赤壁(今湖北赤壁市西北)相遇。曹操的先头部队被孙刘联军打败,便撤退到北岸的乌林(今湖北洪湖东),与主力会合。双方隔江对峙,准备再战。

情况的发展正像诸葛亮、周瑜所分析和估计的那样,曹操的军队已经很疲劳,加上水土不服,陆续发生了疫病;同时,曹军多数人不习水性,受不了江上风浪长时间的颠簸,精神不振,从而影响了战斗力。于是,曹操下令将一些战船连接起来,以减轻船身的摇晃,使士兵在船上就像在陆地上一样。

曹军锁连战船的弱点,被周瑜的部将黄盖发现了。他向周瑜建议说:"敌人军队多,我们军队少,如果长期相持,对我们很不利。如今曹军把战船连结起来,首尾相接,我们可用火攻的办法将其打败。"周瑜认为这是个好办法。

为了能够接近曹营,周瑜同黄盖等人又商量决定采用诈降的计策。黄盖先给曹操写了一封降书,派人送到江北曹营。降书中说:"黄盖受孙氏厚恩,长期担任将帅,主人待我不薄。但是天下事情,要看大势所趋。用江东六郡山越之人,以抵挡中国(指曹操)百万大军,众寡不敌的形势,是海内人士都看得明白的。东吴的将士官吏,不论见识高低,都知道抵挡大军是不可以的。只有周瑜、鲁肃褊狭浅薄,不明大势。现在黄盖归顺曹公,是从实际考虑的,周瑜统领的军队,很容易被摧垮,到两军交锋的时候,我愿意为前部,一定根据事态的变化效命立功。"

曹操得到降书后,觉得信中所说合乎情理,客观形势和江东群臣的态度确实是这样的。为了慎重起见,他又特地召见送信之人了解虚实,经过严密盘问之后,便信以为真,并同送信人约定受降黄盖的事宜。

同月的一天夜里,正刮着东南风,黄盖率领数十艘大船,装满浸着油液的干柴枯草,外面用布幕裹好,插上约定的旗号,又在每艘大船的后边拴上机动灵活、便于攻战的小艇——走舸,向北岸曹军水寨开去。曹军以为是黄盖前来投降,毫无防备,纷纷"延颈观望,指言盖降",等黄盖的船只靠近水寨时,突然同时纵火,冲向曹军水寨。这时东南风刮得正紧,火借风势,风助火威,顷刻间曹军的战船都燃烧起来,水寨顿时淹没在一片火海之中。接着,烈火又延伸到岸上的曹军营寨。这一突然袭击,使本来因各种原因缺乏战斗力的曹军为之大乱。接着,周瑜、刘备率领水军,冲杀过来。在孙刘联军的猛攻面前,曹军大败,"人马烧溺死者甚众"。

在弥漫的烟火中,曹操带领残兵败将,匆忙从陆路经华容(今湖北监利县西北)向江陵方向逃去。刚逃走时,曹操派兵把没烧着的战船和其他带不走的军用物资烧掉,以免落入孙刘联军手里。逃跑途中,道路泥泞,战马陷入泥潭中,曹操派兵寻找杂草填在路上,才勉强得过。一路上败逃士兵争先恐后,互相践踏,老弱者"陷泥中,死者甚众"。孙刘联军水陆并进,乘胜猛追,一直追到南郡。

当曹操离开华容道时,不禁哈哈大笑。手下人问他笑什么,他回答说:"刘备是一个可与我匹敌的人,但拿主意很慢。如果他早设计谋,派人到华容道这里埋伏,放火阻击,我们就完了。"其实在双方兵力悬殊的情况下,孙刘联军需要集中兵力打击主战场的曹军,刘备不可能冒险抽出兵力早早离开主战场,事先赶到遥远的华容道设伏阻击。又何况刘备对战争的具体进程不可能预知呢!他只能在打败曹操后进行追击,相机行事,这样赶上曹操就很难了。

赤壁之战,曹操的损失太大了,"时操军兼以饥疫,死者太半(超过半数)",有十多万。他想到这次惨败,不禁怀念起屡荐奇策的郭嘉(字奉孝)来。他感叹地说:"如果郭奉孝还在,是不会使我落到这样一个地步的!"然后悲痛地喊道:"悲哀啊奉孝!痛心啊奉孝!可惜啊奉孝!"

曹操逃至江陵后,得知东线孙权有向合肥(今安徽合肥东北)进攻的迹象,又担心自己后方出事,便留下征南将军曹仁、横野将军徐晃守江陵,折冲将军乐进守襄阳,自己回归北方。

赤壁之战的胜利,是诸葛亮联孙抗曹方针的胜利(从孙权方面来说是鲁肃联刘抗曹方针的胜利),是他"外结好孙权"政策的一次重要实践。这次胜利,不仅保全了刘备集团的实力,而且为刘备立足荆州打下了基础。

明清之际著名学者王夫之(王船山)在《读通鉴论》中,总结汉末军阀混战过程中曹操胜败的经验教训时说:"在汉末群雄的斗争中,曹操挟天子,击败四面的敌人,道理在于群雄的自相诛灭,不能团结。吕布反复,忽彼忽此,大家都嫉恨他;袁术和袁绍兄弟分离;袁绍又和公孙瓒对立;袁谭、袁尚兄弟互相仇杀;韩遂和马超互相猜疑;刘表虽然通好袁绍,却坐视袁绍之败而不救。这都是因群雄自相诛灭,给曹操以取胜的机会,结果只剩下孙权、刘备两家了。如果他们再自寻干戈,不是内部崩溃就是为曹操所灭。鲁肃和诸葛亮结交定计,合力抗曹,同曹操争存亡,在当时的情况下是最好的办法。"王夫之的这一总结很有道理。他对诸葛亮和鲁肃的联合结交方针,给予了充分肯定。

在联孙抗曹过程中,刘琦的作用不容忽视。孙刘结盟固然是双方救亡图存的需要,但诸葛亮说服孙权下决心联合抗曹时,要有一定的实力做后盾,而刘琦的江夏战士竟占刘备一方兵力的一半。在孙刘联军五万多人中,刘琦兵力也占五分之一。在这场生死存亡的决战过程中,刘琦发挥了重要作用,这不能不说是诸葛亮结好刘琦所取得的成果。

第四章
霸业初成

赤壁之战以曹操失败孙刘胜利而告结束。

赤壁之战的胜利,奠定了天下三分的基础,而孙刘的联合确保了赤壁之战的胜利。

孙刘联合,就其外部因素讲,是曹操军事压力的结果;就其内部说,应归功于诸葛亮、鲁肃等人的努力。

然而,当我们考察诸葛亮、鲁肃等人的行为时,就会发现,他们虽都为促成联合而尽心尽力,却各自代表着不同政治集团的利益。

曹操退走了,外部压力减轻了,孙刘联盟的前途将会怎么样呢?

一、三分荆州

所谓三分荆州,包含两个意思:一个是赤壁之战后,孙、刘、曹三家瓜分了荆州;另一个是孙、刘两家对所占荆州地盘的三次重新分配。

赤壁兵败,曹操留下曹仁、徐晃镇守江陵,乐进镇守襄阳,自己则退回北方。从军事态势看,曹军在荆州处于战略防御,而孙刘联军则转入战略进攻。

周瑜、刘备率领联军沿长江乘胜向江陵进发,诸葛亮留在江夏,孙吴军屯驻柴桑,分别为刘备和周瑜的后援。

此刻,诸葛亮在江夏,一方面密切注视着江陵方面的战事,一方面思考着下一步的战略行动。诸葛亮认为,江夏郡绝非久留之地,它靠近孙吴,如果周瑜再拿下江陵,江夏郡正好把孙吴军分成两截,处于孙吴势力的腹心地带。孙吴是不能容下这个肉中刺的,一旦周瑜拿下荆州,孙吴军在外界压力减弱的情况下,会东西夹击拔掉这根肉中刺。到那时候,诸葛亮等人就危险了。然而现在又必须留在江夏,因为在这个特殊的时刻,江夏郡对于刘备发展,有着其他地方无法相比的优势。在江夏郡的西面,只有周瑜率领的三万孙吴军队与曹军作战,而孙吴的大部分军力在江夏郡的东面。诸葛亮率刘备集团主力二万多人驻扎此地,一旦向西南荆州方向发展,动作要比孙吴迅速得多。

以后的事实证明,诸葛亮先屯驻江夏,以后不失时宜地离开江夏,都是同当时紧张的军事斗争密切相关的。

孙吴与刘备之间,是一种既有联合又有争斗的关系。

在孙权集团中,既主张抗御曹操,又主张抑制刘备的代表人物就是周瑜。早在赤壁之战前夕,周瑜就驳斥降曹论调,力主抗曹。他对敌我双方优劣的分析,在许多方面与诸葛亮极为相似。所不同的是,诸葛亮明确提出孙刘联合的主张,而周瑜虽未反对联合却始终没有明确提出。这绝不是周瑜的一时疏忽。有一件小事可以说明周瑜是相当精细的人。据记载,周瑜"少精意于音乐,虽三爵之后,其有缺误,瑜必知之,知之必顾,故时人谣曰:'曲有误,周郎顾。'"一支曲子,个别音符演奏错了都能听出来,说明他不是个粗心的人。举兵抗曹是一部大乐章,如果在周瑜心目中,联刘抗曹是这个大乐章中的重要乐段,他怎会将其忽略呢?有一段记载能说明赤壁之战前周瑜的心境及他与刘备间的微妙关系:

备(即刘备)从鲁肃计,进住鄂县之樊口。诸葛亮诣吴未还,备闻曹公军下,恐惧,日遣逻吏于水次候望权军。吏望见瑜(即周瑜)船,驰往白备。备曰:"何以知非青、徐军邪?"吏对曰:"以船知之。"备遣人慰劳之。瑜曰:"有军任,不可得委署,倘能屈威,诚副其所望。"备谓关羽、张飞曰:"彼欲致我,我今自结于东而不往,非同盟之意也。"乃乘单舸往见瑜,问曰:"今拒曹公,深为得计。战卒有几?"瑜曰:"三万人。"备曰:"恨少。"瑜曰:"此自足用,豫州但观瑜破之。"备欲呼鲁肃等共会语,瑜曰:"受命不得妄委署,若欲见子敬,可别过之。又孔明已俱来,不过三两日到也。"备虽深愧异瑜,而心未许之能必破北军也,故差池在后,将二千人与羽、飞俱,未肯系瑜,盖为进退之计也。

周瑜率军西上,在樊口与刘备相会,托言军任在身,让刘备前来会见。当刘备见到他遗憾孙吴兵太少时,周瑜又表示三万军已足够用,让刘备看着他如何破曹。这些记载,活脱表现出周瑜轻视刘备,自信且又自负的少年统帅的心态。还应说明一点,上边的一段记载出自《江表传》,是孙吴人所记史书,在记载刘备方面,自有其失实之处。比如说,刘备与关羽、张飞率两千人随周瑜军迎战曹操,而让诸葛亮率主力"差池在后",决不是由于刘备怀疑周瑜不能战胜曹操,自为"进退之计",而是有着更复杂的原因。在周瑜方面,他并不愿意刘备率大军与其共同西上,害怕刘备在与曹军战斗中扩大自己的地盘与力量,因此,愿意让刘备"看着"他如何破曹。在刘备方面,也需要以江夏为抗曹后方,以江夏作为战略发展的基地,所以便顺水推舟,顺应了周瑜的心意。

刘备率领两千人马,与张飞、关羽一起随周瑜西上迎敌,在乌林大破曹兵后,继续溯江西进,一直打到江陵。屹立在长江北岸的江陵古城,城墙高大坚固,城内储备丰饶,加上经验丰富、骁勇善战的曹仁、徐晃等亲自坐镇,攻下江陵谈何容易!

联军开到江陵,并未立即攻城,而是隔江与曹仁相对。这时,刘备对周瑜说:"(曹)仁守江陵城,城中粮多,足为疾害。使张益德将千人随卿,卿分两千人追(随)我,相为从夏水入截仁后,仁闻吾入必走。"刘备的意思是带领一批人马渡过夏水,从侧面包抄江陵,以配合周瑜的正面进攻。刘备仅率两千人马,即使是侧翼,人也略嫌少了些。为了不使周瑜疑心,刘备又提出以张飞率一千人马随周瑜,要周瑜给自己两千人马,实际上等于给刘备增兵一千。

周瑜同意了。然而,周瑜自有他的打算。《三国志·吴书·周瑜传》是这样记载的:

瑜与程普又进南郡,与仁(即曹仁)相对,各隔大江。兵未交锋,瑜即遣甘宁前据夷陵。

从这段记载看,似乎吴军开到江陵隔岸,并未立即与曹军交战,而是派甘宁首先抢占荆州西面门户夷陵。

那么,联军刚到江陵对岸时,到底与曹军打了没有呢?

答案是肯定的。只是与曹仁交战的不是周瑜,而是刘备。《三国

志·魏书·曹仁传》说:

> 从平荆州,以仁(即曹仁)行征南将军,留屯江陵,拒吴将周瑜。瑜将数万众来攻,前锋数千人始至,仁登城望之,乃募得三百人,遣部曲将牛金逆与挑战。贼多,金众少,遂为所围。长史陈矫俱在城上,望见金等垂没,左右皆失色。仁意气奋怒甚,谓左右:"取马来!"矫等共援持之,谓仁曰:"贼众盛,不可当也。假使弃数百人何苦,而将军以身赴之!"仁不应,遂被甲上马,将其麾下壮士数十骑出城。去贼百余步,迫沟。矫等以为仁当住沟上,为金形势也。仁径渡沟直前,冲入贼围,金等乃得解。余众未尽出,仁复直还突之,拔出金兵,亡其数人,贼众乃退。

据《周瑜传》记载,吴军开到江陵对岸时,并未立即渡江与曹仁守军交锋,首先派甘宁占领江陵上游夷陵,意在从上游居高临下配合吴军渡江围攻江陵。而《曹仁传》中所记,江陵守军与孙刘盟军前锋部队打得如此激烈。结合《吴录》所记,我们认为,这支与曹仁激烈交锋的联军前锋数千人,正是刘备率领的三千人。裴松之似乎已经觉察此点,所以他将《吴录》那条资料,注在吴军与曹军在江陵隔江相对"兵未交锋"条下。当然,没有主力部队的正面进攻,仅凭三千人要拿下江陵是不可能的。刘备最终只好撤退下来。

周瑜让刘备率三千人侧攻江陵,有三个目的,第一,利用刘备的力量牵制一下曹仁。第二,想借机以消耗刘备的有生力量。第三,也是最主要的,就是分兵西进,以便为进一步全据荆州作准备。所以,吴军一到江陵南岸时,周瑜立即命大将甘宁西进占据夷陵。夷陵位于今湖北宜昌东南,处于江陵上游,西与益州为邻。听说吴军已到夷陵,益州将袭肃率军前来投降。周瑜打算利用袭肃的兵马加强吕蒙的力量,便上表孙权将袭肃之兵并入吕蒙军。而吕蒙却认为,袭肃有胆有识,而且是慕化远来,不应夺其兵。结果孙权听从了吕蒙的意见。

曹仁听说吴军占领了夷陵,江陵上游受到威胁,急忙派人前来争夺。当时甘宁守夷陵,新兵旧部加在一起仅千人,而曹仁所派人马是甘宁的五六倍。曹军在城外建筑高楼,雨点一样密集的箭纷纷射入城中。甘宁一面坚守,一面派人向周瑜告急。急报传来,众人都认为若再援救

甘宁,则会造成兵力分散,怕抵不住曹仁进攻。吕蒙则认为夷陵必救,他对周瑜和程普说:"我与你们前去救援,留下凌统坚守。我们救援甘宁的时间不会用得太长,我保证凌统在曹军进攻面前能坚守十天!"吕蒙还建议周瑜在援救的同时,派出三百人马阻住险峻的道路,以截击溃败逃跑的敌人。周瑜认为吕蒙的意见很对,便采纳了。周瑜亲率援军赶到夷陵,当天就与曹兵展开激战。甘宁守军见援兵到来,士气大涨,他们里应外合,杀死曹军过半。曹军不支,乘夜色逃走,在中途险峻之处,又遭孙吴伏军的截击,骑兵都丢下马匹步行逃走。这一仗,吴军大败曹兵,获得战马三百多匹,并巩固了对夷陵的占领。

夷陵大胜后,吴军尽数渡过长江,在长江北岸建立营寨。一切准备就绪后,吴军发动了对江陵的总攻。周瑜亲自跨马冲入敌阵,不幸被流矢射中右肋,受了重伤。吴军见主帅受伤,便退兵还寨。曹仁听说周瑜受了重创,想乘吴军主帅受伤、士气低落之时击溃吴军,便勒兵布阵,前来挑战。周瑜听说后,为了鼓舞士气,强忍伤痛,起身巡视各营。众人见主帅尚能各营巡视,伤势不重,斗志一下高涨起来。曹仁见此情形,只好退兵。

建安十四年(209)十二月,曹仁在和周瑜相持了一年多并遭受了重大损失后,终于支持不住,便放弃了江陵,带领人马退回襄阳。

荆州八郡之一的南郡(治江陵)终于为孙吴所有。

就在周瑜率军同曹仁浴血奋战时,诸葛亮也没有稳坐在江夏一动不动。特别是当刘备侧攻江陵撤退后,诸葛亮敏锐地察觉到了周瑜全据荆州境内长江的战略意图。当周瑜占领夷陵后,诸葛亮预料到周瑜进攻的重点定是江陵。也就是说,吴军发展的方向是北而不是南。这样,就会给刘备向荆州南部发展留下宝贵的时机。于是,诸葛亮果断地向撤出江陵战斗的刘备提出建议,放弃江夏,全力占据荆州江南四郡,站稳脚跟之后,再待机谋取荆州北部的战略要地。刘备接受了这个建议。

在向荆州南部进军前,刘备先上表汉帝奏请刘琦为荆州刺史。刘琦是刘表的长子,子承父业,名正言顺。再有,刘备当初曾答应刘表尽力辅佐公子,这样做可以实现诺言,不失信于人。其实,这都是表面的原因,其深层原因,是刘备通过拥立刘琦,使自己在荆州立足取得合法地位,因为刘琦始终是刘备战线上而又为其所控制的人。

刘琦是荆州新主,刘备是新主意志的执行者和体现者。

主人收复自己的土地,理直而且气壮。当两万大军浩浩荡荡南下时,所到之处,无不望风披靡。

武陵太守金旋献城,长沙太守韩玄迎降,桂阳太守赵范让位,零陵太守刘度稽颡。

荆州江南四郡尽为刘备所占领。

至此,荆州八郡为曹、孙、刘三家分别拥有:曹操占有南阳、章陵二郡,孙权占有南郡、江夏二郡,刘备占有武陵、长沙、桂阳、零陵四郡。

三家瓜分荆州,对孙、刘两家来说,各有不满意之处。就面积而言,刘备所得要大于孙权;但从地理位置上看,孙权全据荆州境内的长江,占据了荆州的战略重地。刘备当然不甘心孙权占据长江形胜之地,孙权也不满意刘备占有那么大的荆州地盘,两家重分荆州在所难免。当曹操势力退回北方,孙刘联盟的外部压力减轻时,孙刘之间重分荆州的好戏也开场了。

孙刘重分荆州,一共有三次。

第一次重分,是在建安十四年(209)。

《资治通鉴·汉纪·建安十四年》记载:"会刘琦卒,权以备领荆州牧,周瑜分南岸地以给备。备立营于油口,改名公安。"

平平的文字,淡淡的记事,寥寥二十余言,我们一点看不出孙刘两家纷争的影子。然而我们只要进一步细想,就会于平淡之处窥见起伏。孙权为什么让刘备领荆州牧?周瑜为什么分南岸地给刘备?

孙权让刘备领荆州牧,是对既成事实的一种无可奈何的承认。《三国志·蜀书·先主传》记载:"琦病死,群下推先主为荆州牧。"一个"推"字,充分表达了刘备、诸葛亮利用刘琦的巧妙。刘备是刘表集团的成员,刘表临危对他有托孤之任,刘琦是他上表名义上的汉帝立为荆州刺史的。如今刘琦已死,刘备接任荆州刺史顺理成章,既不用上表朝廷批准,也不用孙权任命,这完全是荆州内部的事。孙权让刘备领荆州牧,只是承认了这个事实。

孙权让刘备领荆州牧,也是由于抗曹大局的需要。《三国志·吴书·吴主传》记载:"刘备表权(即孙权)行车骑将军,领徐州牧。备领荆州牧,屯公安。"刘备承认了孙权徐州刺史的地位,换取了孙权对他荆州刺史地位的承认,此其一。徐州在长江下游,荆州在长江中游,孙

刘二人的彼此承认,也初露了东西两路对曹操施加压力的端倪,此其二。

至于周瑜分南岸地给刘备,我们认为更是刘备力争的结果。刘备占有荆州南部四郡,面积是不小,但却没有发展前途。想当初,诸葛亮"隆中对"的方针是,先占荆州,然后向益州发展,而向益州发展,则必须通过长江水道。而现在,孙吴全据了荆州内的长江水道,刘备被隔在长江以南,他岂能甘心?无疑,他是一定要染指长江,利用其水路北上和西进的!况且,刘备要求与孙吴共有长江有着十分充分的理由:他是荆州刺史,岂能与贯通荆州东西的长江无缘?他是抗曹的另一条战线,没有长江不能北上,怎能担负起如此重任?

对于刘备的要求,孙吴没有理由拒绝。但此时,周瑜已领南郡太守,江陵既是他浴血奋战之地,又是控制长江下游的军事重镇,无论从哪个角度讲,周瑜都不同意放弃江陵。于是周瑜便分南岸地给刘备。所谓"南岸地"究竟指什么地方?胡三省认为是"荆江之南岸,则零陵、桂阳、武陵、长沙四郡地也"。对于这种理解,近人卢弼曾给予辩驳,他说:"荆州八郡,南阳、章陵非吴所有。周瑜领南郡,程普领江夏,亦决不肯让人。上文周瑜分南岸地给备者,即指油口立营之地,非谓江南四郡也。若已给江南四郡,又欲兼得江汉间四郡,将置周瑜、程普于何地乎?且公瑾方深忌先主,上疏以猥割土地为虑,岂肯遽给四郡乎!是南岸之地仅限于油口立营之地无疑。"卢弼的分析是有道理的。

油江是今湖北境内的一条由西向东的河流。万里长江流过江陵后,突然改变了方向,向南拐了个弯,油江水就流进这向南拐的江中。油江入江口即油口,也就是后来被刘备改名的公安。公安地处江陵下游,仍为江陵所控制,但对刘备来说,能够走到长江边上,就使他实现"隆中对"的方针有所依托。

第二次重分荆州,是在建安十五年(210)。

刘备进驻公安后,许多刘表旧部纷纷前来归属,刘备集团的势力渐渐扩大起来。刘备集团的兴旺,使孙权略感不安,但为了抗曹大局,又不得不任其发展。当他得知刘备的甘夫人去世时,为了笼络刘备,便把自己二十多岁的妹妹嫁给了他。这时,刘备已经是四十九岁了。

就在孙刘结交的第二年,刘备以"周瑜所给地少,不足以容其众"为由,就要去京口(今江苏镇江)亲见孙权,要求都督荆州。荆州治所在江陵，所谓"都督荆州"，就是要进驻江陵，领有南郡。刘备的理由也很充分，你孙权既然承认我荆州刺史的地位，南郡作为荆州的一郡，就不应抓住不放。况且，我现在人众剧增，地方太小，容纳不开呢！

对于刘备的想法，诸葛亮是很赞同的。为了向西进展，实现跨有荆益的目标，占有荆州水路要冲是必由之路。但是，诸葛亮不赞成刘备亲自前往江东。他知道，周瑜决不肯轻易放弃南郡，面对这个足智多谋之人，诸葛亮担心，刘备不但得不到便宜，恐怕性命也会有危险。但刘备去孙吴的态度非常坚决。他经过深思熟虑认为此去江东，"诚出于险途，非万全之计"。但是，此时曹操对孙吴的威胁并未完全解除，孙权要对付曹操，需要以我为援，再说，我和孙权已结亲，他还能把我这个妹夫怎样！诸葛亮见刘备的态度如此坚决，便不好再加阻拦，只是嘱咐他到了江东，凡事多和鲁肃商议，还要对周瑜多加提防。

刘备到了江东，与孙权相见。盟友加亲戚使得这两位英杰人物在一些无关痛痒的话题上分外亲热。然而，当刘备把"都督荆州"的要求提出来后，孙权立刻沉吟起来。他推说这事不能马上决定，还要与周瑜商量。因为周瑜是血战江陵的主帅，况且现在是南郡太守。

孙权还真地派人把刘备求都督荆州的事告诉了周瑜。不久，便接到了周瑜的一封奏疏。奏疏说：

刘备以枭雄之姿，而有关羽、张飞熊虎之将，必非久屈为人用者。愚谓大计宜徙备置吴，盛为筑宫室，多其美女玩好，以娱其耳目，分此二人，各置一方，使如瑜者得挟与攻战，大事可定也。今猥割土地以资业之，聚此三人，俱在疆埸，恐蛟龙得云雨，终非池中物也。

周瑜这一番话，体现了他对刘备集团的态度，这种态度可用六个字概括：软化、分化、消化。把刘备留在孙吴，给其美女玩好、华丽宫室，以软化之；把关羽、张飞分置一方，以分化之；最后把他们逐一消化。不错，对于孙权集团来说，刘备集团确是一柄双刃剑，他既有抗御曹操的一面，又有威胁自己的一面。在周瑜这位战略家眼里，刘备集团的威胁之害将要大于抗曹之利，所以一心要把刘备集团除掉。现在，刘备竟来自投罗网，万万不可错过机会。

与周瑜抱有同样看法的还有彭泽太守吕范。

孙吴的另一位著名战略家鲁肃,则反对周瑜、吕范等人的做法,他提了两点理由:第一,曹操对吴的威胁是巨大的,东线屯兵合肥,西线拒有襄阳,如同伸向吴的两个拳头,若吴单独抗拒,无疑要承担巨大压力。第二,吴初战荆州,恩信未洽,根基不稳。而刘备久在荆州,深得人心。若把南郡借给他,让他安抚那里的士庶,可以分担曹操西线襄阳的军事压力,我们则可以专力在东线战场对付曹操。因此,鲁肃认为借南郡给刘备,"多操(指曹操)之敌,而自为树党,计之上也"。

孙权反复权衡了两方面的意见,"以曹公在北方,当广揽英雄,又恐备(即刘备)难卒制"。因而认为鲁肃的谋略,更符合当时政治斗争的形势,便同意了鲁肃的看法。

刘备在吴,也听说了周瑜建议把他扣住的消息,后悔不该不听诸葛亮的话。当他听说孙权并未采纳周瑜的意见,而是听从了鲁肃的意见时,犹如遇到大赦一般,哪里还敢在吴久待!他匆匆告别孙权,急急离开江东。船行至半路,忽见后面吴国飞云大船急驶追来,刘备不由一惊:难道孙权变卦了不成。待船驶近时,刘备才知道是孙权与张昭、秦松、鲁肃等十余人追来为他饯行。此刻,刘备恨透了周瑜,若无周瑜献计,他哪里会受此虚惊!当宴会散后,张昭、鲁肃先出去了,就剩下刘备与孙权。刘备对孙权说:"公瑾(周瑜字)文武筹略,万人之英,顾其器量广大,恐不久为人臣耳。"其实刘备也知道,他说周瑜的这些坏话,孙权是不会相信的,只不过聊以出出心中闷气而已。

当周瑜知道自己的意见未被采纳时,答应借荆州南郡给刘备已既成事实。覆水难收,要孙权收回成命是不可能的。周瑜急忙赶回京口,面见孙权,又提出一个新主张:西取巴蜀。他对孙权说:"今曹操新折衄,方忧在腹心,未能与将军连兵相事也,乞与奋威俱进取蜀,得蜀而并张鲁,因留奋威固守其地,好与马超结援。瑜还与将军据襄阳以蹙操,北方可图也。"周瑜所说的"奋威",即奋威将军孙瑜。乍一看,周瑜这个建议,有点像诸葛亮的"隆中对",实际上,除了从关中、襄阳两路夹攻曹操这一点与"隆中对"相似外,在其他地方则有很大区别。诸葛亮的"隆中对",是指导刘备集团行动的总方略,它提出了明确的政治目标,以及实现这个目标的步骤、政治措施、经济措施、外交方针等,而周瑜这个建议,仅具有指导具体军事行动的意义。诸葛亮的"隆中对",是在天下形势未明的情况下,经过对形势的分析综合深思熟虑后提出的,因而具有很强的预见性。而周瑜的建议,只是从孙吴一方的角度提出的,没有"隆中对"那种高瞻远瞩的风范,根本不考虑业已壮大的刘备军事集团横亘荆州的现实,从而是绝不可能实现的。当然,"隆中对"也不是完美无缺的,它也存在严重的缺陷,而周瑜所提的建议,恰恰与"隆中对"的缺陷部分相似,这一点我们在以后还要详加评述。仅从以上诸条区别来看,我们说周瑜的建议与诸葛亮的"隆中对"无法比拟。问题还不仅仅如此,周瑜提出攻取西蜀的建议,还有阻止让出南郡给刘备的潜台词。因为攻取西蜀,没有江陵不行;北攻襄阳,更需要以江陵为依托。如果周瑜的建议被付诸实施,那么,孙吴的让出南郡的诺言,无异于开给刘备的一张空头支票。

尽管如此,周瑜提出的西取巴蜀的计划,维护了孙吴的利益,也符合孙吴的未来发展方向,更与孙权建立帝王之业的思想合拍。因此,此议一出,立即得到孙权的采纳。孙权决定西取巴蜀后,果然把让南郡给刘备之事搁置一边,他给刘备写了一封信,约他共取巴蜀,只字未提让出南郡之事。信中说:

米贼张鲁居王巴、汉,为曹操之耳目,规图益州。刘璋不武,不能自守。若操得蜀,则荆州危矣。今欲先取璋(即刘璋),进讨张鲁,首尾相连,一统吴、楚,虽有十操,无所忧也。

孙权这封信,只是向刘备说明了孙吴西取巴蜀对抵御曹操的好处,却没有说明孙吴此举的真实意图,以及其给刘备集团带来的危害。尽管孙权不说,刘备集团对孙吴此举所带来的危害却看得一清二楚。刘备的部下殷观就指出:"若为吴先驱,进未能克蜀,退为吴所乘,即事去矣。"因此,孙吴的建议,理所当然地遭到刘备的拒绝。刘备立即给孙权回了一封信,信中强调了西取巴蜀的种种不利,最后说:

备(即刘备)与璋(即刘璋)托为宗室,冀凭英灵,以匡汉朝。今璋得罪左右,备独竦惧,非所敢闻,愿加宽贷。若不获请,备当放发归于山林。

刘备不但没有答应与孙吴共取西蜀，反而替刘璋求情，要求孙权不要攻打他，否则自己宁愿脱掉官帽入山当隐士。当然，政治斗争是要有策略上的灵活。刘备所谓当隐士是假，阻止吴军是真。

孙权并未答应刘备的请求，而是派孙瑜率水军进至夏口。

刘备也没丢掉官帽披发入山当隐士，而是在公安一带布置兵力，准备阻止吴军西进。

双方剑拔弩张，大战在即。

就在战争一触即发的紧张时刻，一个意外的事件犹如一根钢针扎进充满气的车胎一样，使紧张的局势一下松弛下来：周瑜在回江陵的路上，行至巴丘（今湖南岳阳）病逝。

人之将死，其言也善。周瑜在弥留之际，想到曹操是孙吴的大敌，而刘备尽管需要提防，毕竟还是抗曹的同盟力量，因此需要一个明白这种形势，能很好地把握这种形势的人来接替自己。这个人非鲁肃莫属。于是，他给孙权上了一封奏疏，奏疏说：

当今天下，方有事役，是瑜乃心夙夜所忧，愿至尊先虑未然，然后康乐。今既与曹操为敌，刘备近在公安，边境密迩，百姓未附，宜得良将以镇抚之。鲁肃智略足任，乞以代瑜。瑜殒踣之日，所怀尽矣。

孙权闻听周瑜病故，心中万分悲痛。他下令朝中为周瑜举哀，又亲自到芜湖迎接周瑜返回的灵柩。

周瑜死后，孙权根据周瑜遗疏所荐，任鲁肃为奋武校尉，代周瑜领兵。西征巴蜀之事也因此作罢。

周瑜之死，对孙吴无疑是重大损失，但对刘备集团的发展却是一个机会。刘备、诸葛亮等人又不失时机地提出领有南郡问题。一来是孙权有言在先，二来是鲁肃竭力赞同，孙权终于同意"分荆州（指南郡）与刘备"，让代领南郡太守的程普还领江夏太守，鲁肃也离开江陵，"下屯陆口"（今湖北蒲圻西北）。

孙吴让出南郡给刘备，是一件对双方都有利的事情。对于刘备集团来说，意味着其势力已扩展到江北，诸葛亮先取荆州为根据地的第一步战略计划已经实现。对于孙权集团来说，则意味着把江陵一带的防务移交给刘备，让他独自担当起抗御襄阳、樊城一带曹操重兵的重任，从而使自己东线抗御曹操的力量得到加强。据记载,孙吴将南郡让给刘备时,曹操正在写字,他听到这个消息,不由一惊,手中的笔一下子滑落到地上。这也说明,鲁肃让出南郡的主张是极富战略眼光的。

第三次重分荆州,是在建安二十年(215)。

建安十九年(214),刘备经过数年征战,攻下成都(今四川成都),益州刺史刘璋投降,益州遂为刘备集团所有。刘备占有益州,实现了诸葛亮跨有荆、益的第二步战略计划,同时,也使他的盟友孙权深感不安。孙权觉得,以前自己的主要威胁是北方的曹操,现在,在自己的上游,又崛起一个跨有荆州、益州的强大军事集团。这个集团虽说是自己的盟友,然而说不定哪一天,由于形势的变化,自己就会受到来自长江上游盟友的攻击。只有把荆州收归己有,孙权才能感到心中踏实。

建安二十年(215),孙权派诸葛亮的哥哥诸葛瑾前往成都,向刘备索要荆州。此时,刘备已把其政治重心移到成都,诸葛亮、法正、张飞等文武重臣都已聚集在刘备身边。孙权派诸葛瑾去要荆州,自有他的用意。他知道诸葛亮是刘备的股肱之臣,是这个集团中的决策人物,派诸葛瑾去,于公于私都好说话。不料,诸葛瑾到了成都,当他提出要刘备让出荆州时,却遭到婉言拒绝。刘备说:"我现在正计划夺取凉州,等凉州拿下后,便把荆州全部交给你们。"诸葛瑾见刘备话虽客气委婉,但占有荆州之意却非常坚决,也没有私下与弟弟诸葛亮会面。他知道,刘备的态度,也反映了诸葛亮的态度,他不会为兄弟之情而牺牲自己集团的利益。与之私下会谈,不但公事办不好,恐怕还会影响与诸葛亮的兄弟之情。于是,诸葛瑾便返回江东复命。

孙权听到诸葛瑾的回复后勃然大怒,说:"刘备这番话,分明是不想归还荆州,用空话欺骗我们,拖延时间。"他觉得已与刘备没什么好商量的,便决定用强硬的办法收回荆州。他任命了长沙、零陵、桂阳三郡的官吏,并派他们前往赴任。这些官吏刚一到任,便遭到刘备荆州守将关羽的驱逐。孙权更加恼怒,派大将吕蒙督率鲜于丹、徐忠、孙规等两万兵众进攻长沙、零陵、桂阳三郡,派鲁肃率一万人屯巴丘抵御关羽,自己则亲驻陆口任总指挥。吕蒙攻下长沙、桂阳二郡,却受到零陵太守郝普的顽强抵抗。刘备听说孙权进攻荆州,率兵五万到达公安,派关羽率三万兵将进驻益阳(治今湖南益阳)。孙权闻讯,急忙调吕蒙还助鲁肃。在离开零陵前夕,吕蒙又用计降服了郝普,拿下了荆州南三

· 67 ·

郡，接着率兵回师，与大将孙皎、潘璋等人与鲁肃合兵，与关羽相持于益阳。正在这个时候，传来了曹操进入汉中（治今陕西汉中）的消息。汉中是益州北部的门户，曹操打败张鲁，进入汉中，直接威胁着益州的安全。刘备唯恐益州有失，便派人向孙权求和。于是孙、刘双方达成协定：以湘水为界，江夏、长沙、桂阳三郡归属东吴，南郡、零陵、武陵归属刘备。

也许有人问：第三次重分荆州，孙权必欲夺回荆州而后安，为什么还要答应刘备的求和呢？这是因为：第一，如果孙权在东部死缠住刘备，使他无力西顾曹操，一旦曹操占领益州，刘备固然处于窘地，而孙权却也直接处于曹操的攻击之下。第二，此次重分荆州，刘备也确实做出了重大让步。历来人们有这样一种看法，认为刘备借荆州不还，理在孙权一方。事实并非如此，清人赵翼就对此论进行辩驳，他说：

且是时（即赤壁之战时）刘表之长子琦尚在江夏，破曹后，备即表琦为荆州刺史，权未尝有异词，以荆州本琦地也。时又南征四郡，武陵、长沙、桂阳、零陵皆降。琦死，群下推备为荆州牧。备即遣亮督零陵、桂阳、长沙三郡，收其租赋，以供军实，又以关羽为襄阳太守、荡寇将军，驻江北。张飞为宜都太守、征虏将军，在南郡。赵云为偏将军，领桂阳太守。遣将分驻，惟备所指挥，初不关白孙氏，以本非权地，故备不必白权，权亦不来阻备也。迨其后三分之势已定，吴人追思赤壁之役，实藉吴兵力，遂谓荆州应为吴有，而备据之，始有借荆州之说。抑思合力拒曹时，备固有资于权，权不亦有资于备乎？权是时但自救危亡，岂早有取荆州之志乎？羽之对鲁肃曰："乌林之役，左将军寝不脱介，戮力破曹，岂得徒劳无一块土！"此不易之论也。其后吴蜀争三郡，旋即议和，以湘水为界，分长沙、江夏、桂阳属吴，南郡、零陵、武陵属蜀，最为平允。而吴君臣伺羽之北伐，袭荆州而有之，反捏一借荆州之说，以见其取所应得。此则吴君臣之狡词诡说，而借荆州之名遂流传至今，并为一谈，牢不可破，转似其曲在蜀者，此耳食之论也。

赵翼这番议论甚有理据。赤壁之战后，孙权取得江夏、南郡，刘备取得长沙、零陵、桂阳、武陵四郡。实际上，孙吴从曹操手中夺得的荆州土地,仅限南郡,江夏郡也是刘备集团主动让出的。第三次重分荆州,孙权不但保有江夏,还得到了长沙和桂阳。以南郡一郡换得三郡,孙权还有什么理由不与刘备言和呢?

三分荆州,两个含义,都体现了诸葛亮、刘备的聪明才智。

曹、孙、刘三家瓜分荆州,体现了诸葛亮的英明预见性。

孙、刘三次重分荆州,体现了诸葛亮在实现"隆中对"第二个战略计划时,他与刘备对同盟者孙吴巧妙、灵活、高超的斗争艺术。此后,诸葛亮治理荆州五载,使荆州成为刘备事业发展的稳固根据地。

二、占领益州

对于孙、刘两家来说,荆州是他们赖以生存和发展的必得之地。

一次又一次地重分荆州,意味着两家利益的一次又一次的调整。

三次重分荆州,对于孙吴来说,仍有许多不满意之处;但对刘备来说,却是一个比较完满的结局。他终于有了一块属于自己的地盘,有了一块向益州发展的根据地。

"天府沃野"是诸葛亮对益州概括性的描绘。他说:"益州险塞,沃野千里,天府之土,高祖因之以成帝业。"

"险塞"一词,概括了益州的地理环境。

"天府"一词,概括了益州的经济状况。

最后一句,概括了益州的政治、文化传统。

生活常识的逻辑告诉我们:对认识对象的高度概括源于对它的透彻了解,对一事物的透彻了解源于对它的周密观察和仔细揣摩,对一事物周密观察和仔细揣摩又源于对它的高度重视。

诸葛亮对益州是非常重视的,在他的"隆中对"的整盘棋中,益州是一个至关重要的棋子。

荆州固然重要,但仅仅据有荆州,还只是一子孤棋。荆州不仅对刘备重要,对孙权和曹操同样重要。

曹操以中原为根,虎视眈眈地盯着荆州。

孙权以江东为根,梦寐以求地想着荆州。

唯独刘备据有部分荆州后,却无其他地区作根。如果占有益州,把荆州连成一片,整个一盘棋就活了。

诸葛亮对益州的认识相当正确,对益州的概括相当准确。

益州具有险峻的地理形势:北面横亘着秦岭和大巴山,东面是广袤的湘鄂山区,南面有丘陵起伏的云贵高原,是一个名副其实的四塞之国。

巴蜀地区有富饶的经济资源。古代土地肥沃,农业和畜牧业的兴盛,都同水利资源息息相关。我国第一大河长江从西向东横穿巴蜀地区,嘉陵江、涪江、沱江、岷江以及其他大小河流从北向南注入长江,为古代巴蜀之地生产的发展和经济的繁荣,提供了重要的水利基础。

巴蜀地区文学也很发达。仅两汉时,便出现许多著名文学家。成都人严遵,字君平,雅性淡泊,学业高妙,精《周易》,通《老》《庄》,是大文学家扬雄的老师。成都人扬雄,字子云,"好学,不为章句。初慕司马相如绮丽之文,多作词赋。车骑将军王音,成帝叔舅也,召为门下吏,荐待诏,上《甘泉》《羽猎赋》,迁侍郎,给事黄门。雄既升秘阁,以为辞赋可尚,则贾谊升堂,相如入室,武帝读《大人赋》,飘飘然有凌云之志,不足以讽谏,乃辍其业"。成都人司马相如,字长卿,"游京师,善属文,著《子虚赋》而不自名,武帝见而善之,曰:'吾独不得与此人同世。'杨得意对曰:'臣邑子司马相如所作也。'召见相如。相如又作《上林赋》,帝悦,以为郎。又上《大人赋》,以风谏;制《封禅书》,为汉辞宗"。资中人王褒,字子渊。"以高才文藻侍宣帝。初为王襄作《乐职》《中和颂》,宣帝时,又上《甘泉》《洞箫赋》。帝善之,令宫人颂之。"

益州有四塞险固的地理环境,益州有富饶的自然资源,益州有令人瞩目的经济发展水平,益州有延绵不断的政治历史,益州有醇厚的人文传统,益州有独特的宗教文化,益州有浓郁的儒学、文学风气。

了解了这一切,我们就能理解为什么诸葛亮如此重视益州,就能加深对"隆中对"的认识,更能进一步找出以巴蜀地区为核心的益州,何以能支撑起三国中最小的蜀汉与大国曹魏抗衡的答案。

益州境险,益州地富。这境险地富的益州曾经是胜者称王天下的起点,也曾经是败者坐以待毙的樊笼。

秦末,项羽为了遏制刘邦,把他封在巴蜀汉中,并封秦将章邯、司马欣、董翳为雍王、塞王、翟王,把守关中。当刘邦率众沿着险峻的栈道不情愿地进入汉中时,却做出一个出人意料的举动:烧掉惟一通往外界的栈道，以向项羽显示无出川东向之意。其实，烧掉栈道，是为了麻痹项羽；麻痹项羽，是为了更顺利地出川东进。无出川东向之意的外部表现，恰恰掩盖着定要出川东向的心态。

最了解刘邦心态的人要属萧何了。

韩信因在刘邦处不被重用，不辞而别。萧何闻讯，策马急追。当他追回韩信，面见刘邦时，君臣有一段对话，颇耐人寻味。

刘邦问："所追者谁?"萧何答："韩信也。"刘邦不信，骂道："诸将逃亡者以十数，你都不追。追韩信不过是骗人的鬼话。"萧何说："诸将容易得到。至于韩信，国士无双。大王若想在汉中长久称王，就不要用韩信；如果决心争天下，除了韩信，没有人能帮您实现此目的。这要看您拿什么主意了。"刘邦说："我当然要挥兵东向了，安能郁郁久居此乎!"

其实，即使刘邦不说，萧何也知道他的心思。否则，萧何为什么要不辞劳苦把韩信追回来呢？还不是为了让他帮助刘邦打天下！

刘邦身居蜀汉，却念念不忘取得天下，在众人的辅佐下，最后终于打败项羽，建立汉朝。

西汉末年，天下大乱，公孙述趁乱占据益州，先称蜀王，后称皇帝。据说，公孙述在称帝之前，曾作了一个梦，梦中有人对他说："八厶子系，十二为期。"公孙述醒来，对其妻子说："八厶为公，子系为孙，能作十二年皇帝。虽贵而祚短，若何?"其妻回答说："朝闻道，夕死尚可，况十二乎!"上述对话，反映了公孙述夫妇的目光短浅，胸无远志。公孙述根本不是一位有雄才大志之人。他不思进取，据险自守，等光武帝刘秀平定山东，据有中原，其势由占天下四分之三，进而五分之四，进而九分之八，最后一举吞并蜀地。

一百八十多年以后，历史仿佛进入了又一个轮回。

东汉末年，诸侯割据争战，天下四分五裂，益州被刘焉、刘璋父子所占据。但刘焉父子暗弱无能，明眼人早就看出他们不是益州的真正主人。

最早提出取刘璋之位而代之的是诸葛亮，最终把这种设想实现的是诸葛亮所辅佐的刘备集团。诸葛亮辅佐的刘备集团占据益州，与刘邦不同。刘邦是被迫进入巴蜀汉中，而刘备是主动进入巴蜀地区。

诸葛亮辅佐的刘备集团占据益州，与公孙述迥异。公孙述是要在蜀

中称王称帝，而诸葛亮是要借巴蜀之地实现复兴汉室的目标。公孙述在占据巴蜀之前已经是蜀郡太守，而刘备、诸葛亮等人在占领巴蜀前只据有其下游的荆州部分地区，巴蜀另有其主。占据益州，意味着取代益州的旧主人；而取代益州旧主人，不但要靠机会，还要靠智慧和实力。机会肯定会有。因为当时益州的形势是："刘璋暗弱，张鲁在北，民殷国富而不知存恤，智能之士思得明君。"

益州怎么会成了这个样子？我们还是从头说起。

东汉灵帝时，政治极端黑暗，社会矛盾急剧激化，黄巾起义的爆发，是社会矛盾不可调和的表现。黄巾起义虽被平息，但东汉政权已经失去了对局面的控制。就在这时，太常刘焉向朝廷建议说："刺史、太守，货赂为官，割剥百姓，以致离叛。可选清名重臣以为牧伯，镇安方夏。"刘焉提此建议，自有他自己的打算。原来，他看到天下将要大乱，朝廷已无力扭转乾坤，留在京师，只能被卷入动荡的漩涡，难保自身安全。因此，他一面建议朝廷设置州牧，一面要求到交阯（即交州，治今越南河内东）任州牧。刘焉要求担任州牧是有资格的，符合他自己建议中提出的"清名重臣"的标准。他是江夏竟陵（治今湖北潜江西北）人，汉鲁恭王的后代。他的先人在汉章帝元和年中徙封竟陵，所以后代支庶安家于此。刘焉少年时便出仕州郡，因为皇亲宗室的缘故任中郎，后因其师司徒祝恬之丧而辞官。辞官后居于阳城山，积学教授，被举为贤良方正。由此可见，刘焉之名不可谓不清。后来，他又被司徒府所征辟，历任雒阳令、冀州刺史、南阳太守、宗正、太常等官，其位不可谓不重。

刘焉要求到交阯去任州牧，本意是想躲避世难。但由于增置州一级行政单位毕竟事大，朝廷要谨慎从事，所以没立即决定，刘焉的要求也未及时满足。恰在这个时候，侍中董扶对刘焉说："京师将乱，益州分野有天子气。"董扶是益州广汉（治今四川广汉北）人，因此，他的话对刘焉影响很大，刘焉便改变了初衷，要求任益州牧了。不久，朝廷采纳了刘焉的建议，正式把州作为一级行政机构，刘焉也因此出为监军使者，兼任益州牧。董扶也要求辞去侍中，到益州任蜀郡西部属国都尉。巴西人赵韪也要求辞去太仓令，随刘焉入蜀。

刘焉初入蜀中，蜀中士人对他是怀有好感的。当时，益州人马相、赵祗等人于绵竹县（治今四川德阳北）起兵，自号黄巾。马相打出黄巾旗号，对益州的疲役之民有极强的号召力。一两天之内，便得众数千人。他们杀死绵竹县令，队伍扩充至万余人。接着攻破雒县（治今四川广汉北），杀死益州监察官郤俭，又到蜀郡、犍为（治今四川宜宾西南）等地，旬月之间，攻破三郡。这时，马相已经发展到数万人，他自己也自称天子。正在益州黄巾如火如荼之时，益州从事贾龙领家兵数百人在犍为东界，摄敛吏民，得千余人。贾龙带领这千余人攻击马相等人，数日之后，便将马相等人打败。打败马相之后，贾龙便派人迎接刘焉，刘焉便将治所定在绵竹。贾龙是蜀郡人，又在州中任官，是典型的益州士人。他对刘焉的态度，反映了益州士人对刘焉的态度。

但是，没过多久，刘焉的所作所为便引起了益州士人的失望。首先，与益州士人相比，刘焉似乎对随自己入川的东州士人更亲密些。史书记载："时南阳、三辅民数万家避地入蜀，（刘）焉恣饶之，引为党与，号'东州士'。"其次，刘焉对客居蜀中的外州人也很信任。如张鲁，是沛国丰县（治今江苏丰县）人，从他祖父张陵时起，便客居蜀地，在鹄鸣山中学道。张陵编写道书，招收道徒，从其受道者出五斗米，所以当地又称其为"五斗米道""米贼"。张陵死，其子张衡继之。张衡死，子张鲁又继之。刘焉任益州牧，与张鲁关系甚密。"张鲁母始以鬼道，又有少容，常往来焉家，故焉遣鲁为督义司马，住汉中，断绝谷阁，杀害汉使"。然而，与"东州士"和客居蜀地的张鲁相比，益州本土的豪强便没有那么幸运了。史书记载，刘焉为了在蜀地树立威刑，"诘他事杀州中豪强王咸、李权等十余人"。《华阳国志·公孙述刘二牧志》说得更清楚：王咸、李权等十余人是被"枉诛"的。王咸任巴郡太守，李权是临邛长，他们不仅是地方大姓，而且手中有地方行政权力。很显然，刘焉"枉诛"他们，是为了削弱地方豪强的政治势力。

刘焉如此对待益州豪强，自然会引起他们的失望与不满，曾经迎刘焉入蜀的贾龙和犍为太守任岐一起起兵反对刘焉。贾龙和任岐都是蜀郡人，贾龙在抵御益州黄巾时竟能带领家兵数百人，可见是地方豪强无疑。贾龙、任岐举兵攻刘焉的过程，《华阳国志·公孙述刘二牧志》的记载颇令人玩味：

汉献帝初平二年，犍为太守任岐与贾龙恶焉之阴图异计也，举兵攻焉，烧成都邑下。焉御之。东州人多为致力，遂克岐、龙。

请注意"东州人多为致力"这句话。所谓"东州人",如前所述即刘焉引为党羽的"东州士"。他们的利益与刘焉是联在一起的,如果任岐、贾龙打败刘焉,东州士在益州地位就会一落千丈。所以,任岐、贾龙与刘焉的矛盾,实质上是东州士与益州豪强的矛盾。这是东州人与益州豪强斗争的第一回合,以后者失败而告结束。

刘焉镇压了益州豪强的反抗后,自以为取得了了不起的胜利,意气渐盛。这时候,在关东,各路诸侯已联合起来讨伐董卓,董卓不敌,劫持献帝迁都长安。刘焉的三个儿子都随献帝在长安:刘范为左中郎将,刘诞为治书御史,刘璋为奉车都尉。刘焉早有异图,他专门选择有天子气的益州为牧,就说明了这点。特别是打败了任岐、贾龙以后,他更相信自己已具备了称雄于益州的实力。史载他"造作乘舆车具千余乘",保州自守之意不言而喻。但是,三个儿子俱在朝中为质,使得刘焉不得不有所顾忌。于是,刘焉便假称有病,上疏朝廷请求见儿子刘璋一面。当然刘璋来到益州以后,若虎入深山,龙归大海,再也不回去了。就在这个时候,征西将军马腾正在密谋着进攻长安的行动。马腾是扶风茂陵(治今陕西兴平东北)人,汉灵帝末与韩遂等人起事于西州。初平三年(192),马腾、韩遂率众到长安归顺,韩遂被封为镇西将军,遣还金城(治今甘肃兰州西北)。马腾被封为征西将军,屯驻郿县(治今陕西眉县东南)。马腾密谋进攻长安,刘焉在长安的儿子全都参与其间。结果马腾兵败退走凉州,刘范因谋泄被杀,刘诞也受到了株连。议郎庞羲与刘焉是世交,便带着刘焉的孙子们逃离长安,来到益州。谁知祸不单行,刘焉所在的绵竹着了一把大火,"车具荡尽,延及民家"。刘焉只得把治所移往成都。由于失子之痛和大火的惊扰,刘焉于兴平元年(194)病逝。

刘焉死后,巴西人赵韪拥立刘焉的儿子刘璋继任益州刺史。赵韪拥立刘璋,并不意味着东州人与益州豪族矛盾的缓和,恰恰相反,意味着益州豪族企图东山再起。赵韪为什么拥立刘璋?史书说他"贪璋温仁",正好说明了他拥立刘璋的动机。刘璋固然温仁愚弱,但也有强硬的时候。当时,在汉中的张鲁势力渐强,对刘璋多有不顺,刘璋便将在益州的张鲁的母亲及其家族全部处死。张鲁遂与刘璋变为仇敌,干脆独据汉中,"以鬼道教民,自号师君",建立起政教合一的政权。

刘璋与张鲁闹翻,无论从长远观点还是眼前利益,都对自己在益州的统治产生了不良影响。

从长远观点看，刘璋失去张鲁，便失去了汉中；失去了汉中，便失去了益州北边的门户。汉中由益州的屏障变成对益州的威胁。门户洞开，主人自然无安全感。正是由于这种不安全感，导致了刘璋请刘备入蜀，给刘备的取而代之提供了机会。这一点在后面还要详述。

从眼前利益看，刘璋与张鲁闹翻，给益州的当地豪族造成一个错觉：似乎刘璋改变了其父刘焉的方针，对益州的外来户不再信任了。其中的典型是巴西人赵韪。

刘璋与张鲁结仇后，多次派庞羲攻打张鲁，但均被张鲁打败。庞羲是河南人，与刘璋是世交，在马腾谋袭长安事件中，庞羲领刘焉的孙子们逃离长安，里面就有刘璋的儿子。所以，尽管庞羲屡败，刘璋还是让他担任巴郡太守，屯驻阆中（治今四川阆中）抵御张鲁。庞羲害怕张鲁进攻，为了加强力量，擅自征发汉昌县的少数民族賨人为兵。为此，赵韪多次向刘璋讲庞羲坏话。庞羲与刘璋的关系，赵韪不是不知道，他之所以劝刘璋制裁庞羲，就是误认为刘璋对违法的东州人也是要严加管束的。

其实赵韪错了。刘璋可以制裁张鲁，但决不会制裁东州人。有些人"构羲于璋，璋与之情好携隙"，赵韪劝刘璋制裁庞羲，刘璋也不接受。刘璋岂止不制裁庞羲，对东州人也是取放纵态度的。史载：

> 先是，南阳、三辅人流入益州数万家，收以为兵，名曰东州兵。璋性宽柔，无威略，东州人侵暴旧民，璋不能禁，政令多缺，益州颇怨。赵韪素得人心，璋委任之。韪因民怨谋判，乃厚赂荆州请和，阴结州中大姓，与俱起兵，还击璋。蜀郡、广汉、犍为皆应韪。璋驰入成都城守，东州人畏韪，咸同心并力助璋，皆殊死战，遂破反者，进攻韪于江州。韪将庞乐、李异反杀韪军，斩韪。

上述记载中，东州人侵暴旧民，即指外来的东州人与土著益州人的矛盾。赵韪起兵进攻成都刘璋，竟得到蜀郡、广汉、犍为三郡人的响应，足见这种矛盾之深。东州人为什么在赵韪的进攻面前同心并力殊死帮助刘璋？《后汉书·刘焉传》说得更加明白："东州人畏见诛灭。"一旦赵韪得胜，东州人将要遭殃，可见益州人对东州人的仇恨之深。

赵韪起兵反对刘璋，是益州人与东州人斗争的第二回合，这一回合，仍以益州人失败而告终。

刘璋为首的东州人虽然取得胜利，但矛盾仍未消除。不过，经过这一回合的争斗，益州人也学聪明了。他们不再与东州人硬来了，而是采取了另一种形式。赵韪失败后，庞羲也听到了许多人参劾他的消息，又想到赵韪起兵在很大程度上是由于自己，心中非常不安。为了防止万一，他又派手下一个叫程郁的人到汉昌县去索要賨人当兵。庞羲之所以派程郁，因为汉昌县令程畿是程郁的父亲。不料，庞羲的要求遭到了拒绝。程畿说："郡守招集自己的部曲私兵，不应该企图作乱。纵然有人在其中进谗谀之言，作为郡守也应尽忠尽诚，没有二心。现在，庞羲作为郡守，见到自己的安全受到威胁，便心怀异志，这是不应该的。"

程郁碰了钉子，只得回去复命。但庞羲仍不死心，又派程郁再次前往。程畿说："我受州牧之恩，应当为之尽节；你为郡守之吏，也应思念效力。但庞羲索兵，为不义之事，我们不要在不义面前生出二意。"庞羲听说后，心中非常恨程畿，便派人威胁他说："你不顺从太守，家人要遭祸殃了。"程畿说："战国时候，乐羊为魏将讨伐中山，中山君把乐羊的儿子烹杀，做成汤送给乐羊，想瓦解他的斗志。乐羊当下便将汤喝掉，乐羊此举，并非没有父子之恩，是为了大义而去这样做。现在，即使庞羲把我儿子做成肉汤，我也会像乐羊那样把汤喝掉。"

庞羲见程畿软硬不吃，只得作罢。

程畿是巴西阆中人，庞羲是东州人。在上述事件中，益州的土著和客居者的关系似乎倒了个位置：益州人程畿成了刘璋的忠臣，外州人庞羲倒成了贰臣。不错，程畿是个忠臣，但他最突出的忠贞表现是在对待刘备上。据史书记载：刘备取代刘璋任益州刺史后，程畿便被任为州从事祭酒。刘备率军征吴时，程畿随同前往，结果被吴军打得大败，溯江而还。在撤退当中，有人告沂程畿："吴国追兵越来越近了，赶快丢船轻行，可以免遭灾祸。"程畿回答："我在军中时，从来没有在敌人进攻面前逃跑，更何况现在是随从天子而遇到危险呢！"他坚持不弃船，结果被孙吴军追上。程畿亲自持戟作战，打翻了一些敌船。后来，吴船只大批涌到，程畿当场战死。刘备遇难，程畿以命相拼；而刘璋被刘备取代，程畿不但不死拼，而且还到刘备政权中任职，他对刘璋的忠贞程度可想而知。程畿不答应庞羲征賨人为兵的要求，固然反映了他忠贞正直的品质，但他的直接动机，恐怕还是希望庞羲力量不要强大，希望他受到刘璋的惩处。赵韪起兵虽然失败，但三郡豪强大姓一齐响应的事实对刘璋来说确是一个教训。刘璋不得不对益州人士改变政策，不得不对那些过分的东州人士进行管束。史载："有谗羲于璋，说羲欲叛者，璋阴疑之。"反映了刘璋的这种变化。"羲闻，甚惧，将谋自守，遣畿子郁宣旨，索兵自助"，在这种情况下，程畿拒绝庞羲，与其说是出于对刘璋的忠诚，毋宁说是为了让刘璋制裁庞羲。

古人曾这样评价刘璋："愚弱而守善言，斯亦宋襄公、徐偃王之徒，未为无道之主也。"这种评价有褒，也有贬，或者可以说是既不褒也不贬的客观、公允之论。然而，我们从这种客观、公允的评价中，却可以发现刘璋作为益州之主是不合适的。诚然，刘璋不可称为无道之主，从"守善言"的评价中，我们甚至可以说他是个有道之主。但从"愚弱"的评价中，我们又可以说刘璋是个无能之主。有道而无能，作为一个平常人尚可立身于世，但作为一方之主则不称职。

从兴平元年（194）接任益州刺史起，到建安十九年（214）止，刘璋为益州之主二十年。在这二十年时间里，刘璋也试图解决土著豪族与客居外人的矛盾，调和二者的关系，以争取二者的支持。例如他虽然怀疑庞羲怀有二心，但当庞羲表示深痛自责时，便对他不加深究，依然重用。对待程畿，刘璋则肯定他忠诚的一面，把他从汉昌县令提升为江阳太守。刘璋如此处理问题，后果是消极的，他虽然重用了庞羲，但由于肯定了他的对头程畿，庞羲自然不满；他虽提升了程畿，但由于没有制裁庞羲，程畿也不会满意。由此可见，刘璋试图调和土著豪族和客居外人矛盾的努力是不成功的。在益州的二十年里，刘璋就像一个初练走钢丝的杂技演员，在土著豪族和客居外人之间左晃一下，右扭一下，艰难地维持着自身的稳定。直到刘备入蜀前夕。益州的很多明智之士都认为刘璋是个暗弱之主，都作着别选明君的打算。其中最有代表性的，就是张松和法正。

张松是蜀郡人，史载他身材短小，"放荡不治节操，然识达精果，有才干"。曹操攻占荆州后，张松受刘璋派遣到曹操那里致诚顺之意。曹操对张松不大看重，而曹操手下的谋士杨修却一眼看出他是个人才，他力劝曹操重用张松，被曹操拒绝。杨修为证实自己的看法，把曹操所写的兵书给张松看，张松在"宴饮之间一看便暗诵"。这样一个"识达

精果，有才干"之人，早就看出刘璋不是有为之主。"常窃叹息。"

法正字孝直，扶风郡县人，建安初年入蜀依附刘璋。法正虽为东州人，但一直被东州人所排斥，"为其州邑俱侨客者所谤无行"，因此不被刘璋重用。其实，法正的同乡们对法正的指责不能说是没有一点根据，法正在做人的品德方面的确有毛病。但法正却是一个奇才，陈寿评价他是个"著见成败，有奇画策算"的人，刘璋不重用他确实是个大失策。

同声者相和，同气者相求。

法正和张松不仅是出色的人才，而且都有着远大的抱负。他们对刘璋政权的失望与不满，对不被重用的耿耿于怀，使其成为志同道合的好朋友。他们常在一起分析形势，探讨出路，策划着另投明主，以图干一番轰轰烈烈的事业。

这两个人的一系列行动，为诸葛亮"隆中对"计划的进一步实施，为刘备集团占有益州提供了绝好的机会。

机会是什么？机会是一种只能自然遇到，不能人为创造的外部条件。机会有很强的时效性，它永远朝着一维方向运动，一旦逝去，就永远不会再有。

据有益州的机会本来应该是曹操的。

建安十三年（208），曹操即将征讨荆州，刘璋派遣河内人阴溥向曹操致敬。曹操大喜，立即给刘璋加振威将军称号，给他哥哥刘瑁加平寇将军称号。在曹操攻占荆州后，刘璋又派别驾从事张肃给曹操送去叟兵三百人和杂御物。所谓"叟兵"，即武装起来的叟人。当时，蜀人称益州内的氐、羌等少数民族为叟，叟兵特别能打仗。曹操非常高兴，拜刘璋的使臣张肃为广汉太守。大约在赤壁之战前夕，刘璋又派张肃的弟弟张松向曹操致敬。刘璋对曹操如此殷勤，表明他对曹操的惧怕心理。曹操给刘璋兄弟加封赠号，还越俎代庖，任命刘璋的下属为刘璋的地方行政长官，俨然是益州的主宰。不但如此，张松等人早就对刘璋大失所望，正在选择心中的明君新主，这对曹操控制益州无疑是个很好的机会。

然而，曹操并没有抓住这个机会。

当张松作为刘璋的使臣往荆州去向曹操致意时，却遭到曹操的冷遇。曹操为什么冷遇张松？有一种说法是张松容貌丑陋。史书上曾这样记载张肃、张松兄弟二人的容貌:"张肃有威仪,容貌甚伟。松为人短小,放荡不治节操。""以貌取人,失之子羽",难道孔子所慨叹的错误在曹操身上又重现了吗?事实远不是那么简单。曹操用人,重才大于重德,更何况他手下的大将乐进,也生得"容貌短小",不也被任为右将军,谥为"威侯"吗?曹操冷遇张松,恐怕是由于益州已经臣服,他的整个心思全在如何征服江东上的缘故上。在前文,我们已经揭示过曹操由于一系列胜利所生出的骄傲心态,他怎能把一个已经臣服的政权的使臣放在眼里呢!

不管怎么说,曹操冷淡张松都是一个极大的错误。西晋人习凿齿对这件事是这样评论的:

昔齐桓一矜其功而叛者九国,曹操暂自骄伐而天下三分,皆勤之于数十年之内而弃之于俯仰之顷,岂不惜乎!是以君子劳谦日昃,虑以下人,功高而居之以让,势尊而守之以卑。情近于物,故虽贵而人不厌其重;德洽群生,故业广而天下愈欣其庆。夫然,故能有其富贵,保其功业,隆显当时,传福百世,何骄矜之有哉!君子是以知曹操之不能遂兼天下者也。

习凿齿说由于曹操这一骄矜,导致了天下三分,在某种意义上说是有道理的。假如曹操不对张松持骄矜态度,张松就可能劝刘璋死心塌地地依附曹操。假如刘璋死心塌地地依附曹操,他就不会对曹操征讨汉中张鲁反应那么紧张,就不会请刘备入蜀帮他守卫益州。假如历史真地发展成这个样子,刘备能不能实现"隆中对"跨有荆益的战略计划就要画一个问号,起码,刘备不会如此顺利地占有益州是肯定的。

然而,假设不是历史。历史是按其本身的规律合乎逻辑的自然发展过程。

张松受到曹操的冷遇后,理所当然对曹操产生怨恨情绪。史书记载说:

璋(即刘璋)复遣别驾张松诣曹公,曹公时已定荆州,走先主,不复存录松,松以此怨。会曹公军不利于赤壁,兼以疫死。松还,疵毁曹公,劝璋自绝,因说璋曰:"刘豫州(即刘备),使君之肺腑,可与

交通。"璋皆然之，遣法正连好先主，寻又令正及孟达送兵数千助先主守御，正遂还。

看来，益州牧刘璋与曹操绝好而转向刘备，张松是起了关键作用的。

张松对刘璋是已经不抱任何希望了，他给刘璋所出的主意，根本不是从刘璋的利益出发。他可以利用刘璋暗弱的弱点，以自己的能说会道，把整个益州像货物一样卖给识家。当他劝说刘璋绝好曹操结好刘备时，就意味着他已经决定把益州交给刘备了。

张松根据什么选择了刘备呢？

我们可以认为，刘备有许多与曹操截然相反的品格。曹操待人严峻，刘备待人宽和；曹操待人暴烈，刘备待人仁爱；曹操待人谲诈，刘备待人忠厚。

我们还可以认为，曹操的赤壁大败，证明了强大的曹操是可以打败的，也证明了刘备集团通过与孙吴的联合而显示了自己的潜力。

但是，仅仅根据上述理由还不能说明张松选择刘备的必然性。

固然，刘备在品格上与曹操有许多不同之处，但只有通过与刘备接触才能体会得到。

固然，赤壁之战的胜利显示了刘备集团的潜在力量。但仅此一点是不够的，只有既显示了力量，又表示出爱才之意，刘备才能赢得张松的好感，而这一点，也只有通过与刘备的接触才能达到。

很明显，张松在劝刘璋与刘备结好之前已经与刘备有了接触。史书上是这样记载张松与刘备的接触的：

备（即刘备）前见张松，后得法正，皆厚以恩意接纳。尽其殷勤之欢。因问蜀中阔狭，兵器府库人马众寡，及诸要害道里远近。松等具言之，又画地图山川处所，由是尽知益州虚实也。

从这段记载中，我们不但知道了张松确实与刘备有所接触，还能估计出他们接触的大概时间。张松是在曹操占领荆州以后去见曹操的，在赤壁之战以后才回到益州。据《三国志·魏书·武帝纪》记载，建安十三年（208）九月，曹操到新野，刘琮投降，刘备败走夏口，曹操进军江陵。同年十二月，曹操到达赤壁，"与备战，不利。于是大疫，吏士多死者，乃引军还"。从九月一直到年底，张松一直在荆州活动。鉴于曹操对他的冷遇，张松不会在曹操处停留很长时间，大部分时间应该是在江夏刘备处度过的。

张松离开了曹操，转向了刘备。

进军益州的机会之神，就这样来到了刘备集团的身边。

机会稍纵即逝，一不留神，就只有扼腕兴叹的份儿。

抓住机会也是一瞬间的事，所谓"踏破铁鞋无觅处，得来全不费工夫"，说的也是掌握机会的某种偶然性。

张松来江夏拜访刘备，纯粹是一个偶然的事情，但这偶然的里面却有着必然。

张松受到刘备集团的热情接待是必然的。

张松来自曹营，处在与曹操大战前夕的刘备集团，自然需要多了解一些曹军的情况，哪怕是张松走马观花看到的零皮碎毛，或是对曹军的感观印象，都是刘备集团所关心的。

刘备爱才重贤，张松是西川才子。

在诸葛亮的"隆中对"战略计划中，益州是夺取荆州后的下一个目标。尽管当时刘备集团还未据有荆州，尽管当时首要的任务是据有荆州，但是诸葛亮以他的战略家的眼光，敏锐地察觉到张松的到来为将来的进一步据有益州带来了机会。当诸葛亮见到张松时，联吴任务已经完成，抗曹序幕已经拉开。对于刘备集团来说，联吴抗曹就是在实践着据有荆州的计划。而在实践第一步计划的同时，又着眼于第二步计划，这既说明了诸葛亮对实现第一步战略计划的信心，又说明了诸葛亮战略眼光的长远。

上述张松受到热情接待的三个必然因素中，前两种在刘备的身上表现得更加明显些，而第三种在诸葛亮身上表现得更自觉些。因为到后来，刘璋邀请刘备入川，有人劝刘备乘机占领巴蜀时，刘备还表现得有些犹豫。这说明刘备热情接待张松，主要是出于爱才之心和了解敌情之意，至于通过张松图谋巴蜀，顶多是一种朦胧意识。诸葛亮则不同，可以说通过张松图谋巴蜀是他的一种自觉意识。诸葛亮从吴国回来不久，刘备就带领关羽、张飞随联军西上抗曹，在江夏以恩意接纳张松，尽其殷勤之欢的是诸葛亮。

第四章 霸业初成

张松回到益州后,立即进行了一系列向刘备集团奉送益州的准备活动。首先,张松大说特说曹操如何不仁,刘备如何仁义,说服刘璋与曹操绝交而结好刘备。其次,张松私下里结成了一个背叛刘璋投归刘备的同盟,同盟者有法正和孟达。法正于建安初入蜀依刘璋,"久之为新都令,后召署军议校尉。既不任用,又为其州邑俱侨客者所谤无行,志意不得。益州别驾张松与正相善,忖璋不足与有为,常窃叹息"。有了这个基础,当张松从刘备处回来决定弃旧从新时,自然会得到法正的赞同。孟达是法正的同乡,与法正一起入蜀,自然也是同盟成员。第三,积极与荆州刘备集团保持联系。张松劝刘璋结好刘备,当刘璋问谁可为使时,张松便推荐法正。法正接到使命,还装模作样,不愿前往,这只不过是蒙蔽刘璋,不使他怀疑自己与张松之间有什么关系罢了。其实,他们已经串通一气了。张松在益州的这一系列活动,说明了他在江夏时,已经与诸葛亮就益州的前途达成了默契,否则他不会如此积极地为刘备集团卖力。

诸葛亮抓住了张松,也就抓住了法正,抓住了孟达,抓住了向益州发展的大好机会。

站在向益州发展的角度,回头再看看诸葛亮在治理荆州期间对某些人事安排的高瞻远瞩。

刘备集团在荆州站稳脚跟后,诸葛亮安排向朗督秭归、夷道、巫县、夷陵四县军民事,就是用向朗持重温和的特点,保证荆、益之间的通道无阻,保证法正等人往来于荆、益之间顺利通畅。

诸葛亮力劝刘备重用庞统更耐人寻味。诸葛亮在隆中时,庞统就与他齐名。刘备据有荆州后,庞统离开孙权集团,为刘备效力。在诸葛亮等人的劝谏下,刘备放弃了因庞统曾仕于孙吴而对他产生的成见,让他与诸葛亮并为军师中郎将。这固然体现了诸葛亮的胸怀,但仅仅用胸怀解释这件事恐怕还不够。胸怀不是天生的品质,更不是孤立的品质,它常常与志向、修养联在一起。进占益州是诸葛亮"隆中对"战略计划中的重要环节,早在赤壁之战前夕,他就捕捉到进入益州的机会。占据荆州后,进占益州就更成为诸葛亮思考的主要问题。在当时情况下,进占益州和巩固荆州是同等重要的大事,不进占益州,则不能实现平定天下、兴复汉室的事业;不巩固荆州,就不能使进占益州的行动有可靠的后方保证。完成这两件大事,必须要有像诸葛亮一样的人才协助刘备才行。当时,除诸葛亮之外,刘备手下还有一些人:糜竺是个老臣,在徐州时就随从刘备,他家财产巨亿,僮客万人,曾给刘备的事业以巨大的物质帮助,但他"雍容敦雅,而干翮非所长",显然不能担当此任。孙乾也是在徐州就追随刘备的老臣,为刘备结好袁绍,出使刘表等事干得十分漂亮,但非统御千军万马之才。简雍从小与刘备有旧好之谊,在涿郡时便追随刘备,但只为刘备谈客,"往来使命"而已。伊籍在荆州时始跟随刘备,他为人机捷,善于词令,出使外交是个人才。总之,"糜竺、孙乾、简雍、伊籍,皆雍容风仪,见礼于世",但运筹帷幄非其所长。

毫无疑问,无论是进占益州,还是巩固荆州,诸葛亮都是最合适的人选。但他只能顾一头,进益州就不能坐荆州,坐荆州就不能进益州。此时,诸葛亮深切地感到人手不够,他恨不得将自己分成两半。正在这个时候,庞统自江东转回荆州,归顺刘备。诸葛亮闻听此讯,高兴得几乎跳了起来。诸葛亮之所以兴奋,不仅仅是由于旧友重逢,更主要的是庞统来的是时候。庞统正是他完成"隆中对"第二步战略所急需的人才。庞统自幼闻名于荆州,司马徽曾称他"当为南州士人之冠冕",庞德公曾称他为"凤雏"。他不但学识渊博,善鉴别人物,而且有"论帝王之秘策,揽倚伏之要最"的本事,正适合协助刘备进占益州。

在诸葛亮的努力下,庞统被刘备从耒阳令提升为州治中从事,不久又与诸葛亮"并为军师中郎将"。庞统的职位变化,透露出一个十分重要的信息。我们知道,军师中郎将不是一般的军师,军师只有参谋决策之权,而军师中郎将既参谋决策,又统御兵权。刘备设两个军师中郎将,意味着要把兵力分成两部分,去执行两个大任务了。

自从庞统担任军师中郎将以来,他和诸葛亮似乎就有了分工:诸葛亮负责巩固荆州,庞统负责协助刘备进占益州。这决非无端猜测,因为我们从史书上看到,在此之后,凡是有关进占益州的决策和实际运作,绝大部分是由庞统来进行,很少有诸葛亮干预的记载。这里面恐怕有这样几个原因:第一,诸葛亮信任庞统。第二,诸葛亮治理荆州的工作十分繁重,既然与庞统分工,就各司其职,恪尽职守。但是,我们决不能认为诸葛亮与进占益州关系不大,因为第一,进占益州的方针策略是诸葛亮提出的;第二,通过张松的投靠做进川的准备是诸葛亮完成的;第三,选派庞统作刘备进川的辅佐是诸葛亮安排的。所以,诸葛亮是刘备

第四章 霸业初成

集团跨有荆益的直接策划者。

经过诸葛亮的精心策划,进军益州的准备工作已经完全就绪:

益州内部,有张松、法正、孟达等人遥相策应;荆、益之间,长江水道畅通无阻。

刘备方面,坐镇荆州,进军益州的工作已有人各负其责。

进入益州已是迟早之间的事。

赤壁之战后,曹操退回北方,三分天下格局初步形成。曹操认为,平定荆州刘备及江东孙权决非一朝一夕可以完成,于是,便改变了方针,把用兵的矛头指向了关中。他要彻底解决关中问题,以一个统一的黄河流域的政权来与南方对峙。

建安十六年(211)三月,曹操下令,让钟繇率军西征汉中张鲁,让夏侯渊出河东(治今山西夏县西北)与钟繇相会。曹操此举是明征张鲁,实讨关中。因为关中诸将并未降服曹操,而钟繇讨张鲁要经由关中,他是不会越过关中不顾,先去讨伐远处的张鲁的。

曹操的出兵,惊扰了关中诸将。马超怀疑钟繇将要袭击自己,便联合了韩遂、杨秋、李堪、成宜等人起兵反叛曹操。

曹操的出兵,也吓坏了益州的刘璋,因为张鲁虽据汉中与他为敌,却没有吞并巴蜀的实力。如果曹操灭掉张鲁据有汉中,巴蜀就危在旦夕了。

曹操出兵的消息,却乐坏了张松。他早就想把刘备请进益州代替刘璋,但苦于没有借口,如今,正好利用这个消息吓唬刘璋一下。

张松见到刘璋,开口便问:"主公听说曹操要讨伐张鲁了吗?"刘璋点点头说:"知道了。"张松进一步说道:"曹操兵强势众,无敌于天下,此次征伐张鲁,必胜无疑。如果曹操拿下汉中,借张鲁之资以取巴蜀,主公想想,谁能挡得住呢?"刘璋答道:"是啊,我也为此事而犯愁呢!""我倒有个主意。"张松有意顿了一下,以引起刘璋的注意,然后说:"刘备刘豫州,现在荆州,与益州唇齿相连,与咱们情好甚密。他和您都姓刘,同是汉室宗亲,而且与曹操有不共戴天之仇。他善用兵,且讲仁义,如果让他为您讨伐张鲁,张鲁必败。如果抢在曹操前面打败张鲁,据有汉中,那么益州就强盛了,即使曹操真地来了,也对咱们一点办法都没有。"

听了张松的一番话,刘璋不由得沉吟起来。的确,单凭自己的力量,根本不是曹操的对手。借刘备之力倒是个好主意,但刘备毕竟是外人,会不会前门拒狼,后门进虎呢?

张松见刘璋有些犹豫,便进一步对他施加压力,说:"单凭益州的力量,不但微弱,还有不可靠之人,主公不可不防。"刘璋不禁有些吃惊,忙说:"先生请把话说明。"张松说:"今州中诸将庞羲、李异等皆恃功骄豪,欲有外意。不得豫州(指刘备),则敌攻其外,民攻其内,必败之道也。"

难怪诸葛亮称刘璋是"暗弱之主"!张松明明是欲有外意之人,而刘璋丝毫未察觉,欲有外意之人反诬他人有外意,刘璋却相信了,此其不明之表现。曹操未得汉中,刘璋已如惊弓之鸟,张松一番恫吓,刘璋就没了主意,此其软弱之表现。

刘璋的暗弱,使得刘备集团得到了打开益州大门的钥匙。

在张松耸人听闻的危言下,刘璋采纳了请刘备入蜀的意见,并派法正为使,孟达为副,各领兵两千人,前去荆州邀请刘备入蜀。法正到达荆州,见到刘备,请他入蜀。不过,法正所发出的邀请,已经将刘璋的意思完全变了个味。他说:"以明将军之英才,乘刘牧之懦弱;张松,州之股肱,以响应于内;然后益州之殷富,凭天府之险阻,以此成业,犹反掌也。"

法正的邀请对于刘备来说,无疑是个飞来喜讯。想当初,在隆中与诸葛亮初次见面,诸葛亮的一番宏论使他兴奋不已。占荆州,进益州,然后以钳形攻势,合击中原,夺取天下,一直是刘备事业乐章的主旋律。如今,占领荆州已成为现实,刘备何尝不想早点据有益州!刘备做梦也没有想到,他进入益州的方式竟这样容易,它的主人竟大开州门,诚意邀请。

世上的事物就是这样奇怪,这样不可思议,有时候,容易得好像探囊取物的事情,却隐藏着天大的难点。乘邀占据益州这件已经变得很容易的事,对刘备来说又面临一个天大的难题:他需要战胜一个强大的对手。

这个对手不是刘璋,而是刘备自己。

如果是让刘备统帅千军万马,去面对刘璋的高墙壁垒;如果是让刘备身披甲胄,去亲冒刘璋的刀锋石矢;如果是让刘备手持兵刃,去与刘璋对阵厮杀,总之,如果让刘备硬碰硬地进攻益州,刘备也不会感到如

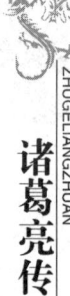

此为难。而现在,刘璋的诚、刘璋的软、刘璋的弱,对于刘备的道德观念来说,都是一条难以逾越的鸿沟,一座难以攻克的堡垒。

刘备讲"信义"。最典型的是建安十三年(208),当他从樊城向江陵撤退时,荆州刘琮左右及荆州人士多随从之,等到至当阳时,已有众十余万,辎重数千辆,日行十余里。当有人劝他抛弃这些人时,刘备说:"夫济大事必以人为本,今人归吾,吾何忍弃去!"体现了"虽颠沛险难而信义愈明"的品质。

刘备讲"宽广"。魏国的征士傅幹评价刘备,说他"宽仁有度,能得人死力"。《三国志》的作者陈寿称赞刘备:"弘毅宽厚,知人待士,盖有高祖之风,英雄之器焉。"晋人张辅也说刘备"威而有恩,勇而有义,宽宏而有大略"。

有人认为,刘备的所谓"信义""宽仁"是虚伪的。更有甚者,有人认为传统的"信""仁""义""宽"等道德观念都是虚伪的。其实,中国传统的这些道德观念,对于个人品德的修养,对于规范人们的社会行为,对于调谐人与人之间的关系,不但在古代具有积极作用,即使在今天,其积极意义也不应该完全抹杀。但是社会道德不是万能的,这里面有两层含义:第一,道德不能解决一切社会问题;第二,道德不能适用一切社会问题。嘲笑道德软弱者,是因为他看到了道德在有些问题上无能为力;痛责道德虚伪者,是因为他看到了在某些问题上并没有遵循道德原则。其实,他们正是犯了道德万能的错误。

刘备虚伪吗?不能这么认为。前边已经提到,刘备任平原相时,"郡民刘平素轻先主,耻为之下,使客刺之。客不忍刺,语之而去"。若没有真诚的宽仁表现,怎会有这样的结果?刘备退往江陵时,后有曹操数万追兵,他宁可被曹兵追上,也不抛弃追随他的州民。这种在生死关头表现出的信义,能说是虚伪的吗?

刘备应该在各类问题上都讲"信""义""宽""仁"吗?当然不能这样要求。因为道德不能适用于一切社会问题,例如军事斗争讲"诈",不能讲"信";政治斗争讲"权",不能讲"义"。当然,道德不能适用于一切社会问题,在原则上好说,但在具体问题上,区分什么适用什么不适用就没那么简单了。

在对待益州的问题上,刘备是应该接受法正等人的建议,乘刘璋邀请之机进占益州呢,还是恪守信义,拒绝法正的建议呢?我们认为答案应该是前者。因为从本质上讲，进占益州是刘备集团的既定方针，刘备迟早要占领益州，至于用政治手段，还是军事手段，抑或两种手段并用，只是个方法问题。就益州集团内部讲，张松、法正等人与刘璋的矛盾更属于政治上的明争暗斗。刘备既然对张松等人厚以恩意接纳，实际上已经参与了其内部的政治斗争。既然如此，还有什么信义可讲呢？我们还要问一个问题：刘璋为什么请刘备入蜀？尽管他态度是诚恳的，言词是热情的，但其最终目的是让刘备为他占领汉中，守住北门，对抗曹操。如果刘备真的恪守信义，傻到如此地步，就休想做益州的主人，顶多是刘璋的炮灰。

刘备虽然不会为刘璋做炮灰，但也没有把刘璋的邀请作为用政治手段解决益州问题的机会。这是因为他和刘璋的政治关系，在很长的时间内被同宗、盟友等温情脉脉的面纱所掩盖，因此，他常用信义的道德标准去衡量是否该趁刘璋邀请的机会去取益州。这就使他在处理取益州的问题上有些优柔寡断。

当法正建议刘备乘刘璋邀请之机夺取益州时，刘备便和手下商量该怎么办。庞统对刘备说："荆州荒残，人物殚尽，东有孙吴，北有曹氏，鼎足之计，难以得志。今益州国富民强，户口百万，四部兵马，所出必具，宝货无求于外，今可权借以定大事。"

刘备对此议仍顾虑重重，他说："今指与吾为水火者，曹操也。操以急，吾以宽；操以暴，吾以仁；操以谲，吾以忠；每与操反，事乃可成耳。今以小故而失信义于天下者，吾所不取也。"

不错，刘备所言自有其道理。多年来，他的为人处世始终有自己的道德准则，他的信义宽仁确也赢得了不少人心。但这与不成王侯便成贼的政治斗争毕竟不同。庞统见刘备想不明白，便进一步说："权变之时，固非一道所能定也。兼弱攻昧，五伯之事。逆取顺守，报之以义，事定之后，封以大国，何负于信？今日不取，终为人利耳。"庞统所说的"兼弱攻昧"，是古代政治斗争的一种普遍现象，岂止春秋时的五霸、七国争雄，秦汉更替亦是如此。弱小就要被强大兼并，昏昧就要受到攻伐，政治斗争谁能受信义的约束！至于逆取顺守，这在古代政治斗争胜利者的例子中就更多。

庞统一番话对刘备既有震动，又有启发。

对待益州，若拘泥于信义，则可能耽误兴复汉室大业。

对待益州,可以取之非义而守之以德。

刘备终于决定了向益州进军。

一个问题解决了,另一个问题又出现了。

刘备集团现在面临两大任务:巩固荆州和进军益州。

诸葛亮与庞统的分工,只解决了执行两大任务的智囊人物问题。

现在,还要解决执行两大任务的力量分配问题。

显然,刘备集团的主要力量不能放在进军益州上。

进军益州所用兵力过重,势必会引起益州刘璋集团的怀疑和警觉,进而使局面更加复杂。

进军益州所用兵力过重,势必会削弱荆州的防卫力量。而荆州北有曹兵压境,东有孙吴觊觎,一旦防卫力量过弱,很可能出问题。从长远观点看,荆州是诸葛亮"隆中对"合击中原的一只手臂,不容有失;从眼前局势看,进军益州尚无必胜的把握,荆州是进军益州部队的根据地,一旦荆州有失,进军益州的部队必然陷入进退失据的危险境地。

经过众人合计,最后,刘备、诸葛亮决定了重兵守荆、轻军进益的方针。

进军益州的军队,由刘备亲自统帅,由庞统任军师中郎将,辅佐刘备。统兵打仗的将领只有黄忠、魏延、卓膺等人,他们都是刘备据有荆州后新归附者。而诸葛亮、关羽、张飞、赵云、刘封、孟达、马良等文臣猛将则留在荆州。这种部署,反映了刘备集团重兵守荆、轻兵进益的方针。

刘备率领的进军益州的部队究竟有多少人?《三国志·先主传》说有数万人,而《华阳国志·公孙述刘二牧志》说有万人。"数万"是一个伸缩性很大的数字概念,两万可称数万,八九万也可称数万。而根据重兵守荆、轻军进益的方针,刘备集团入蜀的兵力不可能是八九万,一两万人倒有可能。

还有一件事可以证明刘备入蜀所带兵力不多。建安十六年(211),也就是刘备率军入蜀这年,孙权也派大将吕岱、督郎将尹异等人,率兵两千人西进,准备把汉中的张鲁诱到汉兴。但张鲁看出了吕岱的意图,切断了吕岱进入汉中的道路。吕岱此行无功,只得率军东还。吕岱军走到半路,曾经遇到刘备的入蜀军队。回到吴国,他向孙权描述刘备的军队"部众离落,死亡且半,事必不克"。吕岱的描述有其夸张之处,或许他看到的"死亡且半"正是刘备入蜀军的全部。从这件事中也可看出刘备入蜀所率军队人数不是很多。

刘备率轻军入蜀,体现了重兵守荆的另一面,而重兵守荆,又使刘备轻军没有后顾之忧,使刘备的轻军具有胜可进、败可退的主动权。总之,重兵守荆、轻军入蜀的方针,是一个正当时情况下,实现跨有荆益的稳妥方针,它充分体现了诸葛亮办事稳重、谨慎、周密的风格。

江水哗哗地向东流着,刘备的船队缓缓地向西行着,虽是逆水行舟,却是有进无退。船队渐渐远去,一点一点地变小,直至消失在茫茫大江中。

诸葛亮一直伫立在江边。此刻,他的心仍在追随着船队,他祝愿船队平安,祝愿船队胜利达到目的。因为这只船队,不仅有他的知遇之主,他的知心好友,也满载着他的抱负、他的理想、他的希望。

猎猎帅旗迎着江风尽情地舒展着腰身,宽大的旗面赫然显现着一个斗大的"刘"字。一艘艘战船逆着江水无畏地劈开冲过来的水流,激起一片片白色的浪花。

刘备率领的入蜀军队,顺利地溯江而上,没有任何人盘察,没有任何船拦截。然而,行进在江中的船队也有不顺的地方。摇动船桨的士兵们,使尽全身力气与流动的江水拼搏着,他们不但要冲破逆流,还要绕过水中的暗礁和险滩。

就刘备入蜀的整个行动来说又何尝不是如此呢?

刘备入蜀,是益州的主人刘璋邀请的,无人敢察,无人敢拦。不但如此,还有张松等人暗地配合,使刘备入蜀的行为更是顺上加顺。但就在这顺流底下,也潜在地翻动着逆流,刘备入蜀的行动,有潜在的阻力。

阻力之一来自刘璋集团。

在益州集团内部,并不是所有的人都像刘璋那样欢迎刘备入蜀,也并不是所有的人都像张松、法正那样配合刘备据蜀。一些刘璋政权的忠臣,为了益州利益对刘备入蜀是持反对态度的。

巴西阆中(治今四川阆中)人黄权,当时在刘璋手下任州主簿。他听说刘璋想把刘备请到益州讨伐张鲁,就劝刘璋说:"左将军刘备以骁勇闻名,固然可以打败张鲁。但把他请进来,如果当部下对待,他心中一定不满意;如果当贵人尊敬,则一国不容二君。主客之势如水火,

客人在益州的处境安如泰山,那么主人就一定会危如累卵了。希望您不要让刘备入蜀,我们只能关闭边境,等待天下太平。"刘璋想借刘备以抵御曹操的决心已下,没有听从黄权的忠告,还把黄权调出去任广汉(治今四川射洪东南)县长。后来,刘备与刘璋兵戎相见,益州郡县纷纷依附刘备,黄权仍闭城坚守,一直坚持到刘璋投降刘备。

广汉人王累,当时正任益州从事。他听说欲迎刘备入蜀的消息,多次劝谏,遭到刘璋拒绝。最后,当刘璋准备出城去涪县(治今四川绵阳)会见刘备时,王累还将自己倒挂在城门前进行劝阻。

巴郡太守严颜,刘备入蜀时正坐镇江州(治今重庆市)。刘备入蜀,自江州沿涪水北上,严颜本打算截击刘备,无奈刘璋有令,让刘备所到之处的郡县,一律供应物资,奉为上宾,不地无礼。严颜眼睁睁地看着刘备过境而去,急得拍着胸脯长叹:"此所谓独坐穷山,放虎自卫者也。。"

梓潼(治今四川梓潼)县令王连,字文仪,本是南阳人,后来入蜀,是刘璋所信赖的东州人。当刘备入蜀后攻打刘璋时,王连坚闭梓潼县门,拒不投降,一直坚持到刘璋投降。

广汉郪县(治今四川中江东南)人李邈,字汉南,在刘璋时任牛鞞长。刘备入蜀时,史籍上未载他在当时的行为及态度,但刘备占领益州后,他与刘备的一段对话很能说明问题。那是刘备取代刘璋后的第一个元旦,身为刘备益州从事的李邈借敬酒之机见到了刘备。他指责刘备说:"振威将军刘璋把您当作宗室肺腑,将讨伐张鲁妖贼的重任交给您。然而他没见到张鲁灭亡,自己却先灭亡了。我认为,您这样占据益州是很不应该的。"刘备反问说:"你知道不应该,为什么不敢帮助刘璋呢?"李邈回答说:"我不是不敢,只是力不足耳。"

上述黄权、王累、严颜、王连、李邈等人,是益州刘璋集团内反对邀请刘备入蜀的代表人物。他们有的冒死相谏,有的以理相劝,有的扼腕叹息,有的守城保土,虽然表现程度不同,却反映了益州一部分人抵制刘备入蜀的心态。这对刘备入蜀取代刘璋是一种或明或暗的阻力。

阻力之二来自刘备自己。

我们曾经说过,刘备是一个讲"信义""宽仁"的人,而且有时在不该讲"信义"和"宽仁"的事情上拘泥于所信奉的道德观念。在是否乘入蜀之机拿下益州的问题上,庞统曾给他讲过取暗攻昧、逆取顺守的道理。刘备听从了庞统的建议，答应进取益州。但一个已经形成的观念，是不可能经一次谈话、一个建议就能改变的。刘备所率军队从荆州出发，入三峡、出夔门、经白帝、过江州，然后从江州乘涪水北上至涪县，所到之处，物资供应不断，奉迎之情不绝，大有"入境如归"的感觉。在这种情况下，刘备又表现得心慈手软起来。

刘备一行到达涪县，离刘璋所在的成都只有三百六十里之遥。刘璋听说刘备到达涪县，亲自前往涪县为他接风洗尘。这时候，在成都的张松托人秘密给法正带来口信，让法正动员刘备乘与刘璋会面之机干掉他。不料，刘备听到法正的建议后，摇了摇头，说："此大事也，不可仓卒。"依旧与刘璋情好日欢。法正见刘备不听，便与庞统合计，让庞统再向刘备进言。庞统找到刘备，对他说："刘璋前来与您相会，已经好几天了。我看他与您情好日浓，毫无戒备，可趁此时，将他擒拿。这样，您就可以无用兵之劳而坐定一州了。"不想，刘备也拒绝说："初入他国，恩信未著，此不可也。"

刘备该不该乘涪县之会抓住刘璋？

如果刘备入蜀的目的是专为支援刘璋，替他讨伐汉中张鲁的，那趁与之相会对方不备，将他暗算，进而夺取人家地盘，显然是非仁非义的不道德行为。然而事实并非如此。刘备入蜀的目的非常明确，就是庞统在荆州对他所说的取暗攻昧、逆取顺守，取代刘璋，占据益州。

如果从取代刘璋、占据益州出发，张松、法正、庞统等人的建议无疑是可行的。因为第一，刘备集团采取的方针是轻军入蜀，军事力量与刘璋相比要弱得多，硬打取胜的把握不大，巧取才是可行的上策。俗话说，射人先射马，擒贼先擒王，趁与刘璋相会之机将其擒住，正是可行性较强的"巧取"。第二，当时的形势是张松等在内部作策应，擒住刘璋，成都方面有张松处理，不会出大乱子。第三，刘璋毫无戒备，突袭可能成功。

然而刘备并没有这样做。他的理由是："此大事也，不可仓卒。""初入他国，恩信未著。"事实果真如此吗？我们来看看史实：

先主至江州，北由垫江水诣涪，去成都三百六十里，是岁建安十六年也。璋率步骑三万余人，车乘帐幔，精光曜日，往就与会。先主所将将士，更相之适，欢饮百余日。璋资给先主，使讨张鲁，然后分别。

第四章 霸业初成

刘备于建安十六年（211）四五月入蜀，与刘璋在涪县相处百余日，足足有三个多月的时间。三个多月，对于有心搞突然袭击的人来说，并不能说是仓促。然而刘备却没采取任何行动，而是与他欢饮百余日，然后让他从容返回成都。这只能说明时间仓促不过是借口而已，刘备无意袭取刘璋。

刘备为取代刘璋而入蜀，但囿于恩信又不肯趁其不备而袭击他。刘备又一次陷于政治目的与道德观念的矛盾之中。

轻松占据益州的机会在这种矛盾中消逝了。

涪县相会之后，刘璋推刘备领大司马、司隶校尉；刘备则推刘璋领镇西大将军，任领益州牧。其实，二人互相推举，只是互赠一种名号，没有任何实际意义。而刘璋赠给刘备的"米二十万斛，骑千匹，车千乘，缯絮锦帛"，确实使刘备得到了实惠。

按照涪县相会的约定，刘璋回到成都，刘备则北上讨伐张鲁。刘备北上，表面上看，力量强大了许多，"督白水军，并三万军，车甲精实"，其实，刘璋在里面耍了个小伎俩。

白水军即驻扎在白水关的刘璋的部队。白水关在梓潼郡白水县（治今四川青川白水镇之北）境内。据同治《昭化县志》记载，白水镇北的西隍坝，"城垣故迹犹存，扼阴平、阳平之要而地势亦平旷，白水、西谷两环之"。如果说白水县是益州北部的重地，那么白水关则是重中之重。刘琳同志考证：

《蜀志·先主传》与本志皆谓杨怀、高沛守白水关，而《蜀志·庞统传》则称杨怀、高沛"各仗强兵，据守关头"，本卷前文亦云"遣杨怀、高沛守关头"，可证关头即白水关。前代学者将关头与关城混为一谈，大误。关城指阳安关，即今阳平关。《后汉书·李固传》注引南齐刘澄之《梁州记》，谓白水关在城西南一百八十里。按其方向道里。亦当在今白水镇一带（今阳平关至白水一百六七十里）。古代白水关为陕、甘入蜀之孔道。自汉中来系取道关城而至关头，即由今勉县趋阳平关，西南至白水关（此为古石牛道之一段，今仍为大路）。自武都来系由今甘肃成县，东南经略阳（属沮县）沿嘉陵江至阳平关，入白水关。自阴平来，则由今甘肃文县循白水江、白龙江，至白水关。白水关而南，沿白龙江河谷至葭萌（今此路上仍有古栈道遗迹）。自葭萌而西经小剑而入剑门。三道均由白水,故法正云"鱼复、关头,益州祸福之门"。

白水关扼控汉中,武都(治今甘肃成县西北)、阴平(治今甘肃文县西北)三地进入益州之路,对刘璋来说十分重要。因此,他派了杨怀、高沛两个亲信将领镇守此地。这两个人名义上归刘备督统,而实际上是监视刘备的行动,督促刘备北伐张鲁。

刘备既然不愿意乘涪县之会袭击刘璋,就没有理由拒绝刘璋对他提出的北上讨伐张鲁的要求。刘备在对待刘璋的问题上虽然有些迂腐,在军事斗争中却很精明。他深知,如果出白水关进入汉中讨伐张鲁,那就会弄假成真,被杨怀、高沛关在白水关外,不想打张鲁也得打了,事情真地到了这个地步,那么入蜀的意义和目的就全变了。所以,刘备北上,走到白水南面约七八十里的葭萌(治今四川广元西南)便停了下来。

刘备屯驻葭萌,一待就是一年,这一年当中,刘备利用一切机会"厚树恩德,以收人心",企图像当初在荆州刘表那里一样,利用屯驻的机会慢慢壮大自己的力量。然而,益州不是荆州,刘璋也不同于刘表。刘备在荆州,是被刘表接纳而客居;现在在益州,是接受刘璋邀请去北伐。客居荆州,在那里住上三年五载也不为长;而应邀北伐,经过一年的时间却迟迟未动,自然要引起人家的怀疑。

果然,屯驻白水关的杨怀、高沛二人,见刘备迟迟不动,感到他此次入蜀居心叵测,怀疑他是否真的前来讨伐张鲁。他们几次向刘璋秘密报告刘备的行动,劝刘璋不要再指望刘备,赶紧让他退回荆州。

此种情况下,刘备在葭萌不宜久留。

他在葭萌多驻留一天,就会使刘璋集团对他增加一分怀疑。

他在葭萌多驻留一天,就会使他的战略意图多一分暴露。

他在葭萌多驻留一天,就会多一分危险。

庞统充分认识到局势的严峻,他找到刘备,对他说:"主公,我们不能在此久留,如果再沉吟不去,必将招致大困。"

刘备也认识到了久留葭萌的危险,他问庞统:"军师有何良策?"

庞统说:"我有上中下三策供将军选择:阴选精兵,昼夜兼道,径袭成都。璋既不武,又素无预备,大军卒至,一举便定,此上策也。"

"那么，中策呢？"刘备问。

"杨怀、高沛，璋之名将，各仗强兵，据守关头，闻数有笺谏璋，使发遣将军还荆州。将军未至，遣与相闻，说荆州有急，欲还救之，并使装束，外作归形。此二子既服将军英名，又喜将军之去，计必乘轻骑来见。将军因此执之，进攻其兵，乃向成都，此中策也。"

刘备又说："先生的下策也不妨讲讲。"

庞统一笑，说："退还白帝，连引荆州，徐还图之，此下策也。"

庞统将这三策分成上中下，是有其道理的，暗发精兵，偷袭成都，出其不意，攻其不备，就能以最短的时间、较小的代价占据益州。这在当时来说确为上策。先灭杨怀、高沛，取白水关，然后合势进军成都，其好处是可免去后顾之忧，可加强军势。然而这样一来，就等于公开与刘璋宣战，使其有了准备，完全丧失了偷袭的可能。当然，这样做不是不能占据益州，但比起第一种办法，无疑要花更长的时间，付出更大的代价。所以庞统称其为中策。如果退回白帝，固然能与荆州联络，有了绝对安全保障，但这也意味着将近两年的努力几乎等于白费，占据益州将是一种遥遥无期的等待。所以庞统把它列为下策。

对于庞统的上中下三策，刘备自有他的考虑。下策当然不在他的选择之列，在上策与中策之间，他选择了后者。

刘备为什么要作这种选择？

《通鉴辑览》说："刘璋无能耳。时若听庞统上计，成都可立得。然备（指刘备）虽称英雄，亦实内怯，宜其听中计耳。"上计可使刘备立得成都，此论不错，但说刘备不取是由于内怯，则需要重新加以考察。受这种议论的影响，后人在分析刘备为什么要取中策时也说是由于上策太冒险，下策又缓不济急。

上策冒险吗？对于一支与对手力量非常悬殊的部队来说，出其不意、攻其不备进行袭击，与公开与对手宣战，硬碰硬地拼杀，哪种方式风险更大一些呢？显然不能认为是前者。

刘备采取中策，与其说是害怕冒险，毋宁说是其"信义"道德观念在作祟。在与刘璋正式宣战以前，刘备始终没有彻底摆脱"信义"观念的束缚。张松邀其入蜀取代刘璋，他犹犹豫豫；庞统劝他乘涪县相会抓住刘璋，他不忍心；庞统劝他偷袭成都，他不采纳。之所以如此，因为在刘备看来，这些手段都是不符合信义的。他采纳庞统的中策，就是要向刘璋公开宣战！

建安十七年（212）冬十月，曹操出兵攻打孙权。这件事的发生，为刘备实施庞统的中策提供了绝好的机会。他立刻派人告诉刘璋说："曹操进犯孙吴，吴地危急，吴主孙权请求我援助他。孙吴与我是盟友，我们唇齿相依，不能坐视不管。此外，曹操又派大将乐进在青泥袭击关羽，如果我不去救关羽，乐进势必得胜。如果他乘胜掉头攻打益州边界，其威胁甚于张鲁百倍。张鲁不过是个自守之贼，不值得忧虑。请将军支援我一万军队和相应的军用物资，我立即返回荆州。

刘备这一番表示，其实就是庞统中策所说"遣与相闻，说荆州有急，欲还救之"，意在做出一个欲还荆州的姿态，麻痹白水关的杨怀、高沛。这个姿态立即引起了一系列反应。

刘璋闻讯后，立即产生了一种被愚弄的感觉。一年多以来，他为刘备军队提供了许多军需物资，满心指望他能替自己讨伐张鲁。不料他吃饱喝足了，还未与张鲁交锋，就要撤回荆州！但他没有充足的理由阻拦刘备回救荆州，愤怒之余，只对刘备的求援作了一个相对冷淡的表示：一万军队不能给，只给四千，军需物资也减半。刘备立即抓住这个机会，把全军将士召集起来，对他们慷慨激昂地说："我们进入益州为刘璋征讨强敌，部众勤苦劳瘁，没有一日安居宁处。如今，刘璋府库盈满而舍不得对我们的劳苦进行奖赏，还指望我们为他出死力作战，这可能吗？"刘备的这一番言论，实际上是一个正式与刘璋交战的战前动员。

张松等人闻讯后，立即产生了一种错觉：他们以为刘备真的要返回荆州。张松立即给刘备、法正等写信，劝他们留在益州。信中说："今大事垂可立，如何释此去乎！"张松的哥哥广汉太守张肃与张松本为一伙，对张松的行为了如指掌。他本指望依靠刘备推翻刘璋，现在刘备一撤，有大势已去的感觉。为了洗清自己，他向刘璋检举了自己的弟弟，揭发了他的全部活动计划。刘璋勃然大怒，立即将张松逮捕斩杀，并给诸关戍守将领下令，不许刘备军通过。刘备与刘璋之间的脉脉温情终于撕破，双方成了势不两立的敌人。

杨怀、高沛闻刘备欲回荆州之讯，立即放松了警惕。他们以为刘备真要回荆州，闻刘备之召后便乘轻骑来见，其结果自然是做了刘备的刀下鬼。

刘备斩杀了杨怀、高沛，控制了白水关内的地区，接管了白水军。

　　接着又命令白水军随自己攻打成都，为了防止他们中途叛变，刘备把他们的妻室儿女扣为人质。刘备率军南下，在梓潼县遇到县令王连的抵抗。为了不在此过多纠缠，刘备下令绕过县城，继续向西南成都方向前进。刘璋派刘璝、冷苞、张任、邓贤等将领在涪县截击刘备，经过一番苦战，刘璝等人皆被打败，退守绵竹（治今四川绵竹东南）。

　　刘备攻下涪县，心中非常高兴，在此大会众将，置酒作乐。在宴席中，刘备对庞统说："今日之会，可谓乐矣。"刘备拘泥于仁义恩信，几次丧失了速取益州的机会，对此，庞统早就看在眼里。他认为，若不让刘备早些从仁义恩信等观念束缚中解脱出来，对以后的攻取益州还会造成不利影响。如今这个宴会，正是帮助刘备改变观念的机会。于是，他便接过刘备的话说："伐人之国而以为欢，非仁者之兵也。"刘备喝得醉醺醺的，闻庞统之言大怒，反驳说："武王伐纣，前歌后舞。非仁者邪？卿言不当，宜速起出！"

　　庞统见刘备发怒，只得退出宴席。

　　刘备不一会儿便觉得自己过分，又把庞统请了回来。庞统回到自己的座位，也不对自己刚才的言论向刘备谢罪，仍旧饮食自若。刘备见状，问庞统："向者之论，阿谁为失？"庞统回答："君臣俱失。"君臣俱失，是说刘备和庞统都有过失。

　　庞统的过失是用仁义的标准衡量"伐人之国而以为欢"的行为。其实，话虽是庞统说的，意思却是刘备的，因为刘备在与刘璋争夺益州的斗争中，常常被仁义恩信所困扰。庞统否定了自己，也就否定了刘备，否定了仁义作为政治斗争和军事斗争的标准。

　　刘备的过失是既要袭夺益州的实惠，又要仁义恩信之名。听了庞统的话，刘备大笑，君臣"宴乐如初"。刘备的笑，是对庞统苦心的意会，是对庞统批评的接受，是从仁义恩信观念束缚中的解脱。宴乐如初，说明刘备对自己取蜀行为符合仁义恩信与否已经不在乎了。

　　涪县取胜后，刘备率军直逼绵竹。为了加强绵竹的防御力量，刘璋又派李严督绵竹诸军。李严不满刘璋的暗弱，率所督之众投降了刘备，绵竹亦为刘备所有。

　　取得绵竹，下一个目标就是雒城（治今四川广汉北）。雒城是成都东北的门户，汉献帝初平年间，刘焉曾一度把州治从绵竹移至雒城，在此修筑城墙城门。后来，听说此地非王者所居，便迁至成都，留下孙子刘循据守。刘备在雒县，遇到了真正的对手。从建安十八年（213）到建安十九年（214），刘备围攻雒城将近一年，就是拿不下来。更为严重的是，在一次攻打雒城的战斗中，庞统被流矢射中，重创身亡。

庞统的中箭身亡，无疑给刘备带来巨大损失。实践证明，刘备不听庞统的劝告，造成了入蜀行动的几次失误。经过庞统的努力，刘备摆脱了仁义恩信等观念的束缚。正当他需要庞统大展才智为自己挽回失误时，庞统却不幸身亡了。

刘备陷入了困境，还不仅仅是由于庞统的阵亡，更主要的是他所采取的中策的不利因素越来越突出。我们知道，刘备采取的中策，等于先向刘璋宣战，使益州方面有了较充分的准备。刘备的入蜀轻军，最适于对毫无准备的刘璋发动突然袭击。换句话说，刘璋的准备越充分，攻占益州的难度就越大，而攻占益州所用时间长短，则是难度大小的重要体现。刘备与刘璋的战斗，是经不起持久战的消耗的，这种情况早在攻打涪县前就有所表现。当梓潼县令王连闭城不降时，史书上说"先主义之，不强逼也"。事实上是刘备恐怕在此耽误太多时间。当刘备率军南下时，刘璋的州从事郑度曾给他出主意说："刘备孤军深入攻打我们，其兵力不足万人，也没得到士兵的真心拥护，只靠田野谷物为生，完全没有军粮储备。如今之计，我们不如把巴西、梓潼两郡的百姓全部迁徙到涪水以西的地方，把那里粮仓和野外的粮食全部烧掉，修筑深沟高墙，等待他们到来。如果他们前来挑战，我们不必应战，不出一百天，他们就会因支持不住而撤退。到那时我们再出兵袭击，必定能擒杀刘备。"刘备听说郑度为刘璋出这个主意后，心中很害怕，忙问法正该怎么办。法正深知刘璋的为人，回答说："终不能用，无可忧也。"刘璋真的没有听从郑度的意见，但从刘备的反应中，我们足以看出他的入蜀之军是经不起持久战的消耗的。

雒城久攻不下，郑度的计策虽未被刘璋采纳，但他所描绘的可能性在雒城之役变成了现实。

刘备真地陷入了进退失据的泥潭。

经过将近百日的消耗，刘备前期顺利进军所获的物资已所剩无几，对雒城多围攻一天，就意味多耗掉一分实力，多一分被刘璋吃掉的危险。他又不能撤退，只要一撤，立即就会被刘璋军队追歼。

唯一的办法，就是改变重兵守荆、轻军入蜀的方针，从荆州调重兵

援助攻打益州。紧急援助的命令越过巴山蜀水，飞到荆州诸葛亮手中。

面对重大的战略方针调整，诸葛亮该作何安排呢？

在诸葛亮"隆中对"战略计划中，占有益州是至关紧要的一步。

从战略系统角度看，占领荆州是进占益州的必要准备。只有先占有荆州，进占益州才有一个可靠的起点和根据地。所以，诸葛亮在占领和经营荆州方面花费了很大的精力。然而，若不及时占有益州，荆州便会失去其战略意义。因为第一，荆州是个战略必争地，曹操、孙权、刘备都要占领荆州。曹、孙两家都有自己的战略大本营，而对刘备来说，若不占领益州，荆州只是一块孤棋。第二，正因为荆州是个战略必争地，所以它不适于作刘备集团的政治中心，政治中心应放在益州。第三，"隆中对"所设想的是对中原实行两路夹击，若不占领益州，单凭荆州一路，进取中原成功的可能性微乎其微。

占据益州并把重心向益州转移，是刘备集团迟早要进行的工作，而益州形势的急剧变化，又使这项工作不得不以急促的方式提前进行。如果刘备没有与刘璋兵戎相见，诸葛亮不会马上率大军入蜀；如果刘备听从了庞统、法正等人的建议，偷袭刘璋成功，重心向益州转移的工作可以从从容容地进行。然而，刘备入蜀军队已经和刘璋军队枪对枪、刀对刀地干起来了，而且雒城久攻不下。此时摆在刘备集团前面只有前进一条路，如果撤兵，且不说可能被刘璋的追兵吃掉，即使侥幸撤出益州，刘璋必定会将进入益州的大门紧闭，严加防备。再想入蜀，真是难于上青天了。

此时，只有改变重兵守荆的方针，以重兵入蜀救援了。

派谁去援助刘备，谁留下镇守荆州，这是诸葛亮必须要处理好的重要问题。

清人王夫之曾说："为先主计，莫如留武侯率云与飞守江陵，而北攻襄、邓；攻蜀之事，先主以自任有余，而不必武侯也。"在他看来，诸葛亮应当与张飞、赵云等留守荆州，而让关羽率援军入蜀。刘备有雄才，关羽骁勇过人，再加上法正足智多谋，照样可以取得益州。诸葛亮实在不应该率军入蜀。

如果庞统不死，王夫之的分析自有其合理之处，而且诸葛亮很可能坐镇荆州。因为诸葛亮虽然同意把政治中心移向益州，但他也同时兼顾荆州，因为荆州军队毕竟是合击中原的另一只手臂。但庞统死后，情况就不一样了。庞统不但能协助刘备占领益州，而且能协助刘备治理益州。庞统去世，以刘备之雄、关羽之勇、法正之智固然可以拿下益州，但能否治理好益州则另当别论。关羽武勇绝伦，但治国非其所长；法正虽有谋略，但心地过于狭窄，"一餐之德，睚眦之怨，无不报复"，以此治国显然也不适宜。因此援军入蜀之任只能由诸葛亮担当。

镇守荆州的任务交给谁呢？

根据"隆中对"的战略，荆州一路的主要任务是北征襄、邓，也就是说，主要敌人是北边的曹操。诸葛亮治理荆州期间，一个重要的工作就是巩固与孙吴的联盟，由于诸葛亮的努力，这项工作也是卓有成效的。这样，荆州北拒曹操的任务就更加突出。张飞是一员猛将，其"雄壮威猛，亚于关羽"，而且又"敬爱君子而不恤小人"，"刑杀既过差，又日鞭挞健儿"，就连刘备也担心他早晚会出问题。把荆州交给他，诸葛亮显然不放心。赵云倒是有勇有谋，他办事精细、谨慎，但诸葛亮在与他的接触中，从他言谈话语中感到他对两路夹击中原的钳形攻势似乎有自己的看法。诸葛亮并不是那种不许不同意见存在的专横之人，相反，他对赵云的有自己主见是非常赏识的。但诸葛亮坚决主张，让人去做自己理解的事，更有利于发挥他们的积极性和主动性。想当初，他和庞统的分工就有这方面的因素。让我们再回忆一下建安十五年（210）庞统对刘备说的那段话：

荆州荒残，人物殚尽，东有孙吴，北有曹氏，鼎足之计，难以得志。今益州国富民强，户口百万，四部兵马，所出必具，宝货无求于外，今可权借以定大事。

庞统这段话，反映了他在对荆州看法上与诸葛亮是有分歧的。庞统认为荆州是曹、孙、刘三家矛盾的焦点，是危险之地，因而每次规划总方针时从不提及荆州，甚至连荆州在经济上的地位也加以否定。所以，庞统与诸葛亮一个协助刘备入蜀，一个坐镇荆州，这种分工与上述分歧不能说没有关系。而赵云在对荆州的看法上是倾向于庞统的。很显然，让赵云随自己入蜀，比让他镇守荆州更为有利。

关羽是镇守荆州最合适的人选。

关羽是与曹操打交道最多的人，他的武勇，他的忠义，在曹操军中

第四章 霸业初成

有很大影响。早在建安五年（200），刘备被曹操打败，关羽被曹操生擒。曹操任命他为偏将军，礼之甚厚。那时候，曹操正与袁绍对峙于官渡。袁绍派遣大将颜良进攻白马（治今河南浚县东南），曹操派张辽和关羽为先锋进击颜良。关羽望见颜良麾盖，"策马刺良于万众之中，斩其首还，绍诸将莫能当者。遂解白马围"。曹军将士亲眼目睹了关羽的武勇与威风。后来，关羽知道了刘备在袁绍军中，准备离开曹操返回刘备身边。曹操察觉后，对他重加赏赐，企图留住他。而关羽把所有赐品尽数封存留下，又写了一封告辞的书信，然后去投奔在袁绍军中的刘备。曹操的手下还想追击，曹操说："彼各为其主，勿追也。"关羽的重于情义，给曹操留下了深刻的印象。

经过反复考虑，诸葛亮迅速做出了如下决定：

张飞、赵云、刘封等随自己率军入蜀；

关羽留下镇守荆州；

马良、糜芳、士仁、廖化协助关羽镇守荆州。

献帝建安十九年（214）夏，一切安排好以后，诸葛亮一声令下，入蜀援军溯江而上，浩浩荡荡踏上征程。

张飞率领的前锋部队，一路势如破竹，下白帝、占巴东，一直打到巴郡郡治江州（治今重庆市）。当时，守卫江州的是巴郡太守严颜，此人对刘备入川早有看法，认为请刘备入川是独坐穷山，放虎自卫。当刘备向刘璋宣战后，严颜调重兵严守江州，准备截断刘备军的归路。当张飞打到江州城下时，双方自然免不了一场恶战。

张飞号为万人敌的勇将，严颜当然不是他的对手，战败被擒。张飞喝令兵士把严颜带到面前，只见他被五花大绑捆了个结结实实。张飞对他怒喝道："我大军兵临城下，你竟敢不降，而且抵抗！"严颜正色回答："是你们无礼。我主将你们请入益州，希望你们帮他，而你们却乘机侵夺我州。如今，我虽被你擒住，但我要告诉你，我们州内只有断头将军，没有投降将军。你们会处处遇到抵抗的。"张飞听了，不由暴跳如雷，他几乎失去了理智，狂喊道："快，把他给我推出去砍了。"严颜见张飞被气成这样，不禁哈哈大笑。他一点也不害怕，平静的语调中包含着对张飞失态的斥责："砍头就砍头，发那么大火干什么！"

这平静的斥责不但没有进一步激怒张飞，反而却使他从暴怒中解脱出来。他望着这个视死如归的手下败将，忽然感到自己并没有把他彻底征服。只有让他投降,才是对他彻底的征服。严颜的轻蔑与嘲笑,激起了张飞对他的征服欲;严颜的不畏死亡,使张飞明白了征服他的价值。他走上前去,一边为他松绑,一边承认自己的粗鲁无知,同时也表示对他的敬意。严颜也被张飞的诚意感动,终于归顺了张飞。

当诸葛亮率大军到达江州时,江州的问题已经解决了。当时,益州的战斗已经呈现复杂的形势。在葭萌城,自从刘备南下进攻刘璋以后,只留下中郎将霍峻驻守此地,当时他手下只有几百人。刘璋派出大将扶禁、向存等率一万多人由阆水(今四川境内的嘉陵江)北上,进攻霍峻。霍峻依城固守,到诸葛亮入川时,双方依然在葭萌对峙。在雒城战场,刘备依然和刘循未分胜负。

下一步棋应该怎么走?面对葭萌、雒城两个战场,应该支援哪个?

诸葛亮冷静地分析了形势。守葭萌的霍峻,以数百人与扶禁万余人对抗,非常需要援助;而雒城战役已经进行了一年,且攻破雒城,成都就会暴露在刘备军的攻击之下,因此援助雒城也很重要。但如果分别援助两处,势必造成兵力分散,延缓占领益州的进程。扬汤止沸不如釜底抽薪,分兵救援不如直攻成都。诸葛亮当机立断,决定开辟成都战场。他把兵力分成三路:

北路由张飞率领,从垫江(治今四川合川)北上,直取巴西郡治阆中(治今四川阆中)然后从北面进攻成都。

南路由赵云率领,从长江西进,攻取江阳(治今四川泸州),然后北上,直取犍为郡治武阳(治今四州彭山),从南面进攻成都。

中路由诸葛亮亲自率领,沿涪江取德阳(治今四川遂宁东南),然后直取成都。

诸葛亮这个举动,起到了长己士气,灭敌斗志,加速夺取益州进程的作用。比如张飞军直扑阆中,做出了一个欲援助葭萌的姿态,这无疑会使霍峻守军士气高涨,使围困葭萌的刘璋部队闻风丧气。史书上记载,刘璋将扶禁、向存"攻围峻(即霍峻),且一年不能下。峻城中兵才数百人,伺其怠隙,选精锐出击,大破之,即斩存(即向存)首"。扶禁军一万多人围攻葭萌,为什么会出现"怠隙"?为什么会在霍峻从数百人中选出的"精锐"面前不堪一击?个中原因似乎只有与张飞进兵阆中联系起来才能令人信服。再比如诸葛亮进兵德阳,刘璋让成都人张裔率军在德阳陌下(今四川遂宁东南)抵御诸葛亮军。张裔被诸葛

亮打得大败,逃回成都。张裔的大败而归,自然也会使刘璋军士气大挫。

乘诸葛亮援军入蜀的大好形势,围攻雒城的刘备军也加强了攻势。在军事进攻的同时,还展开了政治攻势。由法正出面,给刘璋写了一封长信:

我法正不才,未能使您与刘将军之盟好圆满结成,又怕您左右之人不明真相,将罪名全都归咎于我,使我蒙耻而死,并辱及您,所以至今在外,不敢回来复命。我虽身在外,然心中时刻都在眷念成都。思量过去我多次向您表露的内心想法,的确没有任何隐瞒和保留,只是由于我的愚暗策薄,精诚不足感动于您,所以才到了现在的地步。如今益州局势危险,灾祸在即,我虽被放逐在外,说话也使您不爱听,但还要讲出来,以献出余下的忠诚。

您的本心我完全了解,确实不想和刘将军把关系搞坏,然而为何事与愿违?恐怕其原因就在于您的左右不懂得如何对待英雄人物。他们认为信用可以不守,诺言可以违背,只要用馈赠物品的手段去拉拢他,久而久之,他就会顺从附和。这些人全然不为益州前途长远考虑,所以才有现在的局面。变故发生后,他们又不认真衡量势力强弱,认为刘将军孤军深入,军粮储备匮乏,想以优势兵力与之长期抗衡。可是自从刘将军白水关起兵至此,沿途城池均被摧破,您的离宫别屯也日自零落。雒城虽有万兵,然皆是坏阵之卒,破军之将,如果要与刘将军一争高下,实力相差甚远。如果要与刘将军持久相耗,那么,刘将军一方营垒已经坚固,谷米已有大量储存,而您却土地日少,百姓日困,敌对日多,军需日耗。我看,您的军粮倒会先枯竭,不能长久维持。刘将军就是对您围而不攻,您都不堪忍受,更何况如今张飞又率数万人马,已经从荆州赶来平定了巴东郡,正在进入犍为郡界,分兵攻占资中、德阳,三路并进,您怎么抵御得了呢?那些为您出主意的人,一定以为刘将军的援军自荆州远来,军资缺乏,馈运不及,兵少无继,然而目前荆州道路已通,兵力增加数十倍,此外,还有孙权派其弟弟以及李异、甘宁等将为其后援。如果从土地多少来考虑主客的优劣,刘将军一方已经完全占有巴东郡,并占领了广汉、犍为二郡的大半,巴西一郡,眼看着也将不属于您。您所依仗的蜀郡,已遭到严重破坏,全郡三分之二的地盘已经丢失,吏民疲困,思为乱者十户就有八户。如果敌人尚远,百姓不愿服役远征;而敌人临近,他们又会弃主而降。广汉郡各县就是明显的例子。再者,鱼复和关头两地是关系到益州祸福命运的大门,今二门悉开,坚城皆下,诸军并破,兵将俱失。而刘将军却几路并进,已入心腹,您坐守成都、雒城,存亡之势已昭然可见。

上述形势只是从外面大体观之而见到的,至于内中详情,则难以用言词表达。像我法正这样愚昧之人,都知道您的抵抗徒劳无功,何况您左右那些明智用谋之士,还会看不到这个结局吗?只不过他们旦夕偷幸,求容取媚,不虑远图,莫肯尽心献良策罢了。不独如此,一旦形势危急,他们还会各求生路,保全家门,背叛于您。他们决不会为您舍生赴死,倒霉的还是您自己。

我虽遭到不忠之谤,但自忖没有辜负您的恩德,思念过去的情义,常暗自伤心。刘将军南下成都完全是本分之举,他对您仍怀依依旧情,实在没有薄待您的意思。我以为您应停止抵抗,出城投降,以保全家族的安全。

法正的信,有情有理,有蒙骗也有威胁。对刘璋来说,法正之情乃虚情,法正之理乃歪理,丝毫不能打动他。但法正信中所讲的双方强弱形势,及其虚张声势,声称孙吴出兵援助刘备,对于刘璋却是个极重的心理压力。刘备军全据巴东,部分占领巴西、广汉、犍为诸郡全是事实,这种攻心战术对于摧毁刘璋的信心是起了一定作用的。

建安十九年(214)夏末,刘备、诸葛亮、张飞、赵云率领的各路大军分别从北、东、南三面会合于成都城下,准备发动夺取益州的最后一战。

当时,成都城中尚有精兵三万,军粮物资尚可支持一年。刘备、诸葛亮率军把成都围住,商议着夺取成都的方案。他们觉得,成都兵精粮足,硬攻将是一场付出极大代价的恶战。如果不硬攻,又有什么好办法呢?正在这时,传来了马超意欲归降的消息。刘备闻讯大喜,说:"这下我可以取得益州了。"

为什么马超一来,刘备便认为益州可得呢?

马超字孟起,是马腾的儿子。马腾自幼生长在陇西(治今甘肃临洮)羌人当中,他的母亲就是个羌族妇女。东汉末大乱,马腾与韩遂等

人起事于凉州。后来，马腾被征为卫尉入朝，其子马超统领其众。曹操征关中，用离间计使马超与韩遂不和，然后将他们各个击破。马超到汉中投奔张鲁。张鲁对马超不信任，因此，马超在张鲁手下常感郁郁不得志。正在这时，建宁俞元（治今云南澄江）人李恢受刘备派遣到汉中与马超交好，马超正想离开张鲁，便欣然从命。

刘备听说马超欲降，急派人告诉马超不要着急。他暗暗派出许多人马与马超兵众合势，然后让马超率领被增益的大队人马浩浩荡荡开到成都城北屯驻下来。刘备这样做，给刘璋造成两个错觉：第一，刘备又增加了精兵强将。马超武勇当世闻名，连曹操的人都知道他有"信（即韩信）、布（即英布）之勇，甚得羌胡之心"，如今他又带着大队人马帮助刘备来打成都了。第二，刘备可能得到了汉中张鲁的支持，因为刘璋知道马超是张鲁的手下，而李恢招降马超是秘密进行的，刘璋不可能知道。这样一来，刘璋的信心又受到进一步动摇。刘备又不失时机地派简雍进入成都劝说刘璋投降。刘备派简雍正得其人，简雍善词令，是刘备的谈客。

涪城之会，刘璋非常喜欢他，让他去说服刘璋投降是再合适不过。果然，刘璋见到简雍后，对那些主张抵抗的人说："父子在州二十余年，无恩德以加百姓。百姓攻战三年，肌膏草野者，以璋故也，何心能安！"便打开城门，与简雍"同舆而载，出城归命"。

刘璋向刘备缴械投降，益州易主，归属刘备。

刘备占有益州，实现了跨有荆益的战略计划。

跨有荆益，是刘备事业最辉煌的时期。

跨有荆益，是诸葛亮"隆中对"最成功的实践。

三、智取汉中

诸葛亮帮助刘备谋取西川后，下一个目标就是要取汉中，以形成三足鼎立之势。

刘备取下西川后没有立即进攻汉中。因为刘备、诸葛亮深知，他们在汉中的对手已经不是张鲁，而是曹操。夺取汉中绝非轻而易举的事，必须要有充分的准备。

两年过去了，诸葛亮时时思考着如何攻取汉中。他经常和刘备、法正等人商议进取汉中的大事，做着各种必要的准备。

建安二十二年（217），东吴将军鲁肃去世。消息传来，诸葛亮悲痛之余，他的心中掠过一丝忧虑：接替鲁肃屯兵陆口的吕蒙，会不会像鲁肃那样顾全大局，与关羽和好相处呢？如果东面荆州万一出事，曹操又在北面扼住益州的咽喉，益州的安全将如何保证呢？想到这里，他深感夺取汉中、巩固巴蜀之事的紧迫。

法正对于夺取汉中的紧迫性也有同感。他对刘备说道："曹操一举攻下汉中，降服张鲁，不乘机进兵益州，而是留下夏侯渊、张郃镇守汉中，自己急忙回到北方，这是为什么？是因为曹操智慧不足、力量不够吗？不是，是由于他内部忧患使然。我认为，夏侯渊与张郃的才干谋略，不能胜任独当一面的需要，我们如果出动全军前去讨伐，必定可以攻取汉中。攻占汉中之后，广兴农业，积聚粮食，观察形势，等待时机，推翻曹操，兴复汉室；可以蚕食雍、凉二州，开疆扩土；也可以固守要害，作持久的打算。这是天赐良机，我们不可失掉啊。"

法正的建议与"隆中对"的战略目标是一致的，自然得到了诸葛亮的赞同，也自然被刘备采纳。刘备立即做了如下部署：诸葛亮镇守成都，刘备亲率大军征汉中，法正随从参谋军机，赵云、黄忠、魏延、张飞、马超、吴兰等主要将领全部从征。

刘备与曹操争夺汉中的战役开始了。刘备将军队分作两路：一路由张飞、马超、吴兰率领，直抵武都，进屯下辨（武都郡治所，今甘肃成县西北）；另一路军进入陇右，起着牵制曹军、配合主力的作用。特别是马超，自幼生长在凉州，有羌人血统，甚得羌胡之心，威震陇右之地，由他策动武都、陇右氐羌及旧部反曹显然是合适的人选。果然，马超等至武都以后，氐人酋长雷定等率七万余部众反曹响应马超。

曹操闻听刘备军至陇右，急派曹洪、曹休率军攻取下辨。曹休是曹操的族子，曹操很是宠爱他，称他为"吾家千里驹"。此次出兵陇右，曹休虽为骑都尉，参曹洪军事，但曹操却对他说："汝虽参军，其实帅也。"因此，曹洪虽然名义上是主帅，进行重大决策的人其实是曹休。

当时，刘备将吴兰屯驻下辨。当曹军准备进攻时，在他们的后面固山，却出现了张飞的队伍，看样子是要切断他们的后路。曹兵立即慌乱起来。曹休对众人说："张飞要真的打算断我后路，就应该伏兵潜行，不让我们知道。如今他这样大张旗鼓，虚张声势，说明他不能断我后

路。我们应乘他们还未集中，迅速进击吴兰。吴兰一破，张飞必然退走。"于是，曹洪下令进攻吴兰。吴兰败走，被阳平氐人强端斩杀。张飞、马超见下辨失守，只好向后撤退。

刘备一路直攻汉中，在阳平关与曹军对峙。为了保证道路的畅通，刘备派大将陈式率十余营兵士驻扎在马鸣阁道。马鸣阁道是蜀中古栈道，在今四川广元市北朝天镇附近，沿嘉陵江河谷修建。刘备率兵驻扎于此，一方面保证后方供应，一方面保证退路。夏侯渊派大将徐晃率兵袭击陈式，陈式军被打败，士兵纷纷跳入山谷，伤亡惨重。

刘、曹两军经过激战之后，双方相持于巴、汉之间。刘备"急书发益州兵"，诸葛亮与从事杨洪商议对策。杨洪说："汉中则益州咽喉，存亡之机会，若无汉中则无蜀矣，此家门之祸也。方今之事，男子当战，女子当运，发兵何疑。"诸葛亮非常看重杨洪的见识，当即发兵，支援汉中前线。

从建安二十二年（217）刘备出兵汉中到二十三年（218），双方在汉中僵持了一年多。

建安二十四年（219）春，刘备发动定军山战役，大败曹军。曹军损失了主帅夏侯渊，又恐刘备乘胜进攻，众人慌作一团。

虽然有张郃出来收拾残局，但定军山一仗，对刘备争夺汉中之役毕竟是个重要转折。从此，形势开始向有利于刘备方面转化。

建安二十四年（219）三月，曹操自长安率兵经褒斜谷赶往汉中。刘备听说曹操到来，信心十足地说："曹公虽来，无能为也，我必有汉川矣。"

曹操入汉中，是想反击刘备，以保住汉中。然而刘备却敛众据险，不与曹操硬拼。曹操进入汉中，带来数千万袋军粮，储于北山之下。刘备大将黄忠认为可袭取曹操北山军粮，曹军无粮必败退。赵云赞成黄忠之计，并将自己所统之兵拨出一部分随黄忠去北山。

按照正常时间，黄忠该事毕归营了，可是仍不见其归来。赵云放心不下，便率数十骑兵出营，接应黄忠。不料没有接到黄忠，却碰到了曹操的前锋部队，两军厮杀起来。赵云寡不敌众，率众且战且退，一直退回自己大营。这时，赵云的副将张翼主张紧闭营门坚守，而赵云入营后，却令大开营门，偃旗息鼓。

曹军追到营前，见到这种情形，怀疑赵云有埋伏，便退军回去。赵云见曹兵退却，令士兵擂鼓，声音震天，并让士兵用劲弩猛射曹军，曹军惊骇，自相践踏，有很多人落入汉水而死。第二天，刘备来到赵云大营，见他昨日与曹军作战之处，高兴地称赞赵云说："子龙一身都是胆也。"

一个多月过去了。

曹操在汉中欲守无险，欲战不能，除了军粮一天天减少、士兵伤亡逐渐增加外，其他一无所获。

时值五月，盛夏的汉中酷热难耐。这里本是个盆地，盆底平坦、宽阔，然而不知为什么，曹操觉得这土地忽然变小了，四面的大山增高了，他有一种被装进盆里的感觉，压抑、憋闷，他甚至对这个地方有些厌恶。

建安二十四年（219）夏五月，曹操引兵撤出汉中。汉中归刘备所有。七月，诸葛亮等一百二十名文臣武将联名上表汉献帝，拥立刘备为汉中王。

诸葛亮策划拥立刘备为汉中王，是与前不久曹操晋封魏王相抗衡。

当然上表根本不用汉献帝批准，因为有曹操把持朝政，所以汉献帝也决不会批准。表文一上，就在汉中的沔阳（今陕西省勉县东南）设坛场，举行隆重典礼，刘备戴上王冠，接受玉玺，成了汉中王。

就这样，蜀汉政权正式成立了。

汉中称王后，刘备率文武官员回到成都，开府治事。

刘备自封汉中王，拜许靖为太傅、法正为尚书令，以军师诸葛亮总领军国大事。

刘备做出的第一项重要任命就是提升牙门将军魏延为镇远将军，领汉中太守，去驻守汉中。

于是，三国鼎足之势至此形成。

第四章 霸业初成

第五章

荆州之失与吴蜀修好

刘备占据汉中后,实力大大加强,自然引起孙权的忧虑,加之刘备自称汉中王,更引起孙权的不满。这时,孙权执政近二十年,内部统治已稳定,经济、军事实力大大增强,控制的地盘也由扬州扩大到岭南的交州(今广东、广西大部和越南北部地区)。他感到自己有实力与刘备较量了。而且,亲刘派首领鲁肃也于建安二十二年(217)病逝。继任的是主张武力夺回荆州的吕蒙。由于以上几方面的原因,致使孙权逐渐由亲刘转向疏刘。同时,据守荆州的关羽也未能很好地领会与贯彻诸葛亮提出的联孙抗曹的战略方针,不善于处理好与东吴的关系,因此孙刘双方的矛盾逐渐加剧。

建安二十四年(219)七月,汉水发大水,关羽趁曹操在荆州北部(南阳、襄阳郡)统治不稳之机,亲率大军进攻曹仁据守的樊城。曹仁忙派于禁驻守樊城之北以互相照应。关羽此战力图夺回荆州北部,并与汉中相连,为将来从西、中两路北伐创造有利条件。这与诸葛亮在隆中提出的战略是吻合的。因此,得到了刘备与诸葛亮的首肯。

八月,汉水暴涨,关羽乘机率水军猛攻,擒于禁,斩庞德,围曹仁于樊城,又派兵围吕常于襄阳。曹操的荆州刺史胡修、南乡郡(由南阳郡分出的部分)太守傅芳等都投降了关羽。许都以南"往往遥相响应"关羽,一时关羽威名震撼中华。曹操十分忧虑,甚至曾考虑迁都到河北以避开关羽的威胁。军司马司马懿、西曹属蒋济劝阻曹操说:"刘备、孙权外表亲而内疏,关羽得志,孙权必不情愿。可遣人劝权袭击其后,并答应割让江南封给孙权,樊城之围自可解。"此前,孙权一直想从东吴出兵,渡江攻取徐州,并曾亲自率大军在合肥等地与曹军大战,但始终未有收获。吕蒙劝孙权先攻关羽,夺取荆州,以控制整个长江以南,然后再与曹操抗衡。因此，孙权改变了战略，准备联合曹操对付关羽。

其实关羽出兵北伐襄阳、樊城时，对孙权可能袭击荆州是有所防备的，在后方留有相当的兵力。但是，关羽为人骄傲自负。吕蒙针对他这一弱点，建议孙权以治病为由调他回建业（今南京）休养，而以当时还不出名却颇具才略的陆逊代替他的职务。陆逊到职后，给关羽写了一封恭维信，先是赞颂他在樊城取得的胜利，随即表达尽忠自托之意。语气非常谦恭，态度十分友好。关羽因此麻痹大意，将留守后方的军队陆续撤走增援襄、樊前线。这就为孙权方面偷袭造成了可乘之机。

孙权给曹操回信表示愿"讨羽自效"，并请他保密，以防关羽回师，同时亲率大军溯江西进，并命吕蒙为大都督做前部，偷袭荆州。

吕蒙到浔阳，便将战船伪装为商船，昼夜兼行，同时偷偷将关羽沿江所置的探哨，一一消灭。所以关羽对吴军行动毫无所知。直到东吴大军兵临城下，荆州守军才发觉。公安守将士仁和江陵守将、南郡太守糜芳一向不满关羽的傲慢，因此先后降吴。这样，吕蒙轻而易举地占领了江陵，切断了关羽的后路，夺取了他的后方。此前，曹操把孙权的密信抄件用箭射入樊城，使守军士气大振，同时，故意泄露给关羽。关羽虽犹豫了一阵，但自以为后方无虞，未下决心及时回师。待得知荆州失守，连忙放弃围攻樊城，援救江陵，但为时已晚。

吕蒙占据江陵等城后，严明军纪，命令不得骚扰荆州吏民。对关羽及蜀军将士的家属，一律保护、善待。关羽几次派人来送信，吕蒙都热情款待，并让其探问诸将士家眷。关羽部卒本已厌战，又闻知家眷受到保护，因此纷纷逃归。荆州官吏及各城长吏也都很快归附了孙权。关羽自知败局难以挽回，于是向西退守麦城（今湖北当阳东南），后又弃城西逃，大军散尽，他仅带十余骑逃奔。十二月在漳乡（今当阳西）被孙权军队俘获，与儿子关平一同被杀。就这样，自赤壁之战后占据的荆州，仅过了十一年就一下子全丢掉了。

曹操得知关羽败死后，立即表举孙权为骠骑将军，领荆州牧，并封南昌侯。孙权则将关羽首级连同贡品一起献给曹操，并上书称臣，表示拥立曹操登天子位。曹操笑着说："孙权这是把我放在火炉上烤呀。"

荆州失守、关羽被害的消息传到成都，刘备悲痛欲绝，诸葛亮也痛心疾首。失掉了荆州，使原来处于极为有利地位的刘备一下子就失去了半壁江山，也使诸葛亮在隆中提出的分两路进击中原的战略难以实

第五章　荆州之失与吴蜀修好

现了。

对这一重大挫折,诸葛亮深感自己未尽到军师的责任。对于关羽的骄傲自负,他是十分了解的,但碍于关羽和刘备的关系,加上他的地位与自己平等,所以不但未加劝告,有时竟自觉不自觉地助长了他的骄傲气势。当马超投奔刘备后,关羽写信向诸葛亮询问马超的才能可与谁相匹敌,诸葛亮回信说:"孟起(马超字)文武双全。雄烈过人,是一代俊杰,够得上黥布、彭越一类的人物,可以和益德(张飞字)并驾齐驱,然而不及美髯公(指关羽)的超群绝伦。"关羽看后非常高兴,洋洋得意地把信给部属、宾客们看。后来,刘备称汉中王,拜关羽为前将军,黄忠为后将军。诸葛亮说:"黄忠的名望,素来比不上关羽、马超,现在让黄忠与他们等列,马超、张飞在军中,亲见其功,估计不会有异议;而关羽远在荆州,恐怕不会服气。"刘备说:"军师放心,我自有办法。"于是刘备派了益州前部司马费诗去荆州,给关羽送去前将军印绶。果不出诸葛亮所料,关羽大为不满地对费诗说,"大丈夫决不与老兵同列!"费诗一再好言劝慰,关羽才受拜。

正因为关羽高傲自大,所以常意气用事,缺乏政治头脑。对内,未能很好团结部下,轻视南郡太守糜芳和镇守公安的将军士仁等,引起他们的怨恨;对外,不能妥善处理与孙吴方面的关系。当孙权提出为儿子聘娶关羽之女时,关羽非但不同意,还辱骂其使者,侮辱孙权说:"虎女焉能嫁犬子"。收编于禁的数万人马后,一时粮食匮乏,关羽便擅自扣压、取用长江上属于孙权方面的粮船。这些无疑给孙权袭击荆州提供了口实。

对这些情况,诸葛亮也是耳有所闻的,本应及时为关羽派去一个助手辅佐,规劝他。虽说难以找到能够使关羽听信的人选,但自己一直对此事未予以足够的重视。特别是关羽北伐襄樊后,未能及时派去主持荆州事务的人,不能不说是失败的一个原因。为此,诸葛亮深深地责怪自己,并反复考虑着如何挽回这惨痛的损失。

荆州失掉后两个月,中原传来消息:已封魏王的曹操病死,其子曹丕继王位,并任汉丞相。刘备、诸葛亮觉得少了一个强有力的政敌,稍稍松了口气。但不久,又传来上庸、房陵、西城三郡失掉的消息,使刘备、诸葛亮大为震惊。原来,在关羽失利于荆州时,身为宜都太守的孟达没调兵去救援,荆州失掉后,他一直惴惴不安,恐刘备降罪。另外,其副将中郎将刘封仗着自己是刘备的义子，看不起孟达，常常欺辱孟达。孟达心中愤恨，因此于建安二十五年（220年）七月率部投降了魏王曹丕。曹丕将房陵、上庸并为新城郡，仍任孟达为太守。曹丕遣征南将军夏侯尚、右将军徐晃共袭刘封，上庸太守申耽、西城太守申仪皆叛刘封降魏。刘封败走，逃回成都。这样，刚刚占据一年的三个郡全丢掉了。

刘封本为罗侯寇氏之子，刘备初到荆州之时，未有继嗣，便收养封为子。这刘封依仗刘备是自己的养父，高傲自大，桀骜不驯。后来，刘备有了亲子刘禅，刘封又常有怨言。刘备和诸葛亮常为日后如何摆布他而忧虑。刘封败回成都后，诸葛亮便劝刘备乘此机会将其除掉。于是刘备下令赐刘封死。结果既严肃了军威，又除掉了后患。事后刘备深为满意。

孙权占据荆州后很长一段时间内，曹魏、刘蜀、孙吴三方的地盘没有大的变动。诸葛亮在隆中预料的三国鼎立的局面基本形成并稳定下来了。

失掉荆州后，刘备虽发誓要为关羽报仇，夺回荆州，但考虑时机不成熟，准备不充分而未马上出兵。

建安二十五年（220）十月，汉献帝被迫将皇位禅让给魏王曹丕，曹丕称帝，改国号为魏，改元为黄初元年，废汉献帝为山阳公。当时，成都传言献帝已遇害。于是汉中王刘备发丧制服，蜀中君臣纷纷建议刘备就此称帝，以继承汉室。尽管费诗等人反对，认为"大敌未克而先自立，恐人心疑"，但诸葛亮考虑，趁此机会称帝可以打出兴复汉室旗号，提高政治地位，扩大影响，收拢民心，有利于蜀汉政权的建立与巩固。于是和许靖等人支持，劝说刘备称帝，继承刘汉正统。他们上表给刘备说：

"曹丕篡位，覆灭汉室，迫害忠良，暴烈无道。现在上无天子，海内人心惶惶，忠臣义士无以效忠。大王是孝景皇帝、中山靖王的后代，如同汉高祖一样，也是兴起于汉中，而且仁德爱人，四方归心，理应继承汉家正统，即皇帝位。"

刘备自然再三谦让。诸葛亮想，只有从成就大业这方面说，方可使汉中王应允。于是他恳切地对刘备说："往昔光武帝打天下时，吴汉、耿弇等开始劝光武即帝位，光武一再辞让，前后达四次。后耿纯进言

说：'天下英雄纷纷劝您称帝，无非是有所希望，打算跟着您打天下，建功立业，封官拜爵，光宗耀祖。您若是一再拒绝众人请求，只能冷了大家的心。可能会有不少人另投靠山。到那时，再想聚集起来，可就难了。'光武帝感到耿纯的话入情入理，实实在在，便答应了大家的请求。如今曹氏篡权，天下无主，大王乃刘氏苗裔，今继承大统，履登至尊，乃承天命。士大夫多年来追随大王东奔西走，南征北战，出生入死，历尽艰辛，无非也是想着尺寸之功，像耿纯所说的那样。"刘备这才同意称帝。

建安二十六年，即魏文帝黄初二年（221）四月，在成都西北武担之南筑坛，举行了隆重的即位典礼。刘备正式当了皇帝，史称汉昭烈帝，也称先主。宣布国号为"汉"（一般称"蜀汉"）。同时改元为"章武"，大赦天下。刘备立刘禅为皇太子，任命诸葛亮为丞相，居文臣之首（这时法正已病死）；张飞为车骑将军，居武官之首；以许靖为司徒，正式建立起国家政权。诸葛亮也开府治事。

刘备在给诸葛亮的封策中写道："朕遭刘氏不幸，奉天承运，继为帝统，兢兢业业，不敢安居享乐，思靖百姓，惧未能抚。呜呼！丞相亮其洞悉朕意，毫无怠情。辅朕之阙，助宣天子之日月重光，以照明天下，君其勉哉！"

诸葛亮以丞相的身份录尚书事，假节。所谓"录"，就是总领。"录尚书事"，即总领文臣，主持朝政。"假节"是授予大臣处理军政事务的一种权力。分使持节、持节和假节三等。"使持节"权力最大，可杀二千石以下的官员；"持节"次之，可杀没有官位的人；"假节"可杀违犯军令的人。由此诸葛亮进一步提高了在蜀汉中的地位。为其以后执政治蜀，施展政治才华创造了有利条件。

刘备认为曹丕刚刚称帝，正忙于稳定内部，无暇他顾，而自己又完成了政治上、军事上的准备，便决计亲征东吴，夺取荆州，为关羽报仇。翊将军赵云劝谏说："国贼是曹操，不是孙权。若先灭魏，则权自服。今曹操虽死，其子丕篡国。应当顺就成心，早图关中，占据黄河、渭水上流，以讨凶逆。关东义士必定携粮策马以迎王师，不应置曹魏于不顾，先与东吴交战。仗一打起来，不可能很快结束，这不是上策！"赵云的话很有道理，但刘备却根本听不进去。群臣中谏者甚众，刘备皆不听。处士秦宓详陈天时不利的道理。刘备十分恼怒，命人将其下狱等候发落。在这种情况下,诸葛亮也不便多言。只是待刘备平静后,为秦宓说情,把他放了出来。

对于是否伐吴一事,诸葛亮内心是十分矛盾的。伐吴吧,从根本上破坏联孙抗曹的战略方针,显然不当;不伐吧,失掉荆州,使蜀国局限于益州,地处偏远险阻之处,难以有大的作为。而且不便于实现两路出击、北伐中原的设想。他反复权衡,感到趁曹丕无暇南顾之机,教训一下孙权,也未尝不可。因为一味退让以求联合,则联合亡;施加点压力,夺回荆州,孙权力量削弱,则不敢不敬畏蜀汉。更主要的是,刘备刚刚登基,御驾亲征,决心很大,自己也不好过分劝阻。而且,诸葛亮想,刘备率大军亲征,纵然不能大胜,也不至于大败。因此,他未表示出坚决反对的态度。就这样,章武元年(221)七月,刘备亲率六万大军出蜀东征了。

大军刚刚出征,噩耗传来,张飞因暴虐军士,被帐下部将杀害,凶手张达、范强携其首投奔了孙权。这更是火上浇油。刘备悲愤交加,报仇之心更切以至失去了理智。

七月,得知汉主刘备出兵,孙权不免有些忧惧,忙遣使求和,刘备哪里容许?

孙权见求和不成,只好迎战。一面命陆逊为大都督,督领朱然、潘璋、宋谦、徐盛、韩当等五万人拒守,并且把都城从建业迁到长江中游的武昌(今湖北鄂城),以便于扼守荆州;一面联络曹魏,遣使称臣,并送回被关羽囚禁的于禁,同时尽量满足魏国的要求,以使曹魏在吴蜀之争中,保持中立。诸葛亮的哥哥诸葛瑾当时任南郡太守,也奉孙权之命写信给刘备,陈说利害,劝其解除仇恨,恢复和好,停止用兵。刘备根本听不进去,他派吴班、冯习为先锋,率四万余人,突破吴军防线,进兵至秭归。

章武二年(222)二月,刘备自秭归进击东吴,命治中从事黄权为镇北将军,督江北诸军,自率诸将,自江南进发。从巫峡建平到夷道猇亭蜀汉方面沿山岭扎下数十座营寨,绵延七百余里。

吴军统帅大都督陆逊采取诱敌深入、以逸待劳、先让一步、后发制人的策略,命令吴军退守八百里,将林木蔽天的崇山峻岭让给蜀军,将自己的军队集结在猇亭一线,坚守不战。双方对峙达半年之久。这年闰五月,当蜀军无计可施、士气低落时,陆逊突然袭击,利用蜀军在山林

中安营扎寨的弱点,采用火攻的办法,连破蜀军四十余营,杀死蜀将冯习、张南等。刘备大败,只得率残兵败将登上夷陵(今湖北宜昌东南)西北的马鞍山,依险据守。吴军将马鞍山团团围住,四面进攻。蜀军土崩瓦解,死者数万,刘备见大势已去,只得带领很少的兵马,半夜逃归白帝城。其他将士死的死,降的降,军士尸骸塞江而下,所带舟船、器械,水、步兵军资全都丢尽。猇亭、夷陵战败,刘备不仅未能收回荆州,为关羽报仇,反而遭到前所未有的打击,刘备极为惭愧地对部属说:"我竟被小小的陆逊击败折辱,这岂不是天意吗?"

消息传到成都,满朝上下无不震惊哀痛,诸葛亮深为自己当初没有力阻刘备出征而懊悔,虽然他知道即便自己说了,刘备也未必听得进去。而且,自蜀帝刘备御驾亲征后,诸葛亮身为丞相,录尚书事;张飞死后,亮又领司隶校尉。身兼多职,整个军政大事的重担全落在他肩上,无暇东顾。刘备也未将军事部署及时通报,所以,诸葛亮也未曾出谋划策。因为自从占据益州攻取汉中后,刘备对法正更是言听计从,诸葛亮与法正虽个人秉性、志趣、好尚并不相同,但对法正的长处和主张却能从公义角度相取。而且诸葛亮常常对法正的智慧和谋术感到惊奇,所以刘备任命法正为军师后,诸葛亮毫无猜忌之心,和他配合得很协调。只可惜刘备伐吴时,法正已病死。所以得到刘备惨败的消息,诸葛亮叹息说:"孝直若在,必能制主上东行;即使东行,必不至全军覆没呀!"

刘备兵败后,自觉无颜回蜀,加之心力交瘁,卧病不起,便一直住在白帝城,并将白帝城改名为永安。

刘备逃归白帝城后,东吴战将都主张乘胜追击,擒拿刘备。陆逊考虑,曹魏虽然在吴蜀争战期间,按兵不动,名义上帮助孙权讨伐刘备,但内心仍有吞并东吴的"好心",若吴军继续西进,曹魏则可能乘虚南击东吴。而且,若将刘备灭掉,东吴国力不足单独对抗曹魏,不如保留目前这种三足鼎立的局面,更为有利。因此将大军撤回。从这一点看,陆逊是很有战略眼光和政治头脑的。民间传说,诸葛亮入川时,曾在奉节一带沿江堆起八九十堆石头,名为八阵图。陆逊带大军来此,迷入石阵。结果,狂风大作,飞沙走石,遮天盖地,那怪石槎枒似剑,江声浪涌,如战鼓雷鸣。吴军大乱,多亏诸葛亮岳父黄承彦指点,吴军才退出石阵。为此,陆逊慨叹:"孔明真'卧龙'也!吾不能及。"于是下令班师。后来杜甫有诗曰:"功盖三分国,名成八阵图,江流石不转,遗恨失吞吴。"写的正是这一段事。不过,今天看来,"八阵图"并无信史可考。只不过是民间的传说,表达了人民群众对诸葛亮的崇敬罢了。

诸葛亮见刘备终不回成都,心中十分着急,想去看望,但蜀中军政事务繁忙,不得脱身,而且大军新败,人心不稳,作为丞相,首要任务是将国内治理好,以防变故。经过半年多的时间,见政局基本稳定,诸葛亮才带着皇子鲁王刘永、梁王刘理前往永安代表朝廷上下,探望刘备,同时让颇有胆识的益州治中从事杨洪辅佐太子留守成都。

诸葛亮从成都火速奔赴白帝。像赤壁战前奉命出使东吴那样,他又将在事业的低潮时期,开始新的征途。

刘备六十三岁,病得很重,不行了,硬撑着等待丞相。丞相一到,马上约谈,诚恳地说:

"您的才能,十倍于魏文帝曹丕,一定能够安定国家,最终成就咱们的大事。"

"我死后,如果接位的孩子刘禅可以辅佐,就辅佐他;如果他实在没有才能,您可以自己取代。"

这是遗嘱,交下两个任务:安定国家,最终完成刘备的未了心愿——灭魏;对于领导人问题,说得极端坦率,或辅,或取,视情而定。精神只有一个:为了灭魏,交付丞相决定。丞相小他二十岁,两人一老一中,班子年龄结构十分理想。刘备对后事考虑得很周详。儿子不争气,但仍然后继有人。现在到了最后时刻,跟丞相坦诚相见,总之以事业为重。刘氏统治可断,这个集团的事业不断。

像听到一声霹雳,诸葛亮十分震惊;像千斤重担压下来,肩头陡然一沉;又像煦煦春风,温暖全身。聆听了主公掏心窝子的话,诸葛亮再次感受到三顾茅庐时的激动心情,止不住泪流满面,发出肺腑之言:

"臣敢不竭尽作为刘家股肱的全力,献出我的忠贞之节,直到我死!"

表态包含三层意思:我将来的身份是股肱,不是元首;我永远效忠;我死而后已。

十七岁的刘禅在成都,不能参加权力交接。刘备又制诏敕给这位未来的后主:

"你跟丞相一起治国,要像侍奉父亲一样。"

第五章 荆州之失与吴蜀修好

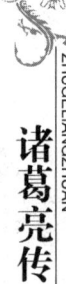

又叫来刘禅庶弟鲁王刘永，交待他：

"我死后，你们兄弟像侍奉父亲那样对待丞相，只是让你们同丞相共事而已。"

刘备深知，儿子无能，死后大权必落于诸葛亮手中。硬要儿子独掌大权，难当大任，事业必败。诸葛亮掌握大权，事业或可有成，他不是野心家，因此索性把话挑明。刘备托孤，流露内心对诸葛亮的信任，是刘备、诸葛亮关系的光彩照人、极其绚烂的一页。如此以诚待人，是刘备真性情的流露，怎能不令诸葛亮五内感动呢！再一次证明当初投奔刘备是对了，如果是曹操，以权术驭人，能如此委心相任吗？

从章武元年（221）七月刘备讨伐孙权开始，到章武二年（222）闰六月败归白帝城为止，这整一年时间里，诸葛亮的任务仍然是"镇守成都，足食足兵"，以主要精力为刘备坚守本营，巩固后方。跟随刘备在前线运筹谋划的谋士和攻城争战的武将，当然都是功臣，但从某种意义上讲，坚守本营，巩固后方，以保证前线粮草兵马供应的诸葛亮，功劳更大。刘邦和项羽争夺天下时，萧何为刘邦坚守关中，巩固后方。每当刘邦失军亡众、军无现粮之时，萧何总是及时从关中调遣兵卒驰援，转漕以济军需，保证前线兵马粮草的供应，最终使战局发生了根本的转机。刘邦即位后，在论功行封时，认为萧何功劳最大，位次当居第一。准此，则诸葛亮为刘备"镇守成都，足食足兵"，其功堪与萧何相提并论。

但刘备在夷陵之战中毕竟遭到惨败，而诸葛亮对这次惨败究竟有无责任呢？要回答这个问题，我们还是看看诸葛亮在得知夷陵之战失败后的一段感叹："法正若在世，就能阻止主公，使他不东行；即使东行，也一定不会失败。"

从诸葛亮的这个事后感叹看，他内心是不赞成刘备出兵讨伐孙权的。但在刘备即将出兵时，群臣谏阻者甚多，今史籍中有据可查的就有赵云、秦宓等人，甚至连诸葛亮的兄长诸葛瑾也奉孙权之命，从江东向刘备写信求和，然而，我们查遍史籍，却找不到诸葛亮的劝阻之辞。这样，可以肯定地说，诸葛亮虽然内心不赞成刘备出兵，但也没有公开劝阻。至于诸葛亮不加劝阻的原因，可能有三条。第一，刘备得知关羽被杀、荆州丢失的消息后，怒不可遏，决心出兵，除了法正之外，别人是无法劝阻的，而当时法正已死，诸葛亮估计自己的劝阻未必奏效，故而不加劝阻。第二，刘备决心出兵、发誓夺回荆州的想法，在诸葛亮看来，是为了重新实现"跨有荆益"这一战略决策，与自己的本意相合，故而不加劝阻。第三，在诸葛亮看来，蜀汉居长江上游，总体上得地势之利，如果有像法正那样的智术之士为刘备临阵参谋，观变出奇，则战胜孙权仍是有可能的，故而不加劝阻。故三省在《资治通鉴注》中曾针对诸葛亮的那段感叹而说道："观孔明此言，不以汉主伐吴为可，然而不谏者，以汉主盛怒而不可阻，且得上流，可以胜也。兵势无常，在于观变出奇，故曰孝直在必不倾危。"这个看法，大体猜中了诸葛亮当时的心态。所以，无论诸葛亮出于何种原因而不劝阻刘备出兵，但作为丞相，他对刘备兵败夷陵都负有一定的责任。

公元223年四月，刘备病死，刘禅即皇帝位，诸葛亮以丞相兼益州牧，全面负责治理蜀汉。诸葛亮首先碰到的麻烦是南中地区"耆帅""大姓"雍闿发动的叛乱。

这次叛乱不仅关系到蜀汉对南中地区的统治，而且也关系到吴蜀联盟的发展前途问题。因为在雍闿叛乱后，通过交趾太守士燮请求依附于东吴，并将蜀汉所置益州郡太守张裔抓获送给东吴。孙权以雍闿为永昌（郡治不韦，今云南保山北）太守，还任刘璋的儿子刘阐为益州刺史，去益州、交州的交界处屯驻。孙权的做法，是企图将东吴的势力伸向益州南部的南中地区去。这样一来，南中地区的局势复杂化了，吴蜀之间的关系又出现了新的危机。

正在这时，魏文帝曹丕趁蜀汉元气大伤，内部不稳定，给诸葛亮施加压力，授意一些依附于曹魏的东汉遗老，如司徒华歆、司空王朗、尚书令陈群等，分别给诸葛亮写信，要他听"天命"，知"人事"，屈从于曹魏，"举国称藩"。诸葛亮没有回信。为了表明自己与曹魏势不两立的坚定立场，增强蜀汉大臣们的抗曹决心，诸葛亮写了一篇义正词严的文告《正议》，要满朝文武知晓，文中说：

从前项羽起事不是由于自己有道德，虽然占据中原华夏，握有帝王权势，终于身败名裂。如今曹魏不认真吸取教训，重蹈项羽覆辙。可是有那么几个人，年龄也不小了，竟然接受曹丕的指使，给我写劝降信，这如同陈崇、张竦称颂王莽的功德，帮助王莽篡汉一样。昔日世祖（光武帝刘秀）率领少数士兵，终于打败王莽几十万大军。用道义去讨伐邪

恶，不在人数多寡。到了曹孟德，率领几十万兵马，到阳平去救张郃，后来还是失败逃走，丢掉了汉中。他很清楚，帝位并不是随意篡夺的，不久就得病郁郁而死。现在他的儿子曹丕终于篡夺了帝位。纵使他们像苏秦、张仪那样能说会道，到头来也是徒劳无用。过去轩辕氏整率数万，制服四方，平定海内，况且我们以数十万之众，以道义临制罪逆，怎么能不成功呢！

《正议》是一篇出色的政论文，义正词严，引古证今，有理有据，表达了诸葛亮忠于汉室统一全国的坚定决心和胜利的信心，反映了他大义凛然、威武不能屈的英雄气概。

在《正议》中，诸葛亮认定蜀汉应当继承汉朝的"正统"地位，并誓与"篡夺"汉朝政权的曹魏势不两立，将此举称为"以道义临制罪逆"。虽然蜀魏之间的矛盾斗争，实质上是两个地主集团之间争夺统治权力的斗争，并无"道义""罪逆"之分，但在当时，这种封建正统思想对激励蜀汉文臣武将忠于刘氏政权，增强抗击曹魏的决心，还是起一定作用的。

南中地区的叛乱，曹魏的威胁和压力，孙权支持反蜀势力的不友好态度，使诸葛亮越发感到与东吴修复和好是当务之急。只有修复和加强吴蜀之间的联盟关系，才能有利于南征平叛和以后的北伐曹魏。

这时，孙吴虽然同蜀汉解除了战争状态，双方在刘备去世前已经互派使者讲和，但未恢复盟好，互相间并不信任，孙权仍然臣服于曹丕，蜀汉就有必要主动遣使去东吴示以恢复盟好之意。

这样就遇到了对荆州失地的态度问题。诸葛亮根据新的形势和条件，感到曹魏大敌当前，如果同孙吴继续争夺荆州，势必拼个你死我活，还不一定能达到目的，这就给曹魏以可乘之机，这不符合西蜀的根本利益和根本方针，如果同主要敌人曹魏斗争到底，就应该同孙吴恢复联盟，而且孙权在夺得荆州占了便宜，又有曹魏对其施加压力的情况下，也有同西蜀恢复联盟的可能。但如果西蜀不放弃对荆州的争夺，这种联盟的关系是不可能恢复的。于是诸葛亮从实际出发，承认现实，决定放弃对荆州失地的要求，争取再次建立联孙抗曹的盟好关系。

不过这时的诸葛亮没有必要再像赤壁战前那样，亲自去说服孙权。他反复思考：选派谁去完成这一重要使命呢？正在这时，邓芝向诸葛亮建议说:"现在主上(指刘禅)幼弱,初即帝位,应该派遣使者去东吴,重申盟好。"诸葛亮一听,非常高兴。邓芝是东汉司徒邓禹之后,刘备在世时,他曾任县令、郡守,"所在清严有治绩",人为尚书,很有政治见解,现在又很懂得与孙吴结好的重要意义,诸葛亮认为他是最合适的人选,便决定派他出使东吴。

诸葛亮对邓芝说:"这件事我考虑很久了,一直没找到合适的人选,今天终于找到了。"邓芝问:"此人是谁?"诸葛亮说:"就是你呀!"

二人经过交换意见,邓芝领会了诸葛亮的意图。接着,邓芝以中郎将的身份带着名马、蜀锦等礼品到武昌(时为孙权都城)去见孙权,以完成与孙吴重修盟好的任务。

这年十月,邓芝到达东吴。孙权由于还没有同曹魏断绝臣属关系,担心同蜀汉往来密切,会引起曹丕的不满。早在刘备死后,孙权曾派立信都尉冯熙前往蜀汉吊丧。回来后,以冯熙为中大夫又通使于魏。曹丕对孙权"修好"于蜀的行动很不高兴,诱降冯熙不成,将其逼死。因此,孙权的态度犹豫不定,没有立即接见邓芝。邓芝在驿馆里给孙权写信,表明来意说:"我这次出使,并非单为蜀汉,也是为了东吴。"孙权不好推辞,便接见了他。

见面后,孙权对邓芝坦率地说:"我诚然愿意与蜀和好,但担心蜀君幼弱,国小力薄,一旦为魏所败,连我也自身难保了,所以犹豫未定。"邓芝针对孙权的矛盾心理,指明两国修复盟好的重要性,说:

吴蜀两国占据四个州,大王是当世英雄,诸葛亮也是一时豪杰。蜀国有高山险谷,可以固守;吴国有三江天险,可为屏障。两国的长处合在一起,唇齿相依,进可以兼并天下,退可以与曹魏鼎足而立,这是明显的道理。现在大王怕和蜀国和好,得罪魏国,而同曹魏保持臣属关系,曹丕必然对上要大王入朝称臣,对下要太子去做人质。如果不听从他的命令,他就以讨伐叛逆为由,领兵南下,到那时蜀国的兵马也会顺流东下。这样一来,江南的土地恐怕就再也不归大王所有了!

孙权听了邓芝这番透彻的分析,沉思良久。一方面他在意蜀汉对荆州的态度,从邓芝的话中发现诸葛亮承认了吴蜀两国占有土地的现状,他已经放弃了对荆州失地的要求。"蜀有高山险谷","吴有三江天险"

就说明了这个问题。另一方面，他回想起对曹丕"卑辞上书"、称臣受气的滋味，便感慨地说："你讲的很有道理。"于是孙权决定同曹魏断绝关系，同蜀汉重新结盟。

邓芝向孙权献上马二百匹，锦千端（二丈为一端，二端为一匹），还有一些蜀中方物，圆满地完成了诸葛亮交给他出使东吴重修盟好的使命。

邓芝在出使东吴的时候，诸葛亮还交给他另一使命，就是向孙权交涉，要回张裔。双方既然和好，邓芝一提出这个要求，孙权就答应了。

张裔临走之前，孙权同他谈了一次话。由于张裔是蜀郡人，孙权问张裔说："蜀中卓氏寡女（指卓文君），私奔司马相如，伤风败俗，贵土风俗怎么竟是这样的？"由于孙权话里有讥嘲蜀地之意，张裔便应对说："愚以为卓氏之寡女，犹贤于买臣（指朱买臣）之妻。"意思是说卓文君私奔司马相如比起朱买臣妻子嫌贫爱富另嫁别人好多了。朱买臣夫妻是吴人，张裔以此来嘲讽吴地风俗，与孙权针锋相对。孙权又问张裔说："君回归之后，必然在西蜀做官，不会再埋没于田间了。今后将何以报我？"张裔回答说："裔是负罪而归的，如果朝廷不治罪，五十八岁以前，是父母赐给我的生命，自此以后，是大王赐给的。"孙权听后，很是欢悦，他发现张裔很有才华，很是器重他。事后，孙权后悔把张裔放走，赶忙派人去追。但张裔倍道兼行，早已进入蜀境，追赶不上了。张裔回到蜀国后，诸葛亮任命他为参军，署府（丞相府）事，又领益州治中从事，把他放在自己身边，作为得力助手。

次年（224），孙权为了表示盟好的诚意，派张温以辅义中郎将使蜀。临行前孙权对张温说："本来你不应该远出，我唯恐诸葛孔明不知我所以同曹氏相通之意，因此烦劳你走一趟。"张温回答说："诸葛亮达见计数，一定知道大王屈伸的道理，我推断诸葛亮不会有什么疑惑的地方。"

张温到蜀国之后，受到热情的款待，按孙权旨意，给刘禅上了表章，其中有如下的内容：

吴国施展力量，扫平长江流域，愿意和有道之君一起平定天下。我们的决心就像河水东流一样，不会改变。但是战争是凶险频繁的，我们可供役使的兵力太少，因此吴王不顾以前鄙陋带来的羞愧，特派下臣张温来表达友好情谊。陛下推崇礼义,没有对我们表示轻蔑和忽视。臣入蜀国后频频受到慰劳,陛下还不断下达恩惠诏书,真使我受宠若惊。谨此献上带来的国书一封。

在这道表章中称刘禅为"皇帝",表明孙权对蜀汉帝国的承认和尊重,说明孙权对恢复吴蜀两国的盟好关系是有诚意的。

张温了解蜀国情况后,"称美蜀政",蜀国群臣也"甚贵其才"。张温"通致情好"后,顺利地完成了使命,诸葛亮对他很是赞许。

张温临别时,诸葛亮率百官为其饯行。众人都到齐了,唯有诸葛亮提拔的长水校尉秦宓没有到。诸葛亮几次派人去催。张温问诸葛亮:"他是何人?"诸葛亮回答说:"益州学士。"张温在东吴是很有名气的才子,做过孙权的太子太傅,他看不起蜀汉官员,很想找机会显示自己的才学。

秦宓到后,张温当着诸葛亮的面问秦宓:"你读过书吗?"回答说:"五尺高的儿童都读书,何况小人呢?"

张温问:"天有头吗?"回答说:"有的。"张温问:"天的头在哪个方向?"回答说:"在西方。《诗经》说:'乃眷西顾。'以此推之,头在西方(喻西蜀)。"

张温问:"天有耳吗?"回答说:"有。天的位置在高处,还要听低处的声音。《诗经》说:'鹤鸣于九皋,声闻于天。'如果天没有耳朵,怎么能听呢?"

张温问:"天有脚吗?"回答说:"有。《诗经》说:'天步艰难,之子不犹。'如果天没有脚,用什么去行走呢?"

张温问:"天有姓吗?"回答说:"有。"张温问:"姓什么?"回答说:"姓刘。"张温问:"凭什么知道姓刘?"回答说:"当今天子姓刘,因此知道天姓刘。"张温问:"太阳不是从东方升起的吗(吴在东)?"回答说:"虽然从东方升起来,但是从西边落下去(蜀在西)。"

张温的提问,丝毫没有难住秦宓,他们之间的问答不仅是才学的较量,也是政治立场的考验,秦宓回答得很有政治水平。历史记载说秦宓"答问如响,应声而出",使张温为之"大敬服"。

就在这一年,诸葛亮派邓芝再次出使东吴。由于吴蜀联盟是魏蜀吴三方相互斗争、相互制约的产物,是在一定时期、一定条件下双方互相

第五章 荆州之失与吴蜀修好

利用的结果，所以双方谁都没把结盟当做目的，而是作为保存和发展自己势力的一种手段。孙权问邓芝："如果将来灭掉曹魏，天下太平，我们两国君主分别治理国家，不也是快乐的事情吗？"邓芝坦率地回答说："天无二日，土无二王，如果将来灭掉曹魏，两国的君主都要各行其德，两国的臣下也都要各尽其忠，然后整顿兵马，战个高低，见个分晓，哪里还谈得到两国相安无事呢？"孙权大笑说："先生真坦率，讲的是实在话。"尽管如此，当时双方恢复和加强了联盟关系，还是有积极意义的。

后来，孙权给诸葛亮写信时，把蜀汉另两位友好使者丁厷、阴化同邓芝进行比较说："丁厷言多浮艳，阴化言而不实，和合二国，唯有邓芝。"对邓芝使吴所做出的贡献，给予了充分肯定。

从这时起，吴蜀两国之间的信使往来不断。孙权专门刻了一枚印，放在镇守荆州的陆逊手中，凡是孙权给汉主刘禅和诸葛亮的书信，都经陆逊过目，如有不妥之处，陆逊可加以改定，然后"以印封之"再送走。

孙权同曹魏断绝关系，吴蜀双方互派使者，"通致情好"，激怒了魏文帝曹丕，曹丕决定对孙权兴师问罪。

公元224年七月，曹丕御驾亲征。临行前，侍中辛毗谏阻说："如今天下初定，土地广阔，人口稀少。这时动用人力物力，我看没有什么好处。先帝多次发动精锐军队出征，都是到了长江就返回了。现在军队不比过去强盛，再像往日那样出兵，不容易成功。如今之计，不如遵循前人的做法，养民屯田，十年之后用之，可一举获胜，不用再举兵出征了。"曹丕说："如果依照你的意思，不就是把吴虏留给后代子孙了吗？"辛毗回答说："以前周文王把商纣留给了武王，就是因为他知道时机尚不成熟。"曹丕不听，亲自率军南征。九月，由广陵到长江。东吴沿江设疑兵防守，时值江水盛涨，魏文帝看后，感叹道："魏虽然有千队骑兵，到此也都派不上用场了，江南不易图取。"随即率师北归。

次年（225）三月，曹丕以"舟师"征吴。宫正（即御史中丞）鲍勋谏阻说："王师屡次征伐没有取胜的原因，是因为吴蜀唇齿相依，凭借山水险阻，有着很难攻取的地理形势。往年征吴时，龙舟飘荡，很是危险，大臣们都吓破了胆。如今又要劳师远袭，耗费钱财，臣以为不可。"曹丕大怒，把鲍勋降了职。五月，曹丕到达谯县，八月入淮河，十月到达广陵旧城,在江边进行阅兵仪式,显示军威。"兵有二余万,旌旗弥数百里"。曹丕"有渡江之志",但在吴军的固守下,又遇到天寒,河流结冰,战船不能进入长江。曹丕也无计可施,望江兴叹道:"固天所以隔南北也!"只好率军退回北方。

差不多与曹丕这次南征的同时,诸葛亮也于这年三月率军南征平叛。由于吴蜀双方的联盟关系,孙权不便公开支持向他表示臣服的雍闿叛乱势力。在曹丕亲率大军南征东吴的情况下,孙权将他所署的益州刺史刘阐,也从交州、益州交界处召回了。

同年十月,诸葛亮南征平叛胜利班师回成都,接着派费祎以昭信校尉出使东吴,向孙权致以友好之意。

费祎,字文伟,江夏人,年轻时游学入蜀。刘备立刘禅为太子,费祎为太子舍人、庶子。刘禅称帝后,费祎为黄门侍郎。

孙权性情"滑稽",调笑起来没有限度,诸葛恪、羊衜等人才学渊博,果决善辩,当他们一起向费祎发出诘难时,话锋所到之处,费祎都能文词通顺,"语义笃实,据理回答"。孙权用醇酒招待他,想等他醉后"问以国事,并论当世之务",费祎一直注意保持清醒,回答问题没有出格的地方。并且以醉表示辞退。回想所说的话,"事事条答,无所遗失"。孙权很器重费祎,对他说:"你是天下有美德的人,必当成为蜀汉的股肱之臣,恐怕你不会多次来吴国了。"孙权想把自己经常佩带的宝刀赠送给他,费祎答谢说:"臣以不才,何堪受此恩待?刀是用来讨伐叛逆、禁止暴乱的,但愿大王勉建功业,同兴汉室。臣虽愚弱,绝不辜负这次结好相待之意。"孙权表示赞许。

费祎不辱使命,完成任务回到蜀国后,诸葛亮提拔他为侍中。接着孙权派使者去成都,向诸葛亮表示慰劳,并赠给后主刘禅两头驯象,以示亲善之意。

诸葛亮同孙权重修盟好,不仅解除了他南征平叛时的外部威胁,减少了统一南中地区的阻力,而且为他以后北伐曹魏创造了有利的条件。

经过诸葛亮的运筹和邓芝、费祎的努力,吴蜀的联盟关系得到了恢复和发展。吴国对魏国的态度转变了,由臣服转为敌对,并不时对"北房"发动攻击,曹魏也不时向东吴还以颜色。

公元226年五月,魏文帝曹丕死,曹叡即位(魏明帝)。孙权得知消息之后,于七八月间亲自率军进攻曹魏的江夏郡。魏江夏太守文聘坚

第五章 荆州之失与吴蜀修好

守城池。魏朝中大臣想要发兵增援文聘，曹叡说："孙权长于水战，他所以敢于下船到陆地上来进攻，是企图趁我军不加防备进行袭击。现在文聘已守住城池，与他相持，进攻与防守的形势相差不多，孙权终究不敢长期围攻下去。"便未发兵救援。不久，魏国派荀禹到前线慰劳。荀禹沿途征发一些兵马，加上自己所带的步骑兵共计千余人，在山上燃起烽火，孙权以为曹魏救兵来到，便收兵退回。

公元228年，诸葛亮第一次北伐失败后，曹叡派兵分三路伐吴，曹休率主力步骑十万，在中路向皖城（今安徽潜山），司马懿在西路向江陵，贾逵在东路向东关。八九月间，孙权亲自到皖城督军迎敌。大都督陆逊率左右督朱桓、全综三路并进，在石亭（今安徽潜山北）大败曹休军，"斩获万余，牛马骡驴车乘万辆，军资器械略尽"。曹休败走后，曹魏其他两路军的进攻也未获成功。

诸葛亮听说曹休军大败，魏军大量集结在东线，便在十二月进行第二次北伐。

在北伐期间，诸葛亮多次派费祎使东吴通好。史称费祎"奉使称旨，频烦至吴"，为巩固吴蜀联盟做出了不小贡献。在费祎一次出使东吴时，孙权在酒醉之后，说魏延、杨仪是"牧竖小人"，如果"一朝无诸葛亮，必为祸乱"，应该"防虑于此"。费祎回答说："（杨）仪、（魏）延之不协，起于私忿耳。无黥（布）、韩（信）难御之心也。今方扫除强贼，混一区夏，功以才成，业由才广，若舍此不任，防其后患，是犹备有风波而逆废舟楫，非长计也。"孙权听罢哈哈大笑。由此看来，在吴蜀联盟关系恢复之后，双方往来频繁，信息比较畅通，孙权熟悉蜀汉内部情况，而且有较深的了解。费祎完成使命回到蜀国后，将情况如实上报诸葛亮，诸葛亮"以为知言"，认为费祎回答孙权的话没错。

吴蜀联盟关系的发展，使双方在抗击、讨伐曹魏过程中，有一定的配合和呼应。但这种关系的发展，并不是一帆风顺的，在诸葛亮第三次北伐后，吴蜀联盟出现了危机。

公元229年（建兴七年）四月，孙权在武昌正式称帝，国号仍为吴，立子登为皇太子。

孙权派使臣到蜀汉，要求双方以平等的皇帝名义交往，这件事引起蜀汉许多大臣的议论和不满。他们认为承认孙权称帝就等于放弃了蜀汉的"正统"地位,因此主张与孙权断绝盟好关系以"显明正义"。孙权称帝对诸葛亮的正统观念也是一次挑战,对他能否坚持联吴抗魏的外交方针,处理好吴蜀关系,也是一次考验。

经过深思熟虑,诸葛亮写了《绝盟好议》。他针对一些大臣的思想,首先分析与孙权断决盟好关系的不利之处,说:

孙权早就有称帝的野心,我们没有过于计较这件事,是想求得他的支援,以牵制曹魏。如果现在我们公开同他断绝盟好,必然引起他对我们的仇视。我们就要移兵东伐,同他较量,等到吞并了东吴,才能谈得上进兵中原。孙权手下贤才还很多,将相文武也能和睦相处,所以不是一朝一夕能够平定的。长期屯兵东方,相持不下,势必使北面的曹贼得计,这不是上策。

接着,诸葛亮有理有据地说明在外交上应该采取"应权通变"的谋略,说:

过去孝文帝用谦卑的言辞给匈奴单于写信,以前先帝(指刘备)为了与东吴结好,曾与孙权达成妥协(指以湘水为界平分荆州南部),这些都是根据客观形势的变化所采取的相应策略,考虑的是长远利益,不是匹夫逞一时之忿所能做到的。现在有人认为孙权安于鼎足的局面,不能和我们同心协力,而且他的志望已经满足,没有渡江攻魏的打算。这些说法,似是而非。为什么呢?孙权是心有余而力不足,因此依江自保。他不能越过长江,犹同曹贼不能渡过汉水,并非是力量有余而见利不取。

然后,诸葛亮指出与孙权保持盟好关系的有利之处,说:

如果我大军北伐,孙权采用上策就会同时出兵去分割魏国的领土,然后再作进一步打算,采用下策也会乘机掠夺魏国的人力,扩展地盘,向曹魏炫耀武力,他是不会静坐不动的。即使他按兵不动,只要同我们和好,我们北伐时就没有东顾之忧,同时他还可以牵制黄河以南的敌军,使其不能全部调到西方来进攻我们,这对我们的好处也就很大了。

最后,诸葛亮下结论说:"因此,孙权僭越称帝的罪行,不宜公开揭露。"

诸葛亮从当时政治、军事的实际情况出发,考虑蜀国的长远利益,坚持自己的战略目标,为打击曹魏这一主要敌人,在对孙吴的态度上,加以灵活变通,继续维持与孙权的同盟关系,这无疑是正确的、明智的。他终于说服了蜀汉内部一些持不同意见的人,排除了干扰。

为了表示与孙权继续保持盟好,诸葛亮派卫尉陈震为使者到武昌,祝贺孙权称帝。陈震早在公元225年(建兴三年)奉命出使过东吴。这次去吴,诸葛亮还给他哥哥诸葛瑾写信介绍说:"孝起(陈震字)性品忠正纯朴,年龄越大越笃诚。至于他赞颂东西两国的关系,转述双方消息,使两国共同欢乐,和平友好,有可贵之处。"这表明诸葛亮对陈震的重视和信任。陈震也确实是一位能够贯彻诸葛亮联吴方针的重要使者。

陈震进入吴国时,就在给关候的文书中说:

东(吴)西(蜀)使者往来不断,申盟初好,双方关系每天都有新的进展。东方的君主受天命而称帝,与西方的君主分割天下土地,各有归属。当此之时,彼此同心讨伐曹贼,有什贼寇不能被消灭呢?西朝君臣非常高兴与东朝为援,以有所依赖。陈震没有才能,得以充当下国使节,奉命来交好,进入贵国,受到热情接待,就像回到家里一样。

文书中表达了陈震此行的目的是"奉聘叙好",承认并尊重孙权称帝,在两国间要建立平等关系,以诚相待。此举深受吴国官员的欢迎。

到了武昌,陈震向孙权献上礼物,表示祝贺,孙权很高兴。经过一番协商,双方达成协议,然后孙权与陈震"升坛歃盟",约定将来灭魏之后,吴、蜀双方平分曹魏疆土,西部的并、凉、冀、兖四州归蜀,东部的徐、豫、幽、青四州归吴,司州则以函谷关为界,西部归蜀,东部归吴。双方在盟约中说:

古代建立伟大的功业,一定要先结盟立誓。蜀和吴虽然信义出于本心,但是分割土地的大事,应当立有盟约。诸葛丞相的德威,远近闻名,拥戴本国皇帝,在外主持军事,诚信感动了天地,重复结盟,扩大诚意，遵守誓言，使吴蜀两国人民都能知道两国结盟的大事。从今日蜀吴结盟以后，齐心协力，一同讨伐魏贼，济危扶困，有难同当，有喜同庆，好恶相同，没有二心。如果有人危害蜀国，那吴国就讨伐他；如果有人危害吴国，那蜀国就讨伐他。各自守好自己的疆土，决不互相侵犯。盟约传到后代，做到始终如一。

这一盟约虽属一纸空文，但却表明了当时吴蜀双方维护联盟的立场，切实有利于联盟关系的发展。

陈震回国后，被封为城阳亭侯。

这次陈震使吴，双方结盟立誓，使吴蜀的联盟关系发展到最高峰。由于这种关系使孙权解除了西顾之忧，九月间便将皇帝都城由武昌迁到东方的建业（今江苏南京）。为了表示与孙权结盟的诚意，诸葛亮还建议后主刘禅，徙鲁王刘永为甘陵王，徙梁王刘理为安平王，因鲁、梁原来的封地（虚封）都在盟约中吴的分界地内。

此后，孙权对曹魏又采取了几次军事行动。

公元230年七月，曹魏派兵攻蜀，连遇大雨退军。十二月，孙权领兵攻合肥，魏征东将军满宠调兵守卫合肥，吴军进攻不利，只好退走。

公元231年，诸葛亮第四次北伐。吴军中郎将孙布败魏扬州刺史王凌于阜陵。

公元232年，陆逊攻魏庐江郡（今安徽六安市），满宠领兵迎击，吴军退走。

公元233年，孙权亲自领兵十万攻魏合肥新城（今安徽合肥市西北）。由于合肥旧城"南临江湖，北远寿春，贼（吴）攻围之，得据水之势"，满宠建议魏明帝在旧城西北方向三十里的"有奇险可依"之处，"更立城以固守"，是为合肥新城。正由于新城离水较远，孙权"积二十日，不敢下船"，满宠设伏兵等待，孙权上岸后，被魏军打败，最后退走。

公元234年春，诸葛亮第五次北伐时，派使者去东吴，约"同时大举"。五月，孙权派兵北征，命陆逊、诸葛瑾等将兵屯江夏，命孙韶、张继等率兵向广陵，自己则率大军（号称十万）向合肥新城。

吴军这次用兵声势比较大，引起魏方的重视。满宠想率诸军救援，珍夷将军田豫说："贼军人马大举出动，不只是想获得小利，是想用新

城招引大军,应该听任他们去攻城,挫败他们的锐气,不应该与其争锋;城不能被攻克,吴军必然会疲惫,等他们疲惫后再去攻击,可以获得大胜。"满宠上表请求派中军兵救援,并召回休假的将士,等到大军集合后再进攻敌人。

散骑常侍刘劭认为:"敌人刚刚到合肥,气焰嚣张,满宠率领少数士兵守卫,如果立刻进击,必定不能制住敌人。可以先派步兵五千,精锐骑兵三千,先赶到合肥,虚张声势,以示大军来到。敌人听说大军来了,骑兵断其后路,一定震恐逃走。"明帝接受了他的建议。

到了六月,满宠准备放弃合肥新城,引诱吴军深入到寿春,曹叡不同意,说:"先帝在东方设置合肥,在南方坚守襄阳,在西边固守祁山,贼来被破于这三城之下的原因,就在于这三城是兵家必争之地。即使孙权进攻新城,也一定不会攻下。命令诸将坚守,我将亲自率兵前去征讨。"

于是,明帝一方面为西线大将军司马懿增援兵力,抵御诸葛亮,并命令司马懿"但坚壁拒守以挫其锋";一方面亲自御龙舟东征孙权。当曹魏的精锐骑兵到达时,满宠又招募壮士焚烧了吴军的攻城器具,并射杀了孙权的侄儿孙泰。这时吴军"吏士多疾病",孙权听说曹叡大军将至,只好率大军退还,孙韶等也罢兵。曹叡说:"孙权败走,诸葛亮胆破,大将军司马懿一定能对付他,我不必再担忧了。"

上述情况表明,诸葛亮采取灵活的外交方针,派陈震使吴祝贺孙权称帝,发展双方的联盟关系,是有远见的、明智的决策,他在《绝盟好议》一文中对孙权态度的分析和估计是正确的。孙权不仅同西蜀保持着和好的关系,牵制着曹魏的一些兵力,而且对曹魏不是静坐不动,在诸葛亮北伐期间,采取了一些军事行动,给曹魏一定的压力,尤其是在诸葛亮第五次北伐期间,"与蜀克期大举",在军事上采取了配合行动,震动了曹魏,迫使曹叡又不得不御驾亲征。吴军主要是由于将士多疾病,这次军事行动才未得进展。

魏蜀吴三大集团的外交斗争,在刘备死前,唱主角的是孙权,他是主要成功者。曹操也是成功者。刘备既有成功也有失败,而失败是主要的。

赤壁之战后,孙权利用孙刘联盟打败曹操的有利条件,占据了荆州北部的一些地区,并将南郡(荆州)"借"给刘备,以此为曹操树敌,腾出手来稳定内部,将势力发展到岭南交州地区;当刘备取得益州之后,他以"索"荆州为由,军事、外交手段并用,取得了湘东二郡(长沙、桂阳),占了点便宜;当关羽势盛震撼荆襄之际,他利用曹刘矛盾,向曹操"乞以讨羽自效",袭杀了关羽,夺得了荆州(即把南郡、武陵、零陵三郡据为己有);当刘备东征孙吴时,他向曹丕称臣,接受封号,避免了两面作战,并在质子问题上与曹丕周旋,赢得了时间,保证了猇亭之战的胜利。这些,说明孙权的政治外交才能是胜人一筹的。但他破坏吴蜀联盟的做法,似乎不值得赞许。这主要的不在于他偷袭荆州,是"谲兵",是狡诈。在地主军阀之间的斗争中有哪个不狡诈呢?问题主要在于他这样做太冒险了,从长远利益来说是否值得。假如刘备东征胜利了或是两败俱伤,岂不使曹操坐收渔翁之利吗?如果曹操再从中做些动作,那么后果将是严重的。在这个问题上,只能说孙权是个幸运者。

曹操善于观察和利用矛盾。当孙刘争夺荆南三郡之时,曹操趁机夺取了汉中。但这次出兵不太合于时宜,促成了孙刘两家和解,中分荆州,又共同对曹,一个围合肥,一个取汉中。当关羽"威震华夏"形势对己不利时,曹操利用孙刘"外亲内疏"的矛盾,促使孙权夺了荆州,保住了岌岌可危的襄阳、樊城重镇。当关羽兵败之时,他下令不派兵追击,保存实力,坐山观虎斗。曹丕利用孙刘联盟破裂之机"篡汉"称帝,但他不善于利用孙刘之间的矛盾,对孙权施加的压力过大,促使孙权又靠向西蜀一边。

赤壁之战以后,刘备、诸葛亮利用孙刘建立联盟的时机,占据了荆州南部地区,从孙权手中"借"得南郡,并据此向益州发展势力,占据汉中,开创了基业,实现了鼎足而立的目标。这是诸葛亮联孙抗曹外交方针的胜利。但是刘备、诸葛亮在外交上也犯了明显的错误。这不是指他们在孙权破坏联盟后用武力去夺取荆州,而是指在此之前双方以湘水为界平分荆州、达成和议之后,对次要矛盾没有足够的认识,过分看重平分荆州、双方和好的一纸协议,对孙权丧失了警惕,只联合不斗争,以为尽可以放开手脚全力对付曹操了,从而在孙权偷袭荆州时陷于被动,以致失败。所以说,荆州之失与诸葛亮有关,其主要原因就在这里。

刘备死后,三国之间的外交斗争是由诸葛亮唱主角,在同孙权重修

第五章　荆州之失与吴蜀修好

盟好的过程中，他机智、灵活、主动，取得了明显的成功。

刘禅即位后，蜀国力弱多事，在极端困难的条件下，诸葛亮选派得力官员邓芝使吴，同孙权恢复了联盟关系。这意味着西蜀承认了孙权对荆西三郡侵夺的既成事实。这一在局部利益上的让步，是为了维护自身的整体利益。联盟关系的恢复，为诸葛亮稳定西蜀的统治秩序和南征平叛，创造了有利的外部条件，并为以后的北伐曹魏，打下了坚实的基础。

这里需要明确的是，刘备死前同孙权互通使者，不是恢复同盟关系，只是结束战争状态，讲了和，或者说是和好了。但和好并不等于盟好，盟好的实质是反曹。孙权同刘备讲和后，仍然向曹魏称臣。史载：孙权"犹与魏文帝相往来，至后年乃绝"。只是到邓芝使吴劝孙权绝魏，专与西蜀盟好后，吴蜀的联盟关系才正式恢复。

孙权称帝后，诸葛亮从现实出发，从长远利益出发，力排众议，放弃蜀汉唯一"正统"地位，共尊二帝。在统一内部认识之后，诸葛亮派使者到东吴恭贺孙权称帝，订立了吴蜀中分天下的盟约，使联盟关系得到了巩固和发展，使出兵北伐不仅无东顾之忧，而且得到了孙权的呼应和一定的配合。

因此，诸葛亮的外交活动取得了明显成功。

第六章

治理蜀国

在与东吴修好的同时,诸葛亮也开始下大力气治理蜀国。

一、诸葛亮主张治国要"礼""法"并用,"德""威"兼举

他在治国的带有总结性的论述中,总是强调"训章、明法""劝善、黜恶""礼有所任,威有所施"。所谓训章,就是指典章教化;所谓劝善,就是指德治教化,这都是儒家学说的主张。诸葛亮经常把它们与法、威、刑放在一起论述,体现了他治国要把礼和法结合起来的原则。

在德法并举的前提下,诸葛亮又特别提倡要以德治教化为先,法治为后。他说:"为君之道以教令为先,诛罚为后。"又说:"政治当有先后,先理纲,后理纪,先理令,后理罚","理纲则纪张,理令则罚行"。很明显,诸葛亮所说的"纲",即指德化;所说的"纪",即指法纪;所说的"令",即指教令;所说的"罚",即指刑罚。诸葛亮非常重视"德"的作用,并赋以"德"多种内涵。比如,他总结历史经验时说:"汤、武修德而王,桀、纣极暴而亡。""昔在项羽,起不由德,虽处华夏,秉帝者之势,卒就汤镬,为后永戒。"他称赞刘备"雄才盖世",天下"莫不归德",称赞刘禅"天资仁敏,爱德下士"。他自谦说:"德薄任重,惨惨忧虑。"答杜微书称:"君但当以德辅时耳。"教诫其子要"俭以养德"。上述"德"的内容,包括道德修养、德治教化、实施德政三个方面。诸葛亮认为这三者是紧密联系不可分割的,这是他继承儒家思想最集中的体现,也是他治国思想中不容忽视的重要一面。

诸葛亮对儒家的"礼"和法家的"法"的关系有着深刻的认识。他说:"陈教令以同其道,兴赏罚以劝其功,行诛罚以防其伪。"在他

看来,"政教不当,法令不从",礼和法二者是相辅相成不可偏缺的。诸葛亮有句名言,叫做:"非法不言,非道不行。"这里的"道",即指三纲五常等仁义道德。就是说,作为最高封建统治者,要言行一致,一切言论行为都必须符合德法并用的政治统治原则,这是诸葛亮对儒法合流的政治思想体系的高度概括,是他儒法融通在理论上最凝练的阐述。

理论是言,实践是行。我们听完了诸葛亮融通儒法以治国的理论,再看看他在这方面的实践。

刘备占领成都后,命诸葛亮与刘巴、法正、李严、伊籍等人共同制定蜀国的法典《蜀科》。《蜀科》已经亡佚,我们无从知道它的具体内容,但通过这个记载我们知道,诸葛亮是蜀汉立法的参与者。

作为蜀汉的丞相,诸葛亮日理万机,根据法令处理过许多人和事,他又是一个执法者。诸葛亮执法有以下四个特点。

第一个特点,执法以严。

诸葛亮执法严,包含两层意思。

一层意思,是诸葛亮执法严峻,有罪必治,依法行罚,决不宥赦。诸葛亮当政期间,很少进行大赦,有人曾批评诸葛亮"惜赦"。对此,诸葛亮答复说:

治世以大德,不以小惠,故匡衡、吴汉不愿为赦。先帝亦言:"吾周旋陈元方、郑康成间,每见启告治乱之道备矣,曾不语赦也。"若景升、季玉父子,岁岁赦宥,何益于治!

诸葛亮的"惜赦",是有道理的。在他看来,轻易行赦,是属于小恩小惠,而小恩小惠是不能达到天下大治的目的的。况且,轻易行赦实际是对法的践踏,是在怂恿犯罪。因为罪犯今天犯罪,明天就可能遇赦而获释,大赦多了,就使法律对犯罪降低了威严和惩治力度,就会使罪犯寄希望于大赦而视犯法为儿戏。所以,西汉丞相匡衡说:"臣窃见大赦之后,奸邪不为衰止,今日大赦,明日犯法,相随入狱,此殆导之未得其务也。"东汉光武帝的大将吴汉临死前也对光武帝说:"臣愚无所知识,唯愿陛下慎无赦而已。"前事不忘,后世之师,对于历史的经验,诸葛亮非常清楚,刘表父子在荆州、刘焉父子在益州年年大赦,但却不能治好荆益,诸葛亮怎能蹈袭他们的覆辙呢?刘表、刘璋等人屡屡大赦，也从另一个方面说明他们立法的动机。因为他们搞大赦是为了向人民施小惠，但是要大赦以笼络民心，就得有大赦借以实施的罪犯，为了有足够的罪犯就得密织罪网，使民动辄得罪。这种"民殷富而不知存恤"的做法是诸葛亮所坚决反对的。诸葛亮在施法方面所追求的是"德"。何为德？就是执法严峻，"恶无纤而不贬"，使人民知法治之严而不敢轻易触犯之，就是通过严法来整肃风纪，建立正常的社会秩序，使人民安居乐业。形象地说，刘璋所行宽法似水，看似柔和却诱人自溺；诸葛亮所行严法似火，看似猛烈却使人自警。比起以往统治者的视民如草芥、不教而诛、残民以逞来说，诸葛亮的执法以严则体现了儒家"仁者爱人"的观念。

另一层意思，是诸葛亮严格掌握执行法律的分寸，不枉杀滥杀。蜀国夷陵战败后，镇北将军黄权因后退无路，迫不得已投降了曹魏。有关部门要逮捕黄权的妻子，刘备没有同意，对黄权的家属仍待之如初。这里面也有诸葛亮的意思。因为黄权的家属在成都，诸葛亮也在成都，要处理黄权的家属得经过诸葛亮。黄权到了魏国，蜀国的降人传说黄权的家属已被诛杀，魏文帝曹丕要为黄权的家属治丧。黄权却说："臣与刘备、诸葛亮推诚相信，他们一定知道我的本志。我怀疑此消息不实，请等落实了再说。"后来，黄权的家属果然安然无恙。不但如此，黄权的儿子黄崇还作了蜀汉的尚书郎。在蜀汉末期，黄崇还随诸葛亮的儿子诸葛瞻抵御前来的曹军，在绵竹"帅厉军士，期于必死，临阵见杀"。不但黄权的家属，孟达的家属也赖诸葛亮的保护得以保全。孟达原为刘璋部将，后投刘备。刘备取汉中后，孟达奉命从秭归北攻上庸等地，与刘封一起落实刘备、诸葛亮打通汉水的计划。后来，孟达拒绝助关羽回救荆州，又与刘备的养子刘封不和，害怕刘备怪罪，便投降了曹魏。据说孟达投降后，有一个叫王冲的人对孟达说："听说您离蜀投魏，诸葛亮恨得咬牙切齿，要杀您的家人，幸亏刘备不听，您的家属才幸免于难。"孟达当即就说："诸葛亮对我的照顾有始有终，他不会这样做。"诸葛亮听说这件事后，给孟达写信，称赞孟达不信王冲的"造作虚语"，"度量吾心"。这表明诸葛亮也是不主张对孟达家属搞株连的。

诸葛亮在对罪犯处以极刑的把握上也是极严格的，除非那些事关军国成败、社稷安危的重大案件，诸葛亮一般都不轻易诛杀，而是既治其罪，又给出路。

在诸葛亮所处理的刑狱案件中，属于诛杀的有两起：一个是马谡失街亭，一个是彭羕谋反叛。

蜀汉建兴六年（228），诸葛亮出兵北伐。此次北伐，两路出兵：赵云、邓芝率偏军出箕谷，为引诱曹真主力的佯攻部队。诸葛亮亲率大军为主攻部队，进攻祁山。马谡是主攻部队的先锋。战争开始时，曹魏的南安（治今甘肃陇西东南）、天水（治今甘肃通渭西）、安定（治今甘肃镇原东南）三郡叛魏降蜀，关陇震动，形势极好。就在这时，马谡把战略要地街亭（在今甘肃庄浪东）给丢了。诸葛亮进无所据，只得退兵。

仅仅因为打一次败仗，诸葛亮不会杀马谡，因为胜败乃兵家常事。问题的关键在于，马谡的失败不是一般性质的指挥失误，而是违抗上级正确指挥所造成的恶果。关于街亭之战失败的原因，《三国志·蜀书·诸葛亮传》载："谡违亮节度，举动失宜，大为郃所破。"诸葛亮本人在承担这次战败的部分责任时，向后主上表说："臣以弱才……不能训章明法，临事而惧，至有街亭违命之阙，箕谷不戒之失，咎皆在臣授任无方。"作为全军统帅，面对皇帝朝廷，诸葛亮当然要承担街亭失败的责任，但具体到"街亭违命"，马谡则是罪责难逃。

马谡违背诸葛亮节度的具体内容是什么？《三国志·魏书·张郃传》说："谡依阻南山，不下据城。郃绝其汲道，击，大破之。"《三国志·蜀书·王平传》也说："谡舍水上山，举措烦扰，平连规谏谡，谡不能用，大败于街亭。"显然，弃城依山、移军频繁、舍去水源，都是马谡违背诸葛亮正确指挥的表现，那么据城守水、养精蓄锐、以逸待劳则是诸葛亮的要求。这虽然是我们根据马谡的临战表现反推出来，但并不是没有根据。诸葛亮在《治军》篇中指出"军队饥于远输，渴于躬井，劳于烦扰"，就容易打败仗，可见他十分注意军队的吃饭、饮水、休息。他还主张部队据守要"不动如泰山"，"以近待远，以逸待劳"，"静以理安，动以理威"。由此可见，诸葛亮平常治军的教导，同他在街亭临战时的指挥是一致的。而马谡在战争的关键时刻、关键地方违抗上级的正确指挥，致使整个军事行动失败，当然无法逃脱罪责。

更有甚者，街亭战败后，马谡自知罪行严重，不是勇于承担罪责、收拾残局，而是畏罪潜逃。按当时军纪，违抗上级命令，将士临阵退却和逃亡，都是要杀头的，何况马谡是两条都占了呢？

彭羕字永年，是益州广汉人。刘备入益州前，他不过是刘璋手下的一个书佐。刘璋不重用他，只用他抄抄公文，即使这样，也不能长久，最后还是听了别人的谮言，把他剃光头发，戴上刑具，罚做苦役。公平地说，彭羕是有才干的，所以刘备入蜀后，经庞统、法正等人推荐，见了彭羕，刘备"亦以为奇，数令羕宣传军事，指授诸将，奉使称意，识遇日加"。刘备任益州刺史，提拔彭羕为治中从事。彭羕有一个致命的毛病，即"姿性骄傲，多所轻忽"，"一朝处州人之上，形色嚣然，自矜得遇滋甚"。对彭羕的这种表现，诸葛亮心里很反感，并看出他"心大志广，难可保安"，多次提醒刘备对彭羕多加注意。刘备经诸葛亮提醒，也看出了彭羕的毛病。便对他逐渐疏远，并把他贬职为江阳太守。彭羕听说自己被降职到边远地区，对刘备十分不满。他找到马超，大骂刘备是"老革荒悖"。老革即老兵之意，在那个年代，若称某人为兵、卒，便是对他极端的轻蔑。不但如此，彭羕还对马超说："卿为其外，我为其内，天下不足定也。"公然煽动马超反叛。彭羕的阴谋被马超揭发，于是被逮捕下狱。

但是彭羕仍无认罪悔改之意。他在狱中给诸葛亮写了一封长信，内容就是两个，一是给自己摆功，二是给自己辩护。信中说他一开始就看出了曹操暴虐，孙权无道，刘璋暗弱，只有刘备有霸王之气。所以，他才同刘备，"论治世之务，讲霸王之义，建取益州之策"，刘备"即相然赞，遂举事焉"。他为自己辩解说，骂刘备为"老革"，是因为自己喝多了酒；"至于'内外'之言，欲使孟起（马超字）立功北州，戮力主公，共讨曹操耳"。

彭羕谋反，且无悔改之意，也无被宽大处理的理由。

除了马谡、彭羕以外，其他人的命运就不同了。

义阳新野人来敏，早年入蜀。刘备进占益州后，历任典学校尉、太子家令、虎贲中郎将、军祭酒、辅军将军等职。来敏为人狂傲，"语言不节，举动违常"，一贯在众人中间散布不满言论，而诸葛亮却对他一再"帅之以义"，给他改过的机会。后来，来敏随诸葛亮到汉中北伐前线，仍旧习不改，公然说："新人有何功德，而夺我荣资与之邪？诸人共憎我，何故如是？"来敏的言行，有害团结，影响极坏，对正在进行的北伐战争很不利。但诸葛亮只是上表请求将他免职，让他在家中"闭门思愆"。

鲁国人刘琰，早在刘备在豫州时就跟随刘备。刘备据益州之后，任命刘琰为固陵太守。刘琰无他才干，只是善于谈论，但因是刘备老臣，忠实追随刘备，权虽不重，地位却很高，排列位置仅次于李严。刘琰不预国政，只是率领一千多兵马，随从诸葛亮进行政事的劝谏和议论。建兴十年（232），他在汉中前线与前军师魏延闹矛盾，说出话来荒诞不实，受到诸葛亮的严厉批评。刘琰写信给诸葛亮说："我禀性道德不足，操行低劣，又有喝酒就言行荒唐的毛病，当先帝在世时我就差点栽在这上边。承蒙您一直根据我忠于国家的表现，原谅我的毛病，对我扶持救援，保全俸禄官位，我才有今天。最近我又头脑发昏，说错了话，您对我又加宽容，使我得到保全，免于刑狱审理，确保性命无虞。我已经在神灵面前起誓，今后一定克制和严格要求自己，改正过错，以死报国。但是，如果我被免去官职，就不能保全面子了。"刘琰对自己错误认识是深刻的，态度是诚恳的，所以诸葛亮答应了刘琰保留官职爵位的请求，只是把他送回成都。

诸葛亮严把惩治触犯法规之人的分寸，不搞株连，不枉杀无辜，而是留有余地，给人以改过的机会。这哪里有先秦法家惨刑寡恩、刑杀立威的弊习，分明是体现了儒家恕道的精神。

第二个特点，执法以明。

晋人习凿齿说："镜至明而丑者无怨。"丑者之所以承认自己丑，是因为镜子真实、客观地反映了丑者的本来面目。

诸葛亮执法之明，就在于他实事求是、客观公正地对待犯罪之人，不因己爱而轻其量刑，不因己恶而重其惩罚。

武陵临沅人廖立是诸葛亮十分赏识的人物。刘备任荆州刺史时，廖立就被辟为州从事，不到三十岁时，又被提拔为长沙太守。刘备进入益州，诸葛亮镇守荆州时，孙吴曾派使节到荆州。当东吴使节问到哪些人在辅佐刘备成大业时，诸葛亮说："庞统、廖立，楚之良才，当赞兴世业者也。"诸葛亮把廖立与庞统并提，可见对他是十分看重的。

但是，廖立却是个恃才自傲之人，并渐渐滋长到狂妄的程度。他认为以自己之才，地位当仅次于诸葛亮。总认为蜀汉亏待了他。他在军中常常牢骚满腹，任巴郡太守时也不好好尽职。刘备去逝，廖立在为刘备守灵时，居然在灵旁杀人。刘禅即位后，众官普增职号，廖立也随着被授为将军称号。廖立非常不高兴，他找到诸葛亮，当面问他："我怎么适合与将军并列？您为什么不表奏我为卿相，只让我当五校？"诸葛亮回答说："授你将军名号，是根据对你的考察而定的。至于为卿，连李严也没有任命为卿嘛！再说，你只适于任五校。"

廖立嘴上虽没说什么，但心里更火了。他一向认为自己仅次于诸葛亮，没想到连李严都不如。从此以后，廖立的怨气更大、牢骚更盛了，上至刘备，下至群臣，没有他不抨击的。他埋怨刘备不该争南三郡而不取汉中；埋怨关羽怙恃勇名，用兵无法，失掉荆州；抨击文恭任治中无纲纪，向朗只会随大流，郭演长毫无主见，王连随波逐流。总之，蜀国朝中上下能人不多。诸葛亮听到这些话后，立刻感到问题的严重，不处理不行，便上了一道表章，弹劾廖立诽谤刘备，诋毁群臣。

结果廖立被免去官职，废为平民，流放到汶山郡（治今四川汶川西南）。

如果说廖立案件是诸葛亮不因己爱而轻其量刑的典型，那么李严案件则是诸葛亮不因己恶而重其惩罚的最好说明。

诸葛亮对李严并不是一开始就印象不好。实事求是说，李严也是蜀汉政权中难得的人才。建安二十三年（218），益州发生马秦、高胜为首的武装起义，合聚部伍数万人，并打到资中县（治今四川资阳）。当时刘备正在汉中，朝中兵力紧张。李严没有向朝廷要求增兵，仅带领五千人便把叛军平定。这件事反映了李严的军事才干。正因李严有才，刘备临死时，让李严与诸葛亮并受遗诏辅少主，并让李严任中都护，统内外军事，留镇永安。诸葛亮对李严也很看重，说他"部分如流，趋舍罔滞，正方性也"。

但是，李严部分如流的外表下，却掩藏着一颗急剧膨胀的个人野心。刘禅即位后，诸葛亮辅佐刘禅，致力于富国强兵，准备完成先帝遗托，而李严却在此时劝诸葛亮受九锡之礼，进爵称王，就像曹操对汉献帝那样。李严这样做，如果仅以他个人利益理解，就是借抬高诸葛亮抬高自己，因为他在当时是仅次于诸葛亮的人物。往坏处理解，就是给诸葛亮带上不忠逆臣的罪名，让诸葛亮倒台，自己取而代之。不论怎样理解，这件事反映了李严的个人野心是不会错的。这大大出乎诸葛亮的意料，他当即给李严写了封回信：

吾与足下相知久矣，可不复相解！足下方诲以光国，戒之以勿拘之

道,是以未得默已。吾本东方下士,误用于先帝,位极人臣,禄赐百亿,今讨贼未效,知己未答,而方宠齐、晋,坐自贵大,非其义也。若来魏斩叡,带还故居,与诸子并升,虽十命可受,况于九邪!

这封信是对李严的驳斥,从"吾与足下相知久矣,可不复相解"这句话,可见诸葛亮忽然觉得与李严有了"白发如新"般的隔膜。

当初,刘备让李严留驻永安,有以他的军事才干对付东面的孙吴之意。刘备逝世后,诸葛亮经过深思熟虑,对"隆中对"最初的战略进行了重大修改,决定放弃荆州,联好东吴。随着吴、蜀关系的进一步改善,李严在永安的意义日渐减轻,于是诸葛亮命李严移屯江州,派护军陈到驻永安。李严认为这样做降低了自己的作用,心中大为不满。诸葛亮出兵北伐,让李严派一部分兵力增援汉中,李严却对此"穷难纵横,无有来意"。不但如此,李严还要求划出五个郡建立巴州,由他出任刺史。用今天的话讲就是另立中央,或者说要与诸葛亮分庭抗礼。这遭到了诸葛亮的严词拒绝。

蜀汉建兴八年(230),曹魏派司马懿由西城,张郃由子午道,曹真由斜谷,三路进攻汉中。诸葛亮率军西征,命李严率军两万赴汉中。李严竟置国家安危于不顾,要求像诸葛亮一样开府治事,设置独立的办公机构。这件事使诸葛亮深深感到,李严是个荣名利禄之徒。他不由得想起去年陈震出使东吴前对他说的一句话:"李严腹中有鳞甲。"陈震与李严同乡,对李严可谓了解很深。诸葛亮相信陈震对李严的评价,当时他就想,不去触犯他腹中鳞甲就是了。诸葛亮虽然没答应李严开府的要求,但他为了北伐的大局,答应李严离开江州后,由他的儿子李丰督江州,隆崇其待遇。

建兴九年(231),诸葛亮北伐,屯驻祁山,让李严督运粮草。当时阴雨连绵,道路泥泞,运输非常困难,军粮供应不上。李严便派部下去见诸葛亮,转达自己的意思,要他撤军。诸葛亮听从了他的意见,撤军回来。不料李严翻云覆雨,假作吃惊说:"军粮很充足,为什么要撤军?"而且他又向后主上表说:"大军撤退是为了诱敌深入以歼灭之。"按当时军令,在战争前线督运军粮误期是要斩首的。李严"运粮不继",虽曾派人向诸葛亮说明,并请退军。但他深知过失严重,故假装惊奇地说"军粮饶足"云云,"欲以解己不辩之责,显亮不进之愆也"。

也即推卸自己督粮误期之责，而且企图把退军罪栽到诸葛亮头上。李严给后主的上表更是欺君罔上，也是该杀头的。诸葛亮把李严前后亲笔写的书信全都展示出来，在铁的证据面前，李严无法抵赖，只得认罪。

李严生活不节俭，安身求名，不忧国事，这些都是诸葛亮所深恶痛绝的，再加上他犯有上述严重罪行，按诸葛亮个人的感情，应给李严以严惩。但诸葛亮并没有从自己的好恶出发，而是顾全大局，考虑到李严确有才干，又是自己的副手，蜀汉臣僚中第二号领导人，所以只将他废为平民，流放子梓潼郡；对李严所犯罪行的处罚，显然带有宽恕的性质。

我们说诸葛亮惩治李严没有丝毫的个人恩怨，还有一件事可以说明。李严被罢官后，诸葛亮给他的儿子李丰写了一封信，信中说："我和你父子竭力辅佐汉室，此为天上神明所知，非只为人世所晓。我奏请你父亲都护主管汉中，委任你去管辖江州没有征求别人意见，全由我个人做主；原以为诚心可以感动人，事情可以善始善终，谁料竟发生如此变故。古时候楚国官员多次受到挫败，但仍能克敌制胜，这说明心正就会有善果，这符合天道。希望你能安慰都护，要他努力改正过去的错误。现在他虽然被免官，权势、家业均非昔比，但还有奴婢门客一百数十人，你以中郎将、参军的身份在丞相府供职，相比之下还是上等人家。如果都护能自省前过，一心报国，你和蒋琬能诚心共事，那么，阻塞可重新通畅，失去的仍可再得。望你详思此言，明吾用心。亮别无他言，只有临书长叹，涕泣而已。"这篇充满感情的信，足以化万年冰霜，暖千秋风寒。人非草木，孰能无情。李严一而再、再而三地和诸葛亮闹意气，争荣利，诸葛亮能无动于衷吗？史书上虽没有记载诸葛亮对李严仁至义尽若此，经历了多么激烈的思想斗争，但我们可以肯定地说，他这样对待李严，是对自我的战胜和超越。这不是体现了诸葛亮儒家"克己复礼"的精神吗？

第三个特点，执法以平。

所谓平，即公平。公平，公平，只有公才可能平。诸葛亮执法，出以公心，不挟私怨，不泄私愤，不徇私情。

论私情，马谡被诸葛亮"深加器异"，每次引见他与之谈论，总是"自昼达夜"。可是他犯了法，照样受到诸葛亮的制裁。

论地位，李严与诸葛亮同受刘备遗诏辅政，协助诸葛亮掌管全国军

政,属于蜀汉政权的高级领导人。可是他犯了法,照样受到诸葛亮的制裁。

最能体现诸葛亮执法公平的,就是马谡案件。

在这个案件中,受处罚的不止是马谡一个人。马谡所率的将军张休、李盛同被处斩。将军黄袭被解除兵权。赵云、邓芝方面,"兵弱敌强,失利于箕谷,然敛众固守,不至大败",故赵云被贬为镇军将军。

诸葛亮自己也受到了处罚。他在给刘禅的自贬疏中说:

臣以弱才,叨窃非据,亲秉旄钺以厉三军,不能训章明法,临事而惧,至有街亭违命之阙,箕谷不戒之失,咎皆在臣授任无方。臣明不知人,恤事多暗,《春秋》责帅,臣职是当。请自贬三等,以督厥咎。

这不是仅说说而已。此事发生在蜀汉建兴六年(228),直到建兴七年(229),诸葛亮才被恢复丞相之职。

诸葛亮自贬三等,体现了他的执法以平。

诸葛亮自贬的理论根据就是"《春秋》责帅"。据《春秋》记载:鲁宣公十二年(前597),晋军以荀林父为统帅与楚军大战,佐军覆厌,统帅彘子阵亡。韩厥对荀林父说:"彘子以偏师陷,子罪大矣。子为元帅,师不用命,谁之罪也?"说晋军亡师是荀林父之罪。《春秋》是儒家经典,诸葛亮执法,根据却是儒家理论,儒法融通在这里达到了一个新的境界。

打了败仗,作为一军统师,不但追究下属的责任,还从知人任事方面深刻反省自己,这不反映了儒家"一日三省吾身"的精神吗?

第四个特点,执法以信。

所谓"信",也包含两层含义。

一层含义,是说话算话,决不自食其言,决不自毁成约。诸葛亮在祁山时,魏军司马懿率大军阻挡蜀军出山。当时诸葛亮为与曹魏大军持久抗衡,采用了"十二更下"制,即将前线部队分为十二部,每月用相应的后备兵力替下一部,让其休整。司马懿大军一下来了二十多万,而诸葛亮军只有八万。众人都劝诸葛亮说:"情况突变,敌军势力大增,我们是不是暂时让该休整的部队继续留在前线,以壮大我军声势。"诸葛亮说:"吾统武行师,以大信为本,得原失信,古人所惜;那些该撤下的兵士已经收拾好了行装,待命回家,他们的妻子家人也延颈企盼,计其归日。所以虽临征战之难,定好的制度不能废止。"这件事说明了诸葛亮的以信执法。

另一层含义,是由于诸葛亮执法公平,深得众人信服。廖立是受诸葛亮制裁的人,流徙汶山郡后,躬率妻子耕殖自守。诸葛亮逝世的消息传到汶山后,廖立竟失声痛哭。另一受过诸葛亮惩治的人李严,听到诸葛亮逝世的消息后,竟激愤忧病而死。廖立、李严之所以如此,是因为他们坚信,既然诸葛亮给了自己改过的机会,就一定会言而有信,终会再次重新启用自己。诸葛亮的逝世,使他们感到不会有人像诸葛亮那样公平执法了,他们再次出头的日子没有了,他们绝望了。

晋人习凿齿评论诸葛亮执法时说:

昔管仲夺伯氏骈邑三百,没齿而无怨言,圣人以为难。诸葛亮之使廖立垂泣,李平致死,岂徒无怨言而已哉!夫水至平而邪者取法,镜至明而丑者无怨,水镜之所以能穷物而无怨者,以其无私也。水镜无私,犹以免谤,况大人君子怀乐生之心,流矜恕之德,法行于不可不用,刑加乎自犯之罪,爵之而非私,诛之而不怒,天下有不服者乎!诸葛亮是可谓能用刑矣,自秦、汉以来未之有也。

诸葛亮执法所达到的水平,远远超出了法治自身所达到的最高层次。

百姓怨声载道,沸反盈天,这是法治的最低层次。

百姓道路以目,敢怒不敢言,这是法治的次低层次。

百姓口无怨言,依法守法,这是法治的最高层次。

百姓口无怨言,心有服意,受罚者刑之而不怨,诛之而不怒,这是先秦法家实践不可能达到的层次。

诸葛亮却达到了。因为诸葛亮所依靠者不仅仅是法家的法,还有仁爱、宽恕、诚信、克己等儒家精神,这些精神体现了诸葛亮的德。

诸葛亮的儒法融通,使儒家得到了充实,使法家得到了升华,使蜀汉成为三国中治理得最好的国家。

二、认为执政者要"耳聪目明"

对一个普通人而言,"耳聪目明"是说他生理器官健康。

对一个执政者而言,"耳聪目明"则有新的含义:

耳聪,就是纳言,就是听得进各种人、各方面的意见。

目明,就是任才,就是能慧眼发现人才,任用人才。

只要是个健全、健康的人,差不多都能达到耳聪目明;但是,并不是每个执政者都能做到政治意义上的耳聪目明。

如果说耳聪目明是政治家的一种可贵品质,那么这种品质在诸葛亮身上就越发显得珍贵。因为夷陵之战后的蜀汉,在三国中国土最小,受战争创伤最重,国力虚弱,人才奇缺。要想迅速医治战争创伤,恢复国力,就得调动起大家的积极性,集中大家的智慧。三国抗衡在某种意义上说是人才的抗衡,国土最小,就使人才的数量受到客观环境的限制,如果执政者不具备发现人才的慧眼,那么蜀国就会丧失与其他两国的竞争力。

作为蜀汉的执政者,诸葛亮不但耳聪目明,而且在十多年的治蜀实践中,以自己的聪明才智,集思广益,发现并重用人才。这不仅是他个人的品质的完善,也是蜀汉政权的幸运。诸葛亮对纳言有着深刻的认识。他说:

纳言之政,谓为谏诤,所以采众下之谋也。故君有诤臣,父有诤子,当其不义则诤之,将顺其美,匡救其恶。恶不可顺,美不可逆;顺恶逆美,其国必危。夫人君拒谏,则忠臣不敢进其谋,而邪臣专行其政,此为国之害也。

一个国家的执政者,能不能行纳言之政,有没有鲠骨诤臣,是关系到能否使国家兴利除害的大事,是关系到社稷安危存亡的大事。

怎样才能行纳言之政呢?诸葛亮认为要做到两点。

第一要做到"视微形,听细声"。所谓微形细声,就是指那些往往容易被忽视的事情和意见。而视微听细,不专心是万万不能做到的。他引用一句话,叫做"圣人无常心,以百姓为心"。如果把所有精力全都专注于百姓这个心视,"目为心视,口为心言,耳为心听,身为心安",就能够"视微之几。听细之大"。

第二要做"多闻",即"听察采纳众下之言,谋及庶士"。多闻,即听取各种意见,既包括进善之忠言,也包括吁嗟之怨言。诸葛亮认为,个人的见识总是有限的,只有"集众思,广忠益",依靠众人的智慧,才能把国家治理好。如果要避嫌疑,或者怕得罪人,不敢提出不同意见来商讨,就会给国家政事造成缺欠和损失;反之,如果经过大家反复商讨,就能像"弃敝蹻而获珠玉"一样,获得有益的意见和办法。诸葛亮还特别重视下面的"怨声""危言",即批评的、不满的、反面的意见。他说:"有道之国,危言危行;无道之国,危行言逊。上无所闻,下无所说。"又说:"怨声不闻,则枉者不得伸。"他把能否听取反面意见,提高到一个国家政权有道或无道、兴旺或衰落的高度来认识,这是很有政治见地的。他深知一旦没有了谏诤,群臣们不敢讲真话,国家政治就会被欺骗和假话所淹没,被阿谀逢迎、歌功颂德之声所包围和侵蚀。如果没有反面意见的警戒和促进,就有可能无法进步,甚至停滞倒退走向反面。这就是他所说的"危生于安,亡生于存,乱生于治"的道理。

更可贵者,诸葛亮不是空发议论,而是言行一致,付诸实践。早在建安二十三年(218),刘备率兵同曹操在汉中展开争夺战时,诸葛亮就采纳了部属杨洪的意见,急速派兵增援汉中,保证了战役的胜利。建兴三年(225),诸葛亮率大军南征,临行前曾征求马谡的意见,马谡向他提了"攻心为上"的策略,也被诸葛亮所采纳。建兴五年(227),诸葛亮率兵北伐,需要留一个有才能的人留下任丞相府长史,以代理丞相管理蜀汉日常军国事务。他想把此任交给张裔,但觉得此事关系重大,还应听听别人的意见。一征求别人意见,果然有不同看法,蜀郡太守杨洪就认为:"张裔天生具有明察事物的能力,他能够担负起丞相府长史的公务,但他处事不太公平,恐怕不能单独担此重任。"后来,诸葛亮虽然任张裔为丞相府长史,但又派了"方整有威重"的蒋琬协助他,显然是吸取了杨洪的意见。

对于不同意见,诸葛亮是持欢迎态度的。还在隆中隐居时,他的好朋友崔州平、徐庶等人就常和他一起探讨问题,在探讨中经常各抒己见,争论不休,正是这种争论,使诸葛亮觉得获益匪浅。自从占领益州,初建霸业之后,诸葛亮又实行参署制度,即让一些有识之士参与机要事务的议论与处理。在参署人员中,比较突出的是董和和胡济。董和字幼宰,刘备入蜀后被任为掌军中郎将,与诸葛亮并署左将军、大司马府事,经常提一些好的建议。在他参署的时候,有时与诸葛亮意见不一

致，双方的争辩讨论竟达十次之多。胡济字伟度，任诸葛亮的主簿，也常提出不同意见。为了鼓励大家都能像董幼宰、胡伟度那样知无不言，言无不尽，诸葛亮曾一再发布《与群下教》。第一个教令说：

夫参署者，集众思广忠益也。若远小嫌，难相违覆，旷阙损矣。违覆而得中，犹弃敝蹻而获珠玉。然人心苦不能尽，惟徐元直处兹不惑。又董幼宰参署七年、事有不至，至于十反，来相启告。苟能慕元直之十一，幼宰之殷勤，有忠于国，则亮可少过矣。

以后，又发了第二个教令：

昔初交州平，屡闻得失；后交元直，勤见启诲。前参事于幼宰，每言则尽；后从事于伟度，数有谏止。虽姿性鄙暗，不能悉纳，然与此四子终始好合，亦足以明其不疑于直言也。

街亭之役失败，诸葛亮退回汉中。在对这次战役中有过者处罚，有功者奖励之后，为了进一步总结经验，诸葛亮又下了《劝将士勤攻己阙教》：

大军在祁山、箕谷，皆多于贼，而不能破贼为贼所破者，则此病不在兵少也，在一人耳。今欲减兵省将，明罚思过，校变通之道于将来；若不能然者，虽兵多何益！自今以后，诸有忠虑于国，但勤攻吾之阙，则事可定，贼可死，功可跻足而待矣。

从以上三个教令中，我们可以看到诸葛亮对不同意见的真诚欢迎态度。

集思广益，用的是众人的智慧；重用贤才，则不仅是众人的智慧，还有众人的能力和实干精神。

重用贤才，是诸葛亮治理蜀国的又一个重要的实践。

诸葛亮对贤才问题有着深刻的、系统的认识。

"夫治国犹于治身，治身之道，务在养神；治国之道，务在举贤。是以养神求生，举贤求安。"这是讲"举贤"对于治国的重要。

"国之有辅,如屋之有柱。柱不可细,辅不可弱,柱细则害,辅弱则倾。"这是讲贤才对于国家的重要。

"柱以直木为坚,辅以直士为贤;直木出于幽谷,直士出于众下。"这是讲不拘一格选拔人才。

"人君悬赏以待功,设位以待士,不旷庶官,辟四门以兴治务,玄纁以聘幽隐。"这是讲以诚挚的态度对待人才。

"为人择官者乱,为官择人者治。"这是讲要任人唯贤,不要任人唯亲。

诸葛亮为什么把举贤任才放在如此重要的位置?

大凡有眼光的政治家,没有不重视人才的作用的。三国之争,在某种意义上讲是人才之争,没有人才便不能创业,没有人才便不能立国。而恰恰在立国兴业方面,蜀国面临着严重的人才问题。

在第六章中,我们曾说过,长期的荆州之争,特别是夷陵之战,使蜀汉方面失去了一大批人才,而生老病死的无情自然规律的作用,又使蜀国的人才危机雪上加霜。让我们看看下面一些事实。

陈寿在论述蜀国人才状况时说:齐桓公手下文有管仲,武有王子城父;刘邦手下文有萧何,武有韩信,所以他们能成大业。而蜀国呢?诸葛亮的治国才干,"抑亦管、萧之亚匹也,而时之名将无城父、韩信,故使功业陵迟"。

晋人习凿齿反对诸葛亮杀马谡之举,理由是:"蜀僻陋一方,才少上国,而杀其俊杰,退收驽下之用;明法胜才,不师三败之道,将以成业,不亦难乎!"马谡是否该杀另当别论,但他指出的蜀国当时人才缺少应是事实。

孙盛也指出:"蜀少士人。"

袁准也不止一次地说,蜀汉"小国贤才少","良将少"。

看来,蜀汉的人才资源不足是个无法回避的事实。

看看蜀汉人才资源有限的严峻现实,我们就能理解诸葛亮为什么如此重视人才问题。再看看蜀汉人才辈出、人尽其才的现实,我们就能体会到诸葛亮对有限的人才资源的开发和利用,付出了多么大的努力。

我们可以这样说,蜀汉的人才资源在三国中是最少的,但蜀汉对人才资源的开发利用则是最充分的。

这不能不归功于诸葛亮的孜孜努力。诸葛亮对人才资源的开发和利

用是有效的，是成功的，是值得加以系统研究和总结的。

以德才兼备的标准衡量人才，这是诸葛亮用人的第一个特点。

衡量人才的标准从理论上说有三个，唯德是用，唯才是举，德才兼备。事实上，我们在三国中没有见过只问德行，不问才干的人。公然主张唯才是举的人是有的，那就是曹操。诸葛亮的德才兼备与曹操的唯才是举，在一般人看来是截然不同的，而我们认为，二者之间有同有异。

同在哪里？我们先看看诸葛亮所主张的"德"的内涵。

诸葛亮曾称赞蒋琬为"社稷之器，非百里之才"，说他"为政以安民为本，不以修饰为先"，还说他"托志忠雅，当与吾共赞王业者也"。他称赞董和"有忠于国"，称赞陈震"忠纯之性，老而益笃"，董允因"秉心公亮，欲任以宫省之事"，杨洪"忠清款亮，忧公如家"，李恢"公亮志业"，吕凯"守节不回"，王平"忠勇而严整"，都受到诸葛亮的重用。诸葛亮多次向蒋琬等人称赞姜维"忠勤时事，思虑精密"，"心存汉室，而才兼于人"。

与此相反，诸葛亮弹劾李严"受恩过量，不思忠报"，"安身求名，无忧国之事"；弹劾廖立"奉先帝无忠孝之心"，"坐自贵大，臧否群士"。

上述一褒一贬，可以看出诸葛亮"德"的具体内涵，即对蜀汉政权的忠诚和个人品德尽可能的完善。当然，诸葛亮所褒扬之人，个人品德并非尽善尽美，有的人甚至有明显缺陷，但对蜀汉政权忠诚这点上，诸葛亮是容不得打半点折扣的。忠贞是诸葛亮衡量人才是否有德的最核心的内容。

难道曹操不需要忠臣吗？有几件事表明，主张唯才是举的曹操也是把握着忠于自己这条标准的。

曹操任兖州刺史时，曾任命东平人毕谌为别驾从事史。张邈叛曹，把毕谌的母亲、弟弟和妻子儿女都抓走。曹操对毕谌说：你的老母在那边，你可以去寻找她。"毕谌当时就伏地叩头，表示决不离开曹操。曹操竟被他的忠诚感动得热泪直流。不料毕谌一出来，立即投到亲人那边；后来曹操破敌，将毕谌活捉。众人都以为毕谌必死无疑，曹操却说："夫人孝于亲者，岂不亦忠于君乎！吾所求也。"便任命毕谌为鲁相。

建安三年（198），曹操打败吕布，将其生擒于白门楼。吕布对曹操求饶说:"明公所担心的不就是我吗?我现在被您降服了,天下再没有使您担忧的事了。明公您统领步兵,我统领骑兵,则天下可定也。"曹操听了吕布这番话,不免有些动心,这时刘备提醒曹操说:"明公难道忘了吕布先后事奉丁原、董卓,又先后把他们杀死的事吗?"曹操听了,便下决心将吕布处死。

曹操任用毕谌,因为其忠孝;杀死吕布,是担心他不忠于自己。这一用一杀,不也反映出他同样需要忠于自己的人才吗?

用人先求其忠,诸葛亮的德才兼备也好,曹操的唯才是举也罢,都是相同的。所不同的是,曹操本身并非汉室忠臣,这样他对下属忠的要求便不那么理直气壮,他不便像诸葛亮那样公然提倡部下尽忠,只能用杀戮、高压、权术来驱使部下为其效力。诸葛亮则不同,他本身就以兴复汉室、诛杀逆贼为己任,他不但以忠作为衡量人才之德的主要标准,而且自己也对蜀汉尽忠竭诚,从而使德才兼备的标准更有感染力和约束力。

以诚心诚意的态度访求人才,这是诸葛亮用人的第二个特点。

心诚则灵。诸葛亮对诚心的感召力是深有体会的。想当年,他自己就是被刘备求才的诚意所感动,出山辅佐刘备的。如今,为了实现复兴大业,诸葛亮也怀着一颗诚挚之心,寻求着与自己志同道合、同心同德之人。

为了得到贤才,诸葛亮曾筑求贤台。据《太平寰宇记》记载:在华阳县(治今四川成都)北一里有一个台,叫读书台。相传为诸葛亮治蜀时所筑,用来"集诸儒兼以待四方贤士"。

为了得到贤才,诸葛亮鼓励下属向他举荐各种人才。阆中人姚伷,在刘备进益州后任功曹书佐。刘禅即位后,姚伷先被诸葛亮任为广汉太守,后随诸葛亮北驻汉中,为丞相掾属。姚伷曾向诸葛亮推荐很多文武之士,诸葛亮专门写了一篇教令号召大家向姚伷学习。教令说:

忠益者莫大于进入,进入者各务其所尚;今姚掾并存刚柔,以广文武之用,可谓博雅矣。愿诸掾各希此事,以属其望。

诸葛亮不但号召大家学习姚伷,还提拔姚伷作参军。他对姚伷特别器重,显然有助于鼓励大家荐举人才的积极性。

　　为了得到贤才，诸葛亮还亲自访寻。益州人秦宓、五梁、杜微号为州中俊彦。诸葛亮任秦宓为别驾，五梁为功曹，杜微为主簿。杜微无心仕途，早在刘璋当政时，他就称病辞官。刘备进入益州后，杜微称耳朵不好使，闭门不出。刘禅即位后，诸葛亮辅政，命人用乘舆把杜微抬进府中。

　　杜微的听力的确不太好，他为了躲避仕宦官场，索性就装起聋来。诸葛亮见到他，说："早就听说先生高德，亮渴慕已久。""啊？"杜微把手放在耳边，装作什么也听不见。诸葛亮见此，又提高声音把刚才的话重复了一遍。杜微还是摇头，嘴里一个劲叨唠听不见。不料诸葛亮极有耐心。他拿过纸和笔，写道："久闻先生德行高尚，亮盼见先生若饥渴历时之人。可惜您清我浊不能同流，所以一直无缘相见，向您请教。"

　　杜微装不下去了，只好对诸葛亮说："微乃无名草民，蒙丞相如此错爱！"诸葛亮继续用笔在纸上写道："先生不必过谦。州中俊彦王元泰、李伯仁、王文仪、杨季休、丁君干、李永南兄弟、文仲宝等常提起您。每次说到您，都赞叹您志向高远，使我虽未谋面却神交已久。我德才俱无，前来统领贵乡益州，深感德薄任重，忧虑不已。"杜微问诸葛亮："不知丞相有何吩咐？"诸葛亮又写道："皇上今年十八岁，天资仁慈聪慧，礼贤下士。天下人心思汉，所以想和您一起因天顺民，辅此明主，以建立重振汉纲之功，永垂史册之勋。"

　　杜微见此，摇摇头，说："微无德无能，且年老体衰，耳不能听，实难从命。若无他事，吾便告辞。"诸葛亮摆摆手，示意让他坐下，又在纸上写下这样一段话：

　　曹丕篡弑，自立为帝，是犹土龙刍狗之有名也。欲与群贤因其邪伪，以正道灭之。怪君未有相诲，便欲求还于山野。丕又大兴劳役，以向吴、楚。今因丕多务，且以闭境劝农，育养民物，并治甲兵，以待其挫，然后伐之，可使兵不战、民不劳而天下定也。君但当以德辅时耳，不责君军事，何为汲汲欲求去乎！

　　诸葛亮这番话，坦诚地说明了自己的志向、打算以及对杜微的要求。杜微终于为诸葛亮的诚心所动，做了蜀国的谏议大夫。

　　独具慧眼识别人才，是诸葛亮用人的第三个特点。

有些人，在没有给他提供展示才华的机会和舞台以前，表现平平，甚至有些怪诞。但一旦给他们机会和条件，他们就会有出色的表现。对这样的人来说，识才者的慧眼是十分重要的。

何祗、蒋琬就是这样的人，但他们很幸运，遇到了慧眼识才的诸葛亮。

何祗字君肃，自幼贫寒，为人宽厚通达。此人开始任督军从事，但整日游戏放纵，不勤所职。诸葛亮听说后，决定亲自去考察一番，若果真如此，就对何祗依律惩处。他没有打招呼，突然来到何祗所在郡，要检查何祗所管的刑狱工作。当时，诸葛亮对官吏的考核非常严厉，众人都为何祗捏了一把汗。何祗头天晚上听说丞相要亲自对他考核，连夜张灯审问囚犯，阅读有关文件。第二天诸葛亮进行考核时，何祗已把众多案情一一暗诵在心，答对解释，无有凝滞，畅若流水。这件事引起了诸葛亮的沉思。何祗的同事们都担心何祗被罢免，说明他在众人中威信不差。何祗竟在一夜间将所管的刑狱工作了解得如此清楚，可见是个有才干的人。他之所以游戏放纵，不勤所职，是不是出于一种怀才不遇的心理？他不禁想起了蒋琬。

蒋琬开始的境遇也和何祗差不多。他是荆州人，随刘备入蜀，任广都县长。有一次，刘备曾因游观突然到广都，发现蒋琬众事不理，又喝得烂醉，不由大怒，要将他治罪。因为诸葛亮长期经营荆州南三郡，蒋琬在他的家乡湘乡弱冠知名，所以诸葛亮十分了解蒋琬的才干。他劝刘备说："蒋琬，社稷之器，非百里之才也。其为政以安民为本，不以修饰为先，愿主公重加察之。"果然如诸葛亮所说，蒋琬是个治理国家的大才。他从地方县令进入朝廷任尚书郎，又任诸葛亮丞相府的东曹掾、长史，逐渐担当起国家重任。

诸葛亮觉得何祗的情况太像当初的蒋琬了，他决定给何祗提供展示自己才干的舞台。他不但没有罢免何祗的官，反而提拔他做了成都县令。后来郫县县令之位出现空缺，诸葛亮又让何祗身兼两县之职。

诸葛亮果然慧眼识英才！何祗自从治理两县以来，表现出了超人的才干。成都、郫两县因为地处京畿，人口繁多，政务复杂，奸人秽事屡见不鲜，何祗每处理一个案件之前，都要做好周密准备，将罪犯了解得清清楚楚。审案时，他又故弄玄虚，昏昏眠睡，然后突然醒来，指出罪犯的奸诈之处。所以，众人都害怕何祗审案，都以为他有神术，无敢相

欺者。何祗也的确聪明，据说他算粮食账，让别人读而自己心里计算，其结果"不差升合"。后来，汶山郡少数民族出现不安定的情况，诸葛亮又拔何祗任汶山郡太守，结果使"民、夷服信"，当地很快安定下来。后来，何祗又转为广汉太守，汶山郡少数民族又乱，他们提出"令得前何府君，乃能安我耳"。当时朝廷已不可能再将何祗派回，便提拔了何祗的一个族人任之，这个新官凭借是何祗的族人，就使汶山郡的少数民族信服。可见何祗在汶山郡的威信之高。

不拘一格举才，是诸葛亮用人的第四个特点。

所谓不拘一格，有两方面的内容。

第一，不问新人旧部，只要有才便用。蜀汉所在的益州，人事关系比较复杂。益州本土有许多名族和俊彦，是为益州土著。刘焉、刘璋父子进入益州，又带来了一批人，史称"东州士"，还起用了一批人，这些官吏可视为刘璋旧部。刘备入蜀，带来一批人，史称"荆州集团"，他在益州执政期间又提拔大批人士，这些官吏可称为刘备旧部。建兴元年（223），诸葛亮全面执掌蜀国军政大事后，他除了囊括上述两类人外，又提拔起用了大批新人。据考证，诸葛亮所任用的经济、政治、军事、文化等各类人才，共计约有六十三人。如果从地域分布看，荆州二十八人，益州二十九人，兖州三人，豫州一人，雍州二人（此据三国州郡分布）。如果以刘璋、刘备、诸葛亮三位不同时期最高领导人为中心看，上述六十三人中：属于刘璋旧部十一人，属于刘备旧部二十四人，属于诸葛亮新起用的二十八人，其中还包括魏降将二人。从上面统计中可以看出，诸葛亮所用之人，无论从地域上、政治分野上、人才专长上讲，包容十分广泛，绝没有以人划线，或先后、亲疏、派别之分。可以说，诸葛亮用人，真正做到了不拘一格。

第二，不问资深资浅，位高位低，只要有才便加以提拔。巴西人王平，原来是曹魏的下级军官，投降刘备后，任牙门将、裨将军。他没什么文化，"手不能书，其所识不过十字"。但此人十分聪明。写信时由他口授别人代写，但所写之信皆清楚有条理。他不识字，但请别人为他读《史记》《汉书》，听完之后便知其全部大义，与人论说时不失其主旨。王平还富有作战经验，街亭之役，他一再劝说马谡不要违背诸葛亮调度。当街亭败局已定时，马谡之众星散逃亡，只有王平所领千人，鸣鼓保持队形，使得魏军误以为是伏兵不敢追赶，王平从容收合各营逃散的兵将撤回。诸葛亮见他有真才实学,升任他为讨寇将军,封爵亭侯。襄阳人董恢,曾作为费祎的副手出使东吴,在东吴表现出卓越的外交才干,受到孙吴的称赞。诸葛亮知道后,在他从东吴回来不到三天时,便提拔他为丞相府属,又升任他为巴郡太守。

最能说明诸葛亮不拘一格举人才的还有一件有趣的事。犍为人杨洪,原来只是犍为太守李严手下的一个属官。但由于杨洪表现出出色的才干,当李严还在犍为太守任上,杨洪已做了蜀郡太守,与他昔日的上司成了平级。蜀郡人何祗,最开始只是杨洪手下的一个抄写文书的办事员,由于他才干出众,迅速得到诸葛亮的提拔,由郡吏到县令,由县令到郡守。当何祗任广汉太守时,杨洪还是蜀郡太守。这一对昔日的上下级,如今也平起平坐了。每次朝会时,何祗总是坐在杨洪旁边。有一次,杨洪来晚了,他借题发挥,与何祗开玩笑说:"你的马怎么跑那么快?跑到我的前面。"何祗回答说:"我是您的故吏,怎敢驶马超越?只不过您快马未加鞭罢了。"这件事在蜀国一时传为美谈,众人都佩服诸葛亮"能尽时人之器用也"。

在实干中培养人才,这是诸葛亮用人的第五个特点。

诸葛亮在世的时候,就考虑着将来由谁来接自己的班的问题。掌管蜀国军国大政,辅佐皇帝实现先帝遗愿,这是件大事,非大德大才之人难以担当。当时蜀国面临的形势是严峻的,诸葛亮也明显感到,"诸将才不及己",怎么办?只有让相应的人在实干中增长才干。

诸葛亮看中了三个人,一个是蒋琬,一个是费祎,再一个是董允。

蒋琬是经过诸葛亮长期考察的。诸葛亮认为他是"社稷之器,非百里之才"。为了让蒋琬尽快成长起来,从建兴元年(223),诸葛亮就有意往他身上压担子。诸葛亮开府,拔蒋琬为丞相府东曹掾,负责东曹工作,主管高级官员的选用和提拔,又举荐他为茂才。蒋琬表示推辞,欲将此职任让给刘邕、朋化、庞延、廖淳等人。诸葛亮为此专门给蒋琬写了封教令,让他明白自己的用意。以后,又迁升蒋琬为参军。建兴五年(227),诸葛亮北伐,又让蒋琬与丞相府长生张裔一起处理日常国家大事。建兴八年(230),又让他代替张裔的职务(因张裔去世)。在长时期的、一步一步的政治实践中,蒋琬很快地成长为蜀汉的栋梁之才。

诸葛亮与费祎相识比蒋琬要迟。费祎是刘璋的亲戚,在刘璋当政时入蜀。诸葛亮入蜀后才结识费祎。当时,费祎与董和的儿子董允齐名,

难分优劣。后来，蜀国太傅许靖的儿子死了，董允和费祎都要去参加他的葬礼。董允向父亲董和要辆车子，董和就给了他们一辆平民百姓用的简陋小车。当时董允就面有难色，觉得这样的车丢面子，不愿意坐。而费祎却毫不犹豫，从容先上。到了丧所，蜀汉的官员都来了，诸葛亮也来了。看着别人鲜丽的车乘，董允更觉得无地自容，而费祎却泰然自若。董和听了这种情况，就对董允说："我常觉得你和费祎难分优劣，但通过这件事，我清楚了。"

这件事也给诸葛亮留下了深刻印象，他也同意董和的看法，认为费祎和董允都是人才，但费祎要略胜一筹。从此，他有意识地对费祎进行培养。诸葛亮南征凯旋，众官于数十里外迎接，年龄地位多高于费祎。而诸葛亮只把费祎叫上车与之同乘，由是众人对费祎无不另眼相看。在与孙吴重建盟好的努力中，诸葛亮多次派费祎出使，以锻炼其才干，又让他先后担任侍中、参军、中护军、司马等职，随自己进入汉中，参与北伐大事。

诸葛亮也没放弃对董允的培养。他临北伐之前，上书给刘禅，说董允等人是"先帝简拔以遗陛下"，"至于斟酌损益，进尽忠言，则攸之、祎、允之任也"，"愚以为宫中之事，事无大小，悉以咨之，然后施行，必能裨补阙漏，有所广益"。费祎由侍中转为参军，诸葛亮马上让董允接任侍中，领虎贲中郎将。

在诸葛亮的精心培养下，蒋琬、费祎、董允很快成长起来，担起了蜀国的社稷重任。时蜀人以诸葛亮、蒋琬、费祎、董允为四相，"一号四英"。诸葛亮病危时，李福问诸葛亮百年之后谁可任大事？诸葛亮毫不犹豫地说出了蒋琬。李福又问蒋琬以后谁可继任，诸葛亮又说出了费祎。

诸葛亮已经培养出了可靠的后备力量，即使死了，也可放心而去了。

任才用其所长，是诸葛亮用人的第六个特点。

人非完人，各有长短。诸葛亮是深深懂得这个道理的，所以他在用人的时候，不是求全责备，而是用其某方面的特长。

许靖原为刘璋属僚，刘备入蜀，任他为左将军长史；称汉中王后，任他为太傅；称帝后，又任他为司徒。其实，许靖在治国、军事方面俱无才能，连法正也说他是个"获虚誉而无其实者"。刘备不想用他，法正劝刘备用他的名以招揽人才。诸葛亮也有此主张,他对刘备说:"靖人望,不可失也,借其名以竦动宇内。"许靖在位期间"爱乐人物,诱纳后进,清谈不倦"。许靖与曹魏名臣多有信函来往;在当时士人中声望很高,且为仁厚长者,因而诸葛亮为之拜"。可见诸葛亮对他始终是敬重的。

郡吏何祗虽然能干,但也有很多毛病。史载他"好声色,不持节俭"。这与诸葛亮的为人作风是格格不入的。但当诸葛亮发现他确实有才,便弃其细行而取其大才,毅然对他加以提拔和任用。

襄阳人杨仪,有政治、军事才干。刘备见到他,与论军国计策、政治得失,大悦。后来,他随诸葛亮北伐,"常规画分部,筹度粮谷,不稽思虑,斯须便了"。可见他的确有才。但杨仪也有毛病,性情急躁,心胸狭窄,与大将魏延关系紧张。诸葛亮深惜杨仪才干,还是坚持"军戎节度,取办于仪"。

从上述诸人的事例中,可以看出诸葛亮任人之长的风格和胸怀。

爱护人才、帮助人才,是诸葛亮用人的第七个特点。

蜀郡人张裔,就是深受诸葛亮爱护帮助的人之一。

张裔是刘璋手下旧部,有才干。许靖善评论人物,说他办事干练有条理,是曹魏手下钟繇一类的人物。诸葛亮率援军入益州,张裔曾率兵在陌下(今四川遂宁东南)抗拒,被诸葛亮打败。刘备占领成都后,任张裔为巴郡太守,后任司金中郎将,负责制造兵器及农具。后来,张裔任益州太守时,郡中豪酋雍闿叛乱,将张裔逮捕,送给孙吴。刘备死后,诸葛亮重联孙吴,派邓芝出使建业,其中一个任务就是向孙权要回张裔。孙权已经答应,又因爱张裔之才而反悔,多亏张裔动作快,在孙权反悔前就离开了孙吴,这也说明张裔确有才干。

张裔回到蜀国,诸葛亮任他为参军,处理丞相府的公务。诸葛亮出驻汉中,又任他为射声校尉领留府长史。张裔有才,但他心胸不宽,好忌恨人。比如他与杨洪曾关系很好,后来却反目,而责任还在张裔身上。原来,张裔被雍闿送到孙吴后,杨洪在张裔的家乡任太守,张裔的儿子张郁充当郡吏。后来张郁犯了错误,杨洪也没有因张裔的关系给予宽容。张裔回到蜀国后,知道了这件事,便对杨洪忌恨起来。再比如,张裔和岑述关系也很紧张,到了相互忿恨的地步。其原因是张裔嫌岑述太受诸葛亮重视了,生怕因此影响了他在诸葛亮心中的位置。

对于张裔的小心眼儿，诸葛亮对他进行了严肃的批评和帮助。他给张裔的教令说："去妇不顾门，萎韭不入园，以妇人之性，草莱之情，犹有所耻，想忠壮者意何所之？"以后，又给张裔写了一封信，信中说："您过去在陌下被我军打败，我当时为您的安全担心，真是食不知味。后来您在南方流浪，我又为您的遭遇悲叹，甚至睡觉也不安稳。您返回蜀国，我立即委您以重任，与您同辅朝廷。我自以为与您的友情坚如磐石。交谊如果坚若磐石，那么举用对方的仇人以求获得助益，不任对方的至亲以明大公无私，都不用向对方解释，对方就能理解。现今，我只是重视岑述，您怎么就受不了呢？"诸葛亮的话，有情有理，批评中尽显爱意，使张裔深切感受到了诸葛亮"赏不遗远，罚不阿近"的坦荡胸襟。

诸葛亮的纳言与任才，都体现了他宽容的风范。

宽容，宽容，只有宽才能容，只有容能才见其宽。

大德容众，反过来，容众也是大德的表现。

三、重视农业生产

富饶美丽的成都平原，自古就被称为天府之国。

"赋贡所出，略俸三蜀"的汉中盆地，地形平坦，土地肥沃，气候适宜，雨量充沛，物产富饶，是益州北部的一颗明珠。

自先秦至蜀汉，益州地区历经数代，几易其主，然而土地依旧肥沃，江河依旧流淌，阳光雨露依旧滋润万物，山川大地依旧物产丰饶。

天行有常，不为尧存，不为桀亡。

虽然如此，但良好的自然环境在治世良才手中会更大地发挥其效益。诸葛亮治蜀期间，益州地区经济的发展，说明他就是这样的治世良才。

同其他封建社会的政治家一样，诸葛亮对农业生产有着深刻的认识和足够的重视。

封建社会里主要的生产部门是农业，只有农业生产繁荣，农民安居乐业，社会生产向前发展，国家才会出现比较稳定的政治局面。同时，只有农业生产发展，封建经济基础巩固，国家经济实力雄厚，才能有力地推行各项改革措施，以及进行统一战争。因此，诸葛亮认为，"唯劝农业，无夺其时，唯簿赋敛，无尽民财"。只有这样，才能"富国安家"，他觉得理想的社会经济，应该是"利人相逢，用天之时，分地之利,以豫凶年,秋有余粮,以给不足,天下通财,路不拾遗,民无去就"。他反对那种"利与民争,灾害并起,强弱相侵,躬耕者少,末作者多,民如浮云,手足不安"的现象。

为了实现政治理想,诸葛亮在建立霸业的过程中,在霸业初步建成以后,一直重视农业生产。

诸葛亮受遗诏辅佐刘禅以后,仍把农业生产放在重要位置。建兴二年(224)春,"务农殖谷,闭关息民"。建兴五年(227),在为后主所拟的伐魏诏书中,又提出"劝分务稽,以阜民财"。

水利是农业的命脉。益州境内虽水利资源丰富,但在生产力水平不是很高的古代,人们面对强大的自然力量,还是显得软弱无力。一遇天灾。人们的生活依然要受很大影响。有件事使诸葛亮终生难忘。那是他们入益州后不久,就遇上了百年不遇的大旱。地里粮食颗粒无收,为了节约粮食,刘备下令在民间禁止酿酒。当时禁酒命令非常严厉,发现有酿酒者都要处以刑罚。有一次,官吏在一家人的住宅里搜查出一套酿酒器具,有人认为,既有酿酒的器具,就有酿酒的可能,就应该和酿酒者一样治罪。刘备为了禁酒,居然同意了这种主张。老臣简雍不同意这样做,但一时又无好办法说服刘备。有一次,简雍与刘备外出,路见一男一女走在路上。简雍灵机一动,立刻有了主意。他对刘备说:"你看那个男子,他要行淫乱,怎么不把他绑起来?"刘备觉得奇怪,问:"你怎么知道?"简雍答道:"他具备行淫乱的条件,其性质与那个家中藏酿酒器具的罪犯一样啊!"刘备不禁笑起来,明白简雍在批评自己制裁藏酿酒酒器者不妥,便把那个人放了。诸葛亮却从这件事中得到了另一种启示,他觉得禁酒之令实在是不得已而为之,酒难禁,制裁有酿酒具者更是过分。而这知其难为而为之,甚至做出过分之举,最根本的原因就是天旱缺粮。他深深体会到水利对农业生产的重要。

诸葛亮重视农业水利建设,有两件事值得一提。

一件事是保护和利用都江堰。都江堰是我国古代著名的水利工程。它是秦国蜀郡太守李冰主持修建的。史书记载都江堰说:

县有桃关,汉武帝祠,李冰作大堰于此,堰于江作堋,堋有左右口,谓之湔堋。江入郫江,捡江以行舟。《益州记》曰:江至都安,堰其右,捡其左,其正流遂东。郫江之右也,因山颁水,坐致竹木,以溉

诸郡，又羊摩江灌江西，于玉女房下作三石人于白沙邮，邮在堰官上立水中，刻要江神，水竭不至足，盛不没腰，是以蜀人旱则藉以为溉，雨则不遏其流，故记曰：水旱从人，不知饥馑，沃野千里，世号陆海，谓之天府也。俗谓之都安堰。

都安堰就是都江堰，从上述记载中，可见都江堰工程规模之大，效益之高。诸葛亮认为"此堰农本，国之所资"，专设堰官对此堰进行管理。堰官统率一千二百名兵士驻守在那里，对都江堰进行保护和疏浚。

另一件事是修筑九里堤。《成都志》记载："九里堤在县西北，堤长九里，故老相传，诸葛亮所筑，以捍水势。"《成都府志》记载："九里堤在府城西北隅，其地洼下，诸葛武侯筑堤九里，以防冲啮。"

1980年夏，四川省三台县文化馆的同志在清理馆藏古代字画时，发现一张三国时蜀国"丞相诸葛令"碑拓片。从拓片看，碑高五十三厘米，宽三十八厘米。碑面受风雨侵蚀有些斑驳，但碑文仍清晰可见：

丞相诸葛令，按九里堤捍护都城，用防水患。今修筑竣。告尔居民，勿许侵占、损坏。有犯，治以严法。令即遵行。章武三年九月十五日。

这张碑文拓片，弥补了志书记载的不足，证实了诸葛亮曾主持修筑九里堤的史实；具有很高的史料价值。

诸葛亮修筑九里堤，不但有书可查，有碑可考，还有实物可证。据说，"现在经成都西北桥，出城行数里，还可望见一条东西横呈、长约二百米、高七八米的土埂，那就是古老的九里堤残存部分"。

书籍、碑刻、遗迹三者互相印证，共同述说着诸葛亮当年兴修水利、防止水患的功绩。

为了使北伐顺利进行，也为了增加军粮收入，减轻国家负担，诸葛亮还在前线实行军事屯田，并任吕义、杨敏等人为督农，负责供继军粮。诸葛亮在世时，蜀国的军事屯田主要有以下几个地区。

汉中地区。汉中自然条件好，虽曾遭与曹操的争夺战争和曹操对汉中移民的破坏，但在诸葛亮的治理下，汉中的经济又恢复和发展起来。相对成都来说，汉中是蜀汉北伐的前线，相对诸葛亮北伐兵锋所至而言，汉中又是战略后方和根据地。汉中是蜀汉的一个郡，其农业生产不可能靠军事屯田支撑，普通百姓的农业生产应为汉中经济的主要部分。但除此而外，汉中地区也似有军屯。诸葛亮实行"十二更制"，每月替换下一部分兵士回汉中休整，并说他们的妻子"鹤望而计日"盼他们回来，可见兵士们的家属都住在汉中。清洪饴孙《三国职官表》说："蜀置督农，供继军粮，屯汉中。他郡无考。"督农是负责汉中屯田的官员，吕乂任汉中郡守，兼领督农，可见汉中有军事屯田，而军屯的农业生产很可能由休整士兵及其家属进行。

赤崖地区。赤崖在今陕西汉中市西北褒城镇北。赤崖是赵云屯田戍守的地方。诸葛亮第一次北伐失利，赵云、邓芝也率偏师从箕谷撤回。赵云带兵有方，虽未取胜，但在撤军时，"军资什物，略无所弃，兵将无缘相失"，全军而返。诸葛亮令赵云将其"军资余绢"分赐将士，表示奖励，赵云说："军事无利，何为有赐？其物请悉入赤崖府库，须十月为冬赐。"可见赤崖地区不仅有赵云的屯田，还有存放军粮物资的府库。街亭失败，赵云退军，为防曹兵进入赤崖，也为了保护赤崖府库的军粮物资，放火烧掉了赤崖以北的栈道，被破坏的栈道足有一百多里。赵云撤回赤崖后，继续在此屯田。赵云驻扎在赤崖，邓芝驻扎在赤崖口。诸葛亮在给他的哥哥诸葛瑾信中谈到这种情况时说："顷大水暴出，赤崖以南桥阁悉坏，时赵子龙与邓伯苗，一戍赤崖屯田，一戍赤崖口，但得缘崖，与伯苗相闻而已。"

黄沙地区。黄沙在今陕西勉县东北黄沙窑。《三国志·蜀书·后主传》记载：建兴十年（232），"亮休士劝农于黄沙，作流马、木牛毕，教兵讲武"。《水经注·沔水上》记载说：黄沙水"北出远山，山谷邃险，人迹罕交，溪曰五丈溪，水侧有黄沙屯，诸葛亮所开也"。

武功水流域。今陕西岐山县南渭水南岸有一条渭水支流，叫武功水。建兴十二年（234），诸葛亮率大军据渭水南岸的五丈原与司马懿对峙。诸葛亮"每患粮不继，使己志不申，是以分兵屯田。为久驻之基。耕者杂于渭滨居民之间，而百姓安堵，军无私焉"。

诸葛亮重视农业生产，命地方官吏重视农耕，不妨农时，保护水利设施，兴立屯田，这些措施都取得了显著成效。

晋人袁准说："亮之治蜀，田畴辟，仓廪实，器械利，蓄积饶；朝会不华，路无醉人。"袁准所生活的年代离诸葛亮并不很远，他的话应

第六章 治理蜀国

是可信的。

"沟洫脉散,疆里绮错。黍稷油油,粳稻莫莫。指渠口以为云门,洒滮池而为陆泽。"这是左思《蜀都赋》中对成都农业生产繁荣的描写。左思也是晋人,他文学作品中所反映的蜀中景象,当与袁准有同样的可信度。

"男女布野,农谷栖亩。"这丰收的景象,是汉中守将刘敏对汉中的描写。这不是文学描述,而是他主张拒魏军于汉中之外的理由,显然这种记述更具有真实性,否则是不能说服别人的。

"官府帑藏一无所毁,百姓布野,余粮栖亩。"这是后主刘禅在降表中所说的话。这种对于蜀国农业生产繁荣的记载也是可信的,因为国都亡了,夸大、粉饰还有什么意义呢?

诸葛亮治理下的蜀国,不仅农业生产发展显著,手工业生产所达到的水平也令人瞩目。

盐是蜀汉的重要产品,制盐业是蜀汉的重要手工业行业。

蜀汉的盐多为井盐和池盐。左思《蜀都赋》说蜀汉"家有盐泉之井"。李善注说:"蜀都临邛县、江阳、汉安县皆有盐进。巴西充国县有盐井数十。"在巴朐忍县(治今四川云阳)出产的伞子盐更具特色。据《水经注·江水一》载,长江流经朐忍县博望滩,有汤溪水自北向南流入。汤溪水源出于朐忍县北六百里上庸界,南流经朐忍,"翼带盐井一百所,巴川资以自给,粒大者方寸,中央隆起,形如张伞,故因之名曰伞子盐。有不成者,形亦必方,异于常盐矣。王隐《晋书地道记》曰:入汤口四十三里,有石煮以为盐,石大者如升,小者如拳,煮之,水竭盐成,盖蜀火井之伦,水火相得,乃佳矣。汤溪下与檀溪水合,上承巴渠水,巴渠南历檀井溪之檀井水,下入汤水,汤水又南入于江,名曰汤口"。

东汉时,朝廷曾取消盐铁之禁,允许民间煮私盐,国家抽取盐税。刘备入蜀以后,重新实行盐铁官营政策。建安十九年(214),"先主定益州,置盐府校尉,较盐铁之利"。盐府即蜀汉政权管理盐铁业的机构,盐府校尉或称司盐校尉,就是掌管盐府的最高长官。王连是蜀汉政权成绩突出的盐府长官。史载他任司盐校尉后,"较盐铁之利,利入甚多,有裨国用"。所以,当他迁蜀郡太守、兴业将军后,仍"领盐府如故"。在王连之后,诸葛亮又任岑述担任此职。

诸葛亮非常关心盐业生产，还到生产现场进行考察指导。清张澍编《诸葛亮集·故事》引《山川纪异》说："诸葛盐井有十四。"为什么盐井要以诸葛命名？很可能就是诸葛亮亲自视察过的井。晋张华《博物志》记载了诸葛亮视察临邛火井的故事："临邛火井一所，纵广五尺，深二三丈，井在县南百里。昔时人以竹木投以取火。诸葛丞相往视之，后火转盛热，以盆盖井上，煮盐得盐。"所谓火井，即天然气井。左思《蜀都赋》描写火井说："火井沉荧于幽泉，高焰飞煽于天垂。"李善注说："蜀郡有火井，在临邛县西南。火井，盐井也。欲出其火，先以家火投之，须臾许，隆隆如雷声，焰出通天，光辉十里。"深二三丈的井中有可燃气体，当然投以荧火会冒出烈焰。但井口纵广五尺，这样大的井口，会使井的气压迅速降低，从而使火势转弱，井里的天然气可能是时断时续的，所以当地人用它煮盐常感火力不足，要投以竹木助燃。刘宋刘敬叔《异苑》称："诸葛亮一瞰而（井火）更盛。"这当是人们对诸葛亮重视盐业生产，并亲自视察的一种称颂和想象。其实，并不是诸葛亮一看就使火势转盛，而是诸葛亮视察后所采用的办法使火势盛热。这个办法在《博物志》中已经说明了，就是缩小井口，能把盆盖在井口上。这表明临邛火井经诸葛亮视察后，已经不是那个纵广五尺的井口了。诸葛亮改进火井以煮盐，说明了他对煮盐业的关注，也显示了他的聪明智慧。

封建时代的手工业，常常是盐铁并称。盐是人们的生活必需品，铁器是可以反映农业和手工业生产技术的重要工具。尤其是冶炼业，乃是手工业中重要的行业。益州地区的冶铁业自秦汉以来就闻名于世，在《天府沃野》一节，我们详述过西汉时卓氏和程郑在临邛冶铁成为巨富的事。刘备占领益州后，把对冶铁业的管理交给司盐校尉，并设置了司金中郎将，"典作农战之器"。

在蜀汉益州地区，分布着许多冶铁场所，其中有一些与诸葛亮有关。

《四川通志》记载，铁溪河在成都县南十三里，流入白水河。昔武侯烹铁于此，因名。

《打箭炉厅志》记载，相传诸葛武侯渡泸而西，尝铸军器于鱼通之地。

《四川通志》记载，昔武侯南征，命郭达造箭于此（指鱼通），其

炉犹存,故名打箭炉。

《元和郡县志》记载,陵州始建县,东南有铁山,出铁。诸葛亮取为兵器,其铁刚利,堪充朝贡焉。

《周地图》记载,蒲亭县有铁山,诸葛武侯取为刀剑,宇文度封为铁山侯。

《嘉定府志》记载,铁山从仁寿来,横亘井、犍、荣、威间数百里,产铁。诸葛武侯取铸兵器。

《方舆纪要》记载,铁钻山在崇宁县西六里,武侯铸铁钻于此,以造军器。

上面所记益州各地冶铁场所,几乎全是铸造兵器的兵工厂。这也可以理解,因为诸葛亮受刘备遗诏辅政以后,为了实现先主遗愿和自己的政治理想,把全部精力都投入了南征北伐。蜀国的冶铁业,多为军事服务,为征战服务不足为奇。

但是,决不能认为诸葛亮是个穷兵黩武之人,蜀国的冶铁业也决不仅限于军事目的。

《古鼎录》记载:诸葛亮杀王双,还定军山,铸一鼎,埋于汉川,其文曰"定军鼎"。又作"八阵鼎",沉永安水中,皆大篆书。又载:先主章武二年(222),于汉川铸一鼎,名曰"克汉鼎",置丙穴中,八分书,三足;又铸一鼎,沉于永安水中,记行军奇变;又铸一鼎于成都武担山,名曰"受禅鼎";又铸一鼎于剑口山,名曰"剑山鼎"。并小篆书,皆武侯迹。

《鼎录》记载:龙见武阳之水九日,因铸一鼎,像龙形,沉水中。章武三年(223),又作二鼎,一与鲁王,文曰:"富贵昌,宜侯王。"一与梁王,文曰:"大吉祥,宜公王。"并古隶书,高三尺,皆武侯迹。

《书苑》记载:蜀先主曾作三鼎,皆武侯篆隶八分,极其工妙。

以上各书所载,均为冶铁用于政治的事例。此外,还有冶铁用于民间生活的记载。《丹铅录》记载:

井研县有掘地者,得一釜,铁色光莹,将来造饭,少顷即熟,一乡皆异。有争之者,不得,白于县令,命取看,未至堂下,失手落地,分为二,中乃夹底,心悬一符,文不可辨,旁有八分书"诸葛行锅"四字。又麻城毛柱史凤韶为予言:近日平谷县耕民得一釜,以凉水沃之,忽自沸,以之炊饭,即熟,釜下有"诸葛行锅"四字。乡民以为中有宝物,乃碎之,其复层中有"水火"二字,即前物也。

《丹铅录》一书是明朝杨慎所作。杨慎学识渊博,平生著述二百余种,尤长于考证。他的考证著述取材丰富,新见迭出。但杨慎也有一个毛病,即务奇好胜,喜欢在考证中掺杂一些奇诞之事,以吸引读者。《丹铅录》中所说"诸葛行锅"并非无稽之谈。平研县即今四川平研县,与诸葛亮活动的地方相符。"诸葛行锅"为双层底锅,铁色光莹反映了当时冶铁技术之高,做饭少顷即熟,说明这锅设计得巧妙。这些都是可信的。但杨慎又加了一段放进凉水之后,锅忽自沸的神话,不免画蛇添足,又犯了务奇好胜的老毛病。但无论如何,杨慎《丹铅录》中对古代出土文物的记载,反映了诸葛亮治蜀期间的冶铁业的水平,是弥足珍贵的。

丝织业是三国时期蜀汉政权引以骄傲的行业。左思《蜀都赋》说:"阛阓之里,伎巧之家,百室离房,机杼相和,贝锦斐成,濯色江波。"成都城内,织房鳞次栉比,机杼声声相和。锦织成后,织工们把它们拿到蜀江巾濯洗,洗濯过的锦,花纹艳丽,胜于初成。据说,只有用蜀江水濯成都的锦才能有此效果,别地方的水都不成。所以,蜀江又有锦江之称。

岂止江因锦而更名,甚至城也因锦而有别称。

"丞相祠堂何处寻?锦官城外柏森森。""晓看红湿处,花簇锦官城。"

锦官城,即成都的别名。锦官城,顾名思义,是因锦官所在而得名。锦官,是管理织锦业的机构。《华阳国志·蜀志》载:

州夺郡文学为州学,郡更于夷里桥南岸道东边赶文学,有女墙。其道西城,故锦官也。

《初学记》卷二七《锦第六》引《益州记》载:

锦城在益州南律桥东流江南岸,蜀时故锦宫(或为"官"之误)也。其处号锦里,城墉犹在。

根据上述记载,可知锦官就设在成都城南夷里桥南岸道西。成都的锦官城之称即由此而来。

据著名史家缪钺先生考证,成都设置锦官始于蜀汉。

锦官的设置,说明蜀汉政权对织锦业的重视,它极大地促进了织锦业的发展。

三国时期蜀锦天下闻名。《初学记》卷二七《锦第六》引《丹阳记》说:"历代尚来有锦,而成都独称妙。"孙吴江东地区尚没有织锦业,曹魏中原地区虽有织锦业,但远不能满足需要。"故三国时,魏则市于蜀,吴亦资西蜀",魏、吴两国都向蜀汉购买大量蜀锦。

《后汉书·方术·左慈传》中记载的一个神话故事中,反映了曹操派专人到蜀国购买锦缎的事实。曹操以后,魏国仍大量从蜀汉买锦。《太平御览》卷八一五《布帛部》记载了魏文帝的一道诏书,说:"前后每得蜀锦。"可见其多次购买蜀锦。

至于孙吴购买蜀锦,史书记载就更多了。《三国志·吴书·蒋钦传》记载,孙权曾来到蒋钦的家里,见蒋钦母亲用粗布的帐子,普通的绸被,"叹其在贵守约,即敕御府为母作锦被,改易帷帐,妻妾衣服悉皆锦绣"。同书《诸葛瑾传附诸葛融传》说:"融父兄质素,虽在军旅,身无采饰;而融锦罽文绣,独为奢绮。"我们知道,江东此时尚不能织锦,而孙权御府中所藏之锦以及臣僚们所用之锦,全都是来自蜀汉。

刘备入蜀前,益州的织锦业就很发达,所以蜀汉的织锦业在三国中具有先天优势。诸葛亮十分懂得利用这种优势,他说:"今民贫国虚,决敌之资,惟仰锦耳。"从"民贫国虚"这句话看,诸葛亮说这些话时很可能在夷陵之战前后。这期间,蜀汉对锦的利用也确实够充分的。夷陵之战前,刘备听说曹操去世,"遣军谋掾韩冉赍书吊,并贡锦布"。夷陵之战中,刘备"从巫峡、建平连围至夷陵界,立数十屯,以金锦爵赏诱动诸夷"。夷陵之战后,诸葛亮派邓芝使吴,与之重结旧好。邓芝带去"马二百区,锦千端"。孙吴使者张温至蜀,回国时,后主刘禅赠张温"熟锦五端"。夷陵之战以后,诸葛亮受遗诏辅政,闭关息民,鼓励耕织,更没有放松对蜀锦的生产。蜀国亡时,府库里仍有"锦绮彩绢各二十万匹",除去与吴魏交易、赏赐、送礼及本国消费后,仍有如此巨额库存,可见蜀汉丝织品产量之大。

说到蜀国经济,不能不提到它的商业和货币。

左思《蜀都赋》有一段文字专门描写成都的商业：

亚以少城，接乎其西。市廛所会，万商之渊。列隧百重，罗肆巨千，贿货山积，纤丽星繁。都人士女，袨服靓妆，贾贸墆鬻，舛错纵横。异物崛诡，奇于八方，布有橦花，面有桄榔。邛杖传节于大夏之邑，蒟酱流味于番禺之乡。

从这段描写中我们可以看出，在成都大城之西有一座小城，商贸市场就在其中。可以说，这就是成都的商业城。在这个城中，万商汇集，市肆排列，货物堆积，万头攒动。商人把各地的物品带到此处，又把本地的物品带到他方。当然，左思所描写的情况不仅仅是指蜀汉时的成都。例如临邛竹杖传到大夏事，西汉时的张骞出使西域回来后说：

臣在大夏时，见邛竹杖、蜀布，问安得此，大夏国人曰："吾贾人往市之身毒国，身毒国在大夏东南可数千里。其俗土著，与大夏同，而卑湿暑热。其民乘象以战，其国临大水焉。"以骞度之，大夏去汉万二千里，居西南。今身毒又居大夏东南数千里，有蜀物，此其去蜀远矣。

由此可见，临邛竹杖早在西汉时就已传到南方很远的地方。又如蒟酱，《蜀都赋》李善注说：

使唐蒙讽晓南越，食蒙以药酱。蒙问所从来，答曰："西北牂柯江，广数里，出番禺城下。故《汉书》曰：'感蒟酱、竹杖，则开牂柯、越巂也。'"

可见益州的蒟酱也在汉代传到今两广地区。

但是，《蜀都赋》所描述的繁荣景象主要属于蜀汉时期。只要看看蜀汉时期的货币情况，就可以想见当时的商业状况，因为货币与商业流通有着不可分割的联系。

刘备进入益州后，国家财政一度出现危机。造成朝中府库空虚的原因有两个：一个是刘备与刘璋之间展开近一年的争夺益州之战，战争使益州的经济受到破坏；另一个是刘备在未攻下成都时就已对众将士许

愿:"攻下成都,府库百物我一点不要,全给你们。"许愿就得还愿。等到成都攻下后,众将士纷纷丢下干戈,跑到府库中竞取宝物。结果府库一抢而空,国家财政陷入困境。

见到刘备愁眉不展,刘巴给刘备出了个主意:"铸直百钱,平诸物贾,令吏为官市。"刘巴这一招果然奏效,一方面,发行大面额的货币,实行通货膨胀政策。另一方面,却用超经济的强制手段,平抑物价,不许物价上涨。我们知道,通货膨胀导致的直接后果是物价上涨,而刘备集团却用一只经济之手增铸货币,又用另一只权力之手抑止物价。这种解决通货膨胀与物价上涨矛盾的办法,恐伯只有在封建社会自然经济占主导地位的形势下,才能行得通。刘备集团用这种办法使国家财政迅速好转。

但是,决不能认为封建社会便可以不受经济规律制约。只要通货膨胀,就会使物价指数上升,这种上升虽然可用权力控制一时,但不能长久有效。长久有效的办法是发展生产。使物品数量也随着货币的增加而增加。刘备、诸葛亮等人不是杀鸡取卵式的目光短浅之人,尤其在诸葛亮心目中,发展生产具有重要位置。所以,对于一个重视发展生产的政权来说,通货膨胀的政策未必不能起到促进社会经济的作用。正是在这个意义上,我们肯定刘巴的建议对蜀汉初期经济恢复与发展的作用。

蜀汉的货币情况,清人梁章钜《三国志旁证》卷二四引洪遵《泉志》说:"蜀直百钱,建安十九年刘备铸,《旧谱》云:径七分,重四铢。又直百五铢钱,径一寸一分,重八铢,文曰五铢直百。又有传形五铢钱。顾烜曰:传形五铢,今所谓蜀钱,时有勒为直百者,亦有勒为五铢者。大小称量如一,三吴诸属县行之。"从这个记载中,我们知道蜀汉新铸大面值货币有三种:

一种是直百钱,即蜀汉初期刘巴建议铸造使用的那种。这种钱直径长七分,重四铢。

再一种是直百五铢钱,这种钱比直百钱大,直径长一寸一分,重八铢。

第三种是传形五铢。这是一种与自西汉以后一直流行的五铢钱有很大不同的蜀币。陶元珍《补三国食货志》引《钱录》说:"顾烜谱谓昭烈铸传形五铢,盖五字居左,铢字居右,仿传形半两为之。"通行汉代五铢钱,"五铢"两字从右往左念,而蜀汉的传形五铢钱,"五铢"两字是从左往右念。不但如此，五铢的"铢"字，是"金"旁在右，"朱"字在左，极其特殊。这种特殊的币面，是因为当时"戎马倥偬之际，鼓铸或从省钱，但反其文以别为正书之五铢，而贾亦直百也"。

蜀汉这三种货币，有两个特点，一个是面值高，相对传统五铢钱，都是以一当百。这样，在同样多的铸铜中，币值却增加了一百倍。第二，货币的质量很规范，径长七分者重四铢，径长一寸一分者重八铢，且大小称量如一。这种情况，说明国家冶铸专营的技术水平高，管理严格，而且蜀汉政权很重视货币的质量。

关于蜀币发行的数量，有一件事很能说明问题。1978年，四川威远黄荆沟发掘出大批窖藏蜀汉货币。据统计，共有一千七百零三枚，其中"直百五铢"有四百三十五枚，"传形五铢"四百枚，共八百三十五枚，占总量的一半。当时这种大面值的货币数量不少，同其他一半小面值的五铢钱混合使用，使货币流通灵活方便。一处窖藏如此多的钱币，表明蜀汉时期益州地区货币流通的普遍性。

从史籍中，我们没有发现蜀汉地区由于货币量的大量增加，一部分货币面值的增大，引起物价飞涨的记载。

如果蜀汉的物价是稳定的，那么，蜀汉货币量的增加，多种五铢钱的大量使用，应该被视为农业、畜牧业、手工业生产发展，人民生活较为富裕，商业流通活跃、社会经济繁荣的一种标志。

著名史学家范文澜先生说：诸葛亮治理下的蜀国，在三国中是最有条理的一个。一个治国者，他所治理的国家与他同时期的其他政权相比，成绩最为突出，成效最为显著，这样的人难道不是政治实践上最成功的吗？

诸葛亮治理国家的成功，最根本的原因就是两条：

第一，他采取了一系列的进步措施，"凡是封建统治阶级可能做到的较好措施，他几乎都做"。这在前面已经讲述，此不再赘。

第二，他严于律己，以身作则，鞠躬尽瘁，笃志躬行，在所有封建政治家中，具有最崇高的品质和最完美的人格。这种品质和人格的魅力，对蜀汉政治产生了积极的影响。

政通才能人和。人和有利于社会秩序的稳定，人和有利于社会经济的发展，因而也有利于人民生活的安定。诸葛亮治蜀的实践就是最好的说明。

第七章
平定夷越

今云南、贵州、四川西南地区，古称南中，被认为是"夷、越之地"。

夷、越是古人对西南少数民族的称呼。细分起来，云、贵及川南的少数民族为"南夷"，四川西部的称"西夷"。就族属而言，"西南夷"主要包括两大系统：一是"夷"，即氐羌系，属藏缅语族；一是"越"，即百越系（包括濮或僚），属壮侗语族。

南中地区的少数民族，各有自己生活的地域，各有自己的生产和生活方式。《史记·西南夷列传》说：

西南夷君长以什数，夜郎最大。其西靡莫之属以什数，滇最大。自滇以北君长以什数，邛都最大。此皆魋结，耕田，有邑聚。其外西自同师以东，北至楪榆，名为巂、昆明，皆编发，随畜迁徙，毋常处，毋君长，地方可数千里。

从上述记载可知，南中地区夜郎、滇、邛都等地方的少数民族，以农耕为主，处于同师以东、楪榆以南的越巂、昆明等地的少数民族以畜牧业为主。

由于地处偏远，道路险恶，先秦时期南中地区少数民族很少同汉族交往，因此中原先进的汉族文化对他们几乎没有什么影响。据有关史籍记载，在楚顷襄王的时候，曾派将军庄蹻从沅水溯流而上，从且兰（治今贵州黄平西南）出，伐夜郎。而当他们夺得夜郎之地后，秦国打败楚国，夺取楚国黔中之地。庄蹻等人归路被断，只得进兵至滇池一带，见池"方三百里，旁平地肥饶数千里"，便"以其众王滇，变服从其俗以长之"。庄跃所率楚人，其文化要比南中地区先进，但他们远离自己的文化土壤，脱离了与故土的联系，只好入乡随俗，将自己夷越化了。征服者反而被征服了。

南中与内地中央王朝建立联系，是在秦以后。

秦统一六国，建立起强大的中央集权的王朝，这个中央王朝，不断地向周边拓展。约在秦始皇统一后不久，就开辟了通往南中的"五尺道"。唐张守节《正义》引《括地志》说："五尺道在郎州。"唐代郎州即今云南曲靖，一条蜿蜒在山重水复险恶之境的五尺宽的小道，却把南中与秦王朝连在一起。

西汉初年，朝廷曾"弃此国而关蜀故徼"。什么意思呢？就是放弃与南中的联系，关闭通往南中的关隘。但是，民间的往来是关不住的，西汉王朝统治下的巴蜀之民，偷偷地溜出关隘，与南中做买卖，"取其筰马、僰僮、髦牛，以此巴蜀殷富"。

汉武帝建元六年（前135），王恢奉命率军进击东越，王恢又派唐蒙出使南越，唐蒙到南越后，南越王用蒟酱招待他。唐蒙感到非常奇怪，便问此酱从哪里来的。南越人告诉他，是从牂柯江运到番禺（治今广东广州）的。唐蒙回到首都长安后，又问巴蜀商人，南中怎么会有蒟酱？商人说："蒟酱是蜀地特产。蜀人多将其偷运到夜郎出卖，夜郎紧挨着牂柯江，牂柯江宽百余步，足以行船，是联系南中与南越的交通纽带。"唐蒙听后，立即给汉武帝上了一封奏书，建议开通与夜郎国的联系，以利于控制南越。汉武帝认为唐蒙说得有道理，便任命他为郎中将，领千人，带着许多东西，从巴蜀重走五尺道进入南中，来到夜郎。唐蒙此次出使夜郎成效甚大，与夜郎侯多同达成协议，在夜郎国设置官吏。不但夜郎，夜郎周边的小邑因为接受了汉朝的缯帛，也愿意听从唐蒙的话。唐蒙出使南中有功，被任命为犍为郡守。

唐蒙来到犍为，意欲修通西南夷道，征发巴、蜀、广汉三地数万人，用了两年时间也没修成，反而造成修路士卒多死亡，"费以巨万计"。当时，汉武帝正全力对付匈奴，很多人又都说西南夷道不该修，所以，汉武帝下令放弃西夷，"独置南夷、夜郎两县一都尉"。不久，邛都、筰筰等地的少数民族首领听说南夷与汉朝通好得实惠很多，也表示愿意像南夷一样做汉朝的内臣。汉武帝征求司马相如的意见，司马相如说："邛都、筰筰西夷离蜀郡很近，道亦易通，秦时曾通为郡县，至

汉兴而罢。今天如果再与之通，在那里置郡县，其利大于与南夷通。"汉武帝以为有理，便任命司马相如为中郎将，出使西夷。于是，司马相如便"略定西夷，邛、筰、冄、駹、斯榆等地首领皆请为内臣"。四川西南部的少数民族也与西汉交往了。

汉武帝为了控制南中，先后在这个地方建了三个郡：元鼎六年（前111）开越嶲郡（治今四川西昌东南）、牂柯郡（治今贵州黄平西南），元封二年（前109）开益州郡（治今云南晋宁东北）。在开此三郡之前，汉朝与南中互相交往很少，特别是滇、夜郎等国，竟不知道汉朝有多大，以至于他们的首领见到汉朝使者便问："汉朝与我们相比哪个大？"从而留下"夜郎自大"的千古笑谈。自从设立南中三郡之后，南中与中原汉朝的联系日益密切了。

随着南中地区与中原汉朝联系的密切，汉王朝对南中地区的经济掠夺和政治压迫也愈益深重，双方的矛盾也越来越尖锐。汉昭帝始元元年（前86），益州郡的廉头、姑缯民反，牂柯二十四邑三万余人也起兵反汉。这两地起事的百姓遭到西汉朝廷的残酷镇压。这是南中地区与中央朝廷的第一次大规模武装冲突。

汉昭帝始元四年（前83），姑缯、叶榆等地又反，朝廷派衡水都尉吕辟胡将郡兵击之。结果吕辟胡大败，士卒死者达四千余人。第二年，朝廷又遣军正王平与大鸿胪田广明等再征南中，攻破益州郡，"斩首捕虏五万余级，获畜户十余万"。这是西汉历史上与南中发生的较大的一次武装冲突。

东汉时，南中地区与中央朝廷的关系不但继续保持，而且还有发展。牂柯、益州、越嶲三郡仍臣服于东汉中央政府的统治，此外，云南西部的少数民族也有许多要求内附。

东汉光武帝建武二十三年（47），居住在今天云南保山县一带的哀牢人和鹿茤人发生了战争。鹿茤是已经降附于东汉朝廷的少数民族，哀牢王贤栗遣兵乘竹筏对其进行袭击，擒获了不少鹿茤人，获得了许多战利品。不料返回途中，天气突变，震雷轰鸣，疾雨倾盆，南风骤起，江浪奔腾。哀牢人的竹筏被刮散，兵众溺死数千人。后来，贤栗又派手下六王率万人攻鹿茤，鹿茤王率众反击，杀死哀牢六王。哀牢夷帅将六王尸首掩埋，不料夜里六王的尸首就被老虎刨出吃掉。贤栗大惊，对他手下的耆老们说："我们自古以来就同周边别族打仗，唯有今天与鹿茤人打仗受到上天的惩罚。中原朝廷恐怕出现圣主了吧？要不然上天为什么如此佑护他们呢？"于是在建武二十七年（51），"贤栗等遂率种人户二千七百七十，口万七千六百五十九，诣越嶲太守郑鸿降，求内属，光武封贤栗等为君长。自是岁来朝贡"。

这是《后汉书》中记载的一件事。这件事像个故事，且具有神话附会，但它反映了南中少数民族依附中央朝廷过程中的一种现象，即一些少数民族对中央朝廷的依附，是受了率先依附于中央朝廷的少数民族影响的结果。哀牢王贤栗不可能经过两次与鹿茤人的战争就决定依附东汉王朝，而是在与鹿茤人的交往、碰撞中体会到了依附东汉王朝的益处才决定这样做的。

东汉明帝永平十二年（69），"哀牢王柳貌遣子率种人内属，其称邑王者七十七人，户五万一千八百九十，口五十五万三千七百一十一"。汉明帝在此地"置哀牢、博南二县，割益州郡西部都尉所领六县，合为永昌郡"。永昌郡治不韦县（治今云南保山东北），这标志着整个南中地区全部成为东汉王朝的行政区域。

南中与中央王朝联系的加强，自然使它得到很大的好处。

西汉末年，广汉人文齐任益州郡太守。他在任上"造起陂池，开通溉灌"，把先进的农业生产技术带到益州郡。东汉桓帝时，牂柯郡人尹珍"自幼生于荒裔，不知礼义，乃从汝南许慎、应奉受经书图纬。学成，还乡里教授，于是南域始有学焉"。

然而，南中地区社会经济的进步，在两汉时是非常缓慢的，即使是这样的进步，也使南中地区付出了很大的代价。

自从秦汉以来，南中的社会阶级关系日益复杂化了。南中地区的阶级阶层，大致可分为四个：

第一个是封建政府派往南中的各级政府官员。

第二个是在南中成长发展起来的汉人大姓。

第三个是南中各少数民族首领。

第四个是南中各少数民族百姓。

封建政府机构及其官员是对南中地区进行政治统治及经济攫取的工具，如果派去的官吏在政治上实行比较开明的统治，在经济上实行较轻的剥夺，那么，南中地区就会呈现安定局面。

这样的局面在某个时期、某个地区确实出现过。

西汉末期，文齐任益州郡太守，"率厉兵马，修障塞，降集群夷，甚得其和"。东汉章帝元和年间（84—87），王追任益州郡太守，"政化尤异"，"兴起学校，渐迁其俗"。东汉灵帝时，广汉人景毅任益州太守。他初上任时，郡中饥荒，一斛米价值万钱，他"渐以仁恩，少年间，米至数十云"。广汉人郑纯，"为政清洁，化行夷貊"，被任为永昌太守。他"与哀牢夷人约，邑豪岁输布贯头衣二领，盐一斛，以为常赋，夷俗安之"。东汉明帝时，巴郡人张翕任越嶲太守，"政化清平，得夷人和"。他死之后，当地的少数民族群众"如丧父母"，"赍牛羊送丧"。

但上述人和事毕竟不多，因此，安定祥和局面的时间并不长。在史籍中我们见到更多的，是封建政府对南中地区的掠夺。

据史书记载，益州郡有"盐池田渔之饶，金银畜产之富"，永昌郡也是"金银宝货之地"。在这里做官，可以近水楼台，好处先得，官员们当一世官，便富贵一世，"富及累世"的官僚并不新鲜，"富及十世"的官僚也是有的。对于这些贪官污吏来说，在这里多当一天官，就多一份发财的机会，因此，他们不惜用重金贿赂朝中的权贵，以使自己的官位坐得长久。外戚梁冀，势倾朝野，永昌太守刘君世为了贿赂梁冀，用黄金铸造了一条蛇，作为献给他的礼物。此事可以说明东汉朝廷和南中地方官吏对该地的经济掠夺，正因为如此，南中地区少数民族"反叛"事件也特别多。

王莽时期，"益州郡夷栋蚕、若豆等起兵杀郡守。越嶲姑复夷人大牟亦皆叛，杀略吏人"，王莽命宁始将军廉丹率十余万众前去镇压。

东汉光武帝建武十八年（42），益州郡少数民族首领栋蚕又联合了姑复、楪榆、桥栋、连然、滇池、建伶、昆明等地的少数民族反抗东汉。这七个地方中，姑复属越嶲郡，其余属益州郡，可见这次起义波及了南中两郡。益州郡太守繁胜被打得大败，退保朱提（治今云南昭通）。建武十九年（43），朝廷遣武威将军刘尚等人率一万三千多人，渡过泸水，进入益州。栋蚕与之周旋了一年多，直到建武二十年（44）才被打败，栋蚕向滇西败退。建武二十一年（45）正月，栋蚕在永昌郡不韦县被官军追上。官军取得"赫赫战果"："斩栋蚕帅，凡首虏七千余人，得生口五千七百人，马三千匹，牛羊三万余头，诸夷悉平。"这次少数民族反抗，波及两个郡，历时三年多，可见规模之大。

东汉明帝永平元年（58），越嶲郡"姑复夷复叛，益州刺史发兵讨破之，斩其渠帅，传首京师"。

东汉章帝建初元年（76），永昌郡哀牢族首领类牢与郡守不和，在忿争中，类牢杀朝廷命官而反叛，并进攻寓唐城。永昌太守王寻逃奔楪榆（今云南大理附近）。章帝"募发越嶲、益州、永昌夷汉九千人讨之"，第二年才把类牢打败。

东汉安帝元初五年（118），在越嶲郡，由于郡县赋敛繁重，郡内卷夷大牛种人封离率众起义。第二年，永昌、益州及蜀郡的少数民族群起响应，"众遂十余万，破坏二十余县，杀长吏，燔烧邑郭，剽略百姓，骸骨委积，千里无人"。东汉朝廷急诏益州刺史张乔选能任征讨之任的从事讨之，张乔便让从事杨竦率兵进讨。杨竦进兵之前，先以诏书告示永昌、益州、越嶲三郡，密征武士，重其奖赏。一切准备就绪，然后才进军与封离战。结果，杨竦大破封离军，"斩首三万余级，获生口一千五百人，资财四千余万"。封离惶惧，率众投降。战争结束后，杨竦又向朝廷弹奏奸猾且侵犯蛮夷的长吏九十人和一批下面的"黄绶小吏"。可见这次波及三郡十余万人的少数民族起义，是朝廷命官贪残奸猾，侵犯蛮夷所致。

东汉灵帝熹平五年（176），益州郡内"诸夷反叛，执太守雍陟"。朝廷派御史中丞朱龟率众进讨，不能取胜。后来，朝廷任巴郡人李颙为益州郡太守，并利用巴蜀境内少数民族的力量才把起义镇压下去。

朝廷官员为政清明，南中社会就稳定安宁；他们若贪残刻薄，南中少数民族就"叛乱"频仍。可见封建官吏是影响南中治乱的一个重要因素。

在南中成长起来的汉人大姓，也是影响南中治乱的一种力量。

在南中地区，分布着一些汉人大姓。

牂柯郡的大姓，有龙氏、傅氏、尹氏、董氏等。

建宁郡的大姓，有爨氏、孟氏、雍氏、娄氏、董氏、毛氏、李氏、焦氏等。

朱提郡的大姓，有朱氏、鲁氏、雷氏、兴氏、仇氏、递氏、高氏、李氏等。

永昌郡的大姓，有陈氏、赵氏、谢氏、杨氏、吕氏等。

南中大姓是历史的产物。

西汉武帝时开发南中，修筑西南夷道，在南中设置郡县，不但向南中派去了官员，而且向南中移去了汉民。修筑西南夷道是个艰苦、浩大

171

的工程，先由唐蒙负责，征发数万人用了两年也未竣工。后来司马相如在此基础上将其完成。为了解决修路人员吃饭问题，政府先是组织人力千里负担运粮，但庞大的运输队伍本身的耗粮就是十分可观的数量，据说每送去十多钟粮食，运输者就得吃掉一石（一钟合六石四升），用整个巴蜀地区的租赋都不能满足需要。为了解决修路者吃粮，汉武帝又"募豪民田南夷"，即招募内地人到南中开荒种地，生产粮食。这是向南中移"汉民"的一种方式。汉武帝开发南中之后，"乃募徙死罪及奸豪实之"，这是向南中移"汉民"的又一种方式。

这些移往南中的汉人，或奸或豪，或死里求生，或有农业生产技术。他们来到边远地区，比当地少数民族人民文化素养高，久而久之，逐渐发展成地方上有钱有势的大姓。我们从南中大姓吕氏、雍氏家族史上可以发现大姓发展的影子。

永昌郡不韦县吕氏，其祖先就是战国时的大商人吕不韦。吕不韦帮助秦庄襄王归国即位，又把自己的怀了孕的美姬献给庄襄王。后姬生子，即秦始皇，吕不韦也因有大功于秦廷而被尊为仲父。后来，秦始皇因缪毒事件与吕不韦有隙，将其免官，全家流放到蜀地。《三国志·蜀书·吕凯传》注引孙盛《蜀世谱》说："初，秦徙吕不韦子弟宗族于蜀汉。汉武帝时，开西南夷，置郡县，徙吕氏以充之。"并把此地命名为不韦县，"以彰其先人恶行"。

益州郡大姓雍氏，其祖先是西汉初功臣雍齿。《三国志·蜀书·吕凯传》记载，吕凯给雍闿的信中说："夫郡雍侯，造怨而封。"吕凯所说雍侯，就是指雍齿。西汉刚刚建立时，刘邦常见诸将聚在一起私语，感到奇怪，就问张良。张良说："陛下不知道吗？这是商量着谋反呢！"刘邦大惊，问："天下才安定，他们为什么要谋反？"张良说："陛下起布衣，用这些人取得天下。如今陛下为天子，而所封皆为亲爱的故人，所诛皆平生所仇怨者。今军吏计功，以天下不足遍封，他们怕陛下不能尽封，又怕被怀疑平常犯有过失而被杀，因此相聚谋反。"刘邦担心地问："那怎么办呢？"张良问："君臣都知道陛下平常最恨的人是谁？"刘邦想了想，说："雍齿与我有旧仇，并多次使我受窘受辱。我想把他杀了，只因其立功多，故不忍。"张良说："不杀就对了！请您赶快封雍齿以示群臣，君臣见雍齿被封，则谋反念头自消。"于是刘邦置酒大会群臣，封雍齿为什方侯。群臣大喜，说："雍齿尚且被封为侯，我们有什么可担心的呢？"

这就是雍齿"造怨而封"的事,可见雍闿是雍齿的后代。

这些南中大姓,虽为汉人,但却和中原或汉族地区的大姓不同。他们久居少数民族中间,熟悉了他们的语言,适应了他们的生活方式,或深或浅地融合于少数民族社会。《华阳国志·南中志》记载:

> 与夷为姓曰"遑耶",诸姓为"自有耶"。世乱犯法,辄依之藏匿。或曰:有为官所法,夷或为报仇。与夷至厚者谓之"百世遑耶",恩若骨肉,为其遁逃之薮。故南人轻为祸变,恃此也。

这段记载中,"遑耶""耶"等令人费解。有人认为,"耶",似谓族姓,外来人加入其氏族或结成同盟,就是与夷为姓,就是"遑耶";其本部落之诸氏族是为"自有耶"。也有人谓"与夷为姓"当作"与夷为婚","诸姓"当作"诸姓婚",亦可备一说。还有人提供了对"遑耶"的解释:"遑耶"以音言略近于彝语,读 furyi,意即"姻家"。读了这种对"遑耶"的解释,我们更有理由相信,"遑耶"即指汉人与少数民族通婚,"自有耶"即少数民族内部通婚,"百世遑耶"即汉人与少数民族世代通婚。汉人大姓与少数民族通婚,在当时情况下是可以理解的。因为在当时社会,夷多汉少,汉族大姓若恪守夷汉不婚的陈腐观念,就不能使种族繁衍下去。汉人大姓与少数民族的通婚,也巩固了他们在南中的社会基础,扩大了他们在少数民族中的影响。他们与中原王朝有矛盾,能获得少数民族的支持,他们与朝廷命官有仇怨,能煽动少数民族起来为他们报仇。

正因为他们在南中地区有广泛的社会基础,所以他们对中原王朝的关系有较强的独立性。当他们拥戴中原王朝时,能与之积极配合,当他们反对中原王朝时,便割据自保。如东汉初期,公孙述割据巴蜀,建号称帝,牂柯郡大姓龙氏、傅氏、尹氏、董氏、谢氏"保境为汉",拒不依附公孙述。

除汉人大姓以外,南中地区的少数民族也有自己的首领。《华阳国志·南中志》记载:"夷人大种曰昆,小种曰叟,皆曲头木耳,环铁裹结,无大侯王,如汶山、汉嘉夷也。夷中有桀黠能议屈服种人者,谓之'耆老',便为主。"这些少数民族首领对广大少数民族群众具有更大的号召力。他们对中央政府的态度,同样影响着南中地区的治乱。前面所

说东汉建初元年（76）哀牢王类牢与守令忿争，遂杀守令而反的事就是一例。再比如，西汉末王莽时，越巂郡太守枚根任邛都少数民族人长贵为军侯。王莽新朝倒台，中原群雄逐鹿，长贵乘机率种人攻杀枚根，自立为邛谷王，领太守事。公孙述割据巴蜀，长贵降附于公孙述。光武帝打败公孙述后，为了安抚越巂郡的少数民族，封长贵为邛谷王。建武十四年（38），又任命长贵为越巂郡太守。少数民族的首领中，长贵是任郡守职位较早的一个，这可能与他汉化程度较深有关。但长贵并不愿像汉族官僚那样受朝廷约束。建武十九年（43），东汉武威将军刘尚奉命镇压益州郡少数民族起义，路过越巂郡。长贵听说后，怀疑刘尚平定南边后，威法必行，自己会受拘束，便聚兵起营垒，招呼诸君长，酿制许多毒酒，准备以劳军之名给刘尚军喝，然后袭杀之。不料计划泄露，刘尚先分兵占据邛都，将长贵袭杀，将其家属徙往成都。长贵之事，也反映了封建中央政府与少数民族首领的矛盾。

纵览南中地区与中原王朝的关系史，有两个十分突出的问题。

第一，巴蜀地区和南中地区具有密切的联系。从地理上讲，巴蜀的西南部就是南中的一部分，秦汉开发南中，其五尺道及西南夷道起点也始于巴蜀，而且修路的财力、物力、人力也取之于巴蜀。从经济上讲，巴蜀商人早在秦汉时就沟通了两地的商业交流，巴蜀的物产、特产不断流向南中，南中的土产、特产也流入蜀中。不但如此，中央王朝向南中的移民，也有很多是巴蜀人，他们带去了先进的生产技术和生产关系，带去了汉族先进的文化。从政治上讲，中央王朝派往南中四郡的长官也多为巴蜀人，地理的、经济的、政治的三条纽带，结成南中与内地牢不可破的联系。

第二，中央朝廷对南中地区的政策，朝廷在南中地区行政长官的执政水平及清浊贪廉，南中地区的汉人大姓及少数民族首领对中央政府的态度，都会对南中社会的治乱产生影响。

东汉王朝崩溃以后，中原地区有长达七十多年的时间没有真正全国统一的中央王朝。

刘备、诸葛亮建立的蜀汉政权，是巴蜀地区具有国家行政职能的政府，历史把维系南中与内地的联系，进一步开发南中的任务赋予了蜀汉政权。

刘备、诸葛亮等人该怎样从历史中总结经验，从而担当起这个历史重任呢？

历史是一部生动的教科书，聪明人能从中总结出深刻的经验。

早在建安十二年（207），诸葛亮就提出了"南抚夷越"的理论。

那时候，刘备既无荆州，也没益州；诸葛亮既不是军师将军，也不是丞相。除了那座草庐之外，一切都还是虚无缥缈。然而，诸葛亮在那座草庐中所定的全盘战略规划中，却放进了"南抚夷越"这颗重要的棋子。

诸葛亮的理论当然来自历史经验。他了解历史，了解南中的治乱兴衰，了解巴蜀与南中的密切关系。既然要"跨有荆益"怎么能忽视南中呢？

十七年过去了，当年计划中的合理部分早已变成了现实，诸葛亮已经成为受刘备遗诏辅政的顾命大臣，他所当政的蜀汉政权，不仅统治着汉中、巴蜀，而且也管辖着南中。

历史的经验不但启示诸葛亮提出"南抚夷越"的理论，历史的发展又把实践这个理论的任务交给了他。如果说，当年的布衣诸葛亮对"南抚夷越"，只是从战略的角度予以阐述，那么，现在的丞相诸葛亮深深感到实践这个理论的迫切和重要。

"南抚夷越"，说得更具体一点，就是平定南中，稳定南中，开发南中。

平定南中之所以重要，是因为"隆中对"的战略规划与现实发展有所出入。蜀汉政权只是实现了据有益州，并未保持住跨有荆益。如果说，南中对跨有荆益来说具有稳定后院的意义，那么南中对独据益州的蜀汉政权，不但有稳定后院的意义，还有增强蜀国国力，确保它与魏、吴三足鼎立的意义。

平定南中之所以迫切，是因为自从蜀汉建立以来，南中就没有过真正的稳定，而且形势越来越紧迫，越来越复杂。

刘备、诸葛亮在占领益州后，为稳定南中作了很大的努力。根据历史的经验。他们对派往南中官员的选择是非常谨慎的，生怕由于用人不当，激化了南中与蜀汉的矛盾。

第一任派往南中的长官是邓方。邓方字孔山，是南郡人，在荆州时便加入刘备集团，又随刘备入蜀。刘备入蜀第二年即建安二十年（215），改犍为属国为朱提郡（治今云南昭通），任邓方为郡太守。后来，又任他为安远将军、庲降都督，总管南中事务。当时人评价邓方，

第七章 平定夷越

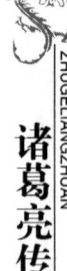

说他"安远强志,允休允烈,轻财果壮,当难不惑,以少御多,殊方保业"。可见邓方负责南中事务是很称职的。

蜀汉章武元年(221),庲降都督邓方逝世,南中负责人的人选又成了大问题。在诸葛亮看来,邓方论才干、论品德,无疑都是统管南中最合适的人选,但就是这样的人选,在管理南中的六年中,也没使那里风平浪静。他不由得想起六年来发生的几件事:

建安二十三年(218),越嶲郡夷帅高定在郡内发动叛乱,派军围攻新道县(治今四川屏山西)。多亏犍为太守李严率兵急救,将高定叛军打退。高定受此打击,气焰略有收敛。诸葛亮为了不使事态扩大,也没有对越嶲大举征讨。但谁能保证高定不会死灰复燃呢?

建安二十四年(219),正当刘备率军在汉中与曹军鏖战正急时,孙吴左将军、领交趾太守士燮引诱益州郡大姓雍闿等,煽动郡人叛离蜀汉,一时郡内汹汹。此外,越嶲、牂柯也出现了动荡不安的迹象。诸葛亮此时本应该镇守成都,为刘备汉中前线输粮补给,但为了兼顾南北,却不得已曾一度屯驻于地处越嶲、益州、牂柯之间的江阳(治今四川泸州)。

不久,益州郡大姓雍闿的活动越来越猖獗了,他不但杀害了郡守正昂,还不断派人与孙吴联络。为了阻止雍闿与孙吴接近,诸葛亮又派成都人张裔任益州郡守。雍闿见张裔到任,又用迷信手法煽动少数民族说:"新来的张太守,就像个用葫芦做的壶,外表虽光滑而内里粗糙。鬼神命令你们不要杀他,把他绑起来送到吴国去。"

对于南中发生的这些事情,蜀汉政权早就应该给予彻底解决,但刘备、诸葛亮实在没有精力顾及。因为比这里更严重的事还要等他们处理,特别是邓方逝世时,蜀汉正处在与东吴争夺荆州的紧急关头,这是要处理的头等大事。至于南中问题,当时要紧的是暂时把局面维持住。

诸葛亮并不认为邓方无能,他知道,邓方做到这步已经很不容易了。现在他不在了,派谁去接替他呢?他与刘备商议的结果,是派李恢去。

李恢出身于南中大姓,他是建宁俞元县(治今云南澄江)人。在刘璋任益州刺史时,李恢任建宁郡督邮。李恢不仅是南中大姓,他的亲戚也是大姓。他的姑父爨习就是南中著名大姓爨氏家族首领。爨习任建伶(治今云南晋宁)县令时,有违法之事,李恢也因此受到牵连,都应被免官处理。那时董和任郡太守,他为了利用大姓稳定南中,没有将他们免职。后来,董和还把李恢推荐到成都任职,李恢走到半路,正赶上刘备进攻刘璋。他知道刘璋难成大事,便改道北上,投奔刘备。在绵竹遇到刘备后,又随刘备至雒城。刘备派他到汉中联络马超,他便说服马超,一同为攻下成都尽力。李恢的身份,李恢的才能,李恢的忠诚,得到了刘备的重视、赏识和信任。刘备为益州刺史时,任李恢为功曹书佐、主簿。有人污蔑李恢谋反,刘备不信,不但不予处罚,反而迁其为别驾从事。李恢有南中大姓的身份,有治理地方的才能,对蜀汉忠诚不二,是接任邓方理想的人选。

刘备把李恢召来,问:"如今邓方已去世,你看谁能接替他?"

李恢倒也干脆,他说:"西汉时,孝宣皇帝准备攻打羌人,物色指挥官,赵充国就说:'没有人比老臣更合适了。'如今我不自量力,想作赵充国,希望陛下考察。"

刘备听了,高兴地说:"我的本意,就是想让你去啊!"于是,便任命他为庲降都督,使持节,领交州刺史,驻平夷县(治今贵州毕节)。

李恢出任庲降都督后,刘备便全力进行东征。夷陵失败后不久,刘备便在白帝城病倒了。就在这一年年底,蜀汉汉嘉太守黄元举兵反叛。黄元叛乱虽在第二年三月被平定,但影响极其恶劣。汉嘉郡邻近越巂郡,黄元的叛乱给南中不臣服的大姓们造成一个印象,即蜀汉政权统治不稳。再加上刘备逝世,南中的局势一下子变得严峻起来。

在越巂郡,越巂叟大帅高定又掀起反蜀浪潮,他自称王,并派斯都耆帅李承之杀害郡将焦璜。

在益州郡,雍闿不但杀了太守正昂,又将新太守张裔绑送孙吴。张裔在孙吴流徙伏匿了好几年,直到建兴元年(223),蜀汉派邓芝使吴才被接回来。雍闿又接受了孙吴对他永昌太守的任命,跃跃欲试,准备赴任了。

在牂柯郡,郡守朱褒也心怀异志,准备反叛。

南中的形势,非常严峻!

就个人感情而言,诸葛亮恨不得一下子把高定、雍闿等人的气焰打下去。特别是雍闿,他竟然把张裔绑送孙吴,使他心情久久不能平静。在那些日子里,他寝食难安,悲伤和愤怒,无时无刻不在煎熬着他。然而理智告诉他,现在南征不是时候。

夷陵新败，损兵折将，国力十分虚弱，若此时南征，军力财力均嫌不足；

国主新丧，新主庸弱，万机决于自己，若决策有误，一失足便会成千古之恨；

吴蜀反目，联盟破裂，曹魏坐收渔利，若不从根本上改变，兴汉大业何能实现！

想到这些，诸葛亮以极大的毅力克制住了感情的冲动，对南中问题表现出了最大的忍耐。

为了表示蜀汉对越嶲郡仍行使着统辖权，诸葛亮又任龚禄为越嶲太守，但又允许他不去触动高定，而是停留在离越嶲郡治邛都八百里的安上县（治今四川屏山西），遥领太守。

为了稳住益州郡大姓雍闿，诸葛亮又让李严给他写信，劝他悬崖勒马，服从蜀汉统辖，李严苦口婆心，给雍闿的信足足写满了六张纸。但雍闿仅仅回了一张纸，纸上只寥寥写了这样傲慢无礼的几句话：

盖闻天无二日，士无二王，今天下鼎立，正朔有三，是以远人惶惑，不知所归也。

雍闿的意思很明显：天下应当只有一个君主，现在竟然出现了三个，就不能再有第四个、第五个吗？显然，他是要做三国之外的第四个君主。尽管雍闿态度如此傲慢，气焰如此嚣张，诸葛亮却没有动雷霆之怒。他静静地等着，时时关注着，他寄希望于南中四郡中，有忠于蜀汉的势力遏制一下叛贼的猖獗，寄希望于南征的时机早点成熟。最能说明诸葛亮对南中问题委曲求全的，莫过于他对牂柯郡太守朱褒的态度了。

牂柯郡太守朱褒见益州、越嶲等郡已反，心中也不免萌生反意。这时，益州从事常房受命南巡，到了牂柯。他听说朱褒将有异志，便将朱褒的主簿收审拷问，并将其杀死。朱褒闻讯大怒，派兵攻打常房，并将其杀害，然后反咬一口，上书给蜀汉朝廷，诬蔑常房"谋反"。当时，南中已叛者飞扬跋扈，欲叛者蠢蠢欲动，蜀汉当局无力及时彻底解决南中问题，因而诸葛亮的方针是缓和矛盾，把动乱缩小到最小程度，以待机彻底解决。而常房的做法，恰恰是激化了矛盾，给朱褒叛乱提供了口实。常房所为似出于对蜀汉的忠心，说他"谋反"，恐有不实。但常房有负朝廷派其南巡安抚的重托,处事失当,并任意杀戮,自应负其罪责。《魏氏春秋》记载,诸葛亮为了南中局势的稳定,为了蜀汉政权的根本利益,下令将常房的儿子诛杀,又将常房的四弟流放。此为重大事件,而《三国志》《汉晋春秋》《资治通鉴》等皆不采用。《华阳国志·南中志》只记载常房被害,无其家属被杀被流放之事,因此,《魏氏春秋》的记载不可信,相比之下,《华阳国志》的记载较可信。

但是,诸葛亮的希望并没有落空。伴随着雍闿西进的噩耗,也传来了令人兴奋的消息。雍闿自从被孙吴遥封为永昌太守之后,就时时想着西进永昌,做名副其实的永昌太守。但是当他真的率军西进永昌时,却遇到了永昌郡功曹吕凯、府丞王伉的拼死抵抗。永昌郡地处滇西南,它的北面是高定所在的越嶲郡,东面是雍闿猖獗的益州郡,处于与蜀汉政权隔绝的态势。面对雍闿的咄咄相逼,吕凯与王伉"帅厉吏民,闭境拒闿",使得雍闿被拒于永昌郡外。

苍天有眼,助我蜀汉!当吕凯、王伉的消息传来时,诸葛亮心中不由得发出这样的感慨。其实,与其说是天助,不如说自助,吕凯、王伉的出现,完全是蜀汉政权自身努力的结果,是诸葛亮人格魅力的影响。吕凯给雍闿的信充分说明了这一点。

雍闿攻不下永昌,便给吕凯写信,列出种种理由,劝说吕凯投降。吕凯便给雍闿回了一封长信,信中说:

> 天降丧乱于蜀汉,奸雄乘衅而起。万国悲悼先主之逝,天下切齿乱贼猖狂。臣妾大小,莫不思竭筋力,肝脑涂地,以除国难。我想将军世受汉恩,以为您能亲聚兵众,率先而行,上报效国家,下不负先人,记功竹帛,遗名千载。谁知您竟背本求末,甘为吴人臣仆。昔舜勤于民事,至苍梧而陨,书籍嘉之美之,使其美名长流。今先帝为国操劳,至江边白帝而崩,又何尝不是如此。西周时文王、武王接受天命,到成王时才致太平,而先帝龙兴荆益,海内之人望风相随,宰臣聪睿,为上天所赐之康福。而将军您不明盛衰,不睹成败,所作所为,譬如野火在原,蹈履河冰,一旦火灭冰泮,将何所依?想当初,将军的先人雍侯,与高祖有怨却被封以侯爵;东汉窦融知道谁将兴起而归顺光武,这些都被后世歌颂赞美。如今诸葛亮丞相英才杰出,事未萌而先睹,受遗诏而辅命,待众宽而不忌,记人功而略其瑕。将军若能翻然改过,弃旧图

新，追上古贤尚有可能，更何况到我区区小域主宰政务呢！承蒙您来信告示，故略陈所怀，望将军察焉。

吕凯这封信，既是表明自己的心迹，也是向雍闿指明不该背叛蜀汉的理由。这理由大概有两个，一个是"世受汉恩"，当知恩图报；一个是诸葛亮受遗托孤，翊赞季兴，与众无忌，录功忘瑕，具有高尚的品格。吕凯是永昌不韦县人，也是南中大姓。从吕凯的态度中，可见蜀汉政权对南中大姓的优惠和诸葛亮的人格品质给他们留下的良好印象。

坚持，往往是变被动为主动，化不利为有利的法宝。

从建兴元年（223）到建兴三年（225）这两年多，是诸葛亮辅佐的蜀汉政权最艰苦的岁月。诸葛亮咬紧牙关，顶住南中之乱的压力，外和孙吴，内修政理，终于度过了这最困难的时期。

两年多的外交努力，使与孙吴重结旧好初见成效。

两年多的务农殖谷，闭关息民，使蜀汉国力有了很大的增强。

解决南中问题的时机逐渐成熟了。

蜀汉建兴三年（225）春，诸葛亮决定彻底解决南中问题。但南中叛乱地域广阔，叛乱势力嚣张，形势复杂，在平叛中不能出现失误，否则，其后果不堪设想。因此，诸葛亮拒绝臣僚们的劝阻，亲自挂帅，将南征大军分为三路：

东路军由马忠率领。马忠在此之前任门下督，此次南征，被任为牂柯太守。他的任务，是由川南僰道（治今四川宜宾）进入牂柯郡，平定朱褒叛乱，取其位而代之。

中路军由庲降都督李恢率领。李恢是章武元年（221）继邓方之后任庲降都督的，上任之后一直驻在平夷县（治今贵州毕节）。这次任务，是由平夷直趋益州郡。李恢之行有两个战略意图：第一，庲降都督的治所南移，象征着蜀汉政权真正行使对南中的行政权力。第二，益州郡是雍闿的老巢，雍闿部是南中之乱最嚣张的势力。直趋益州，就是要消灭南中之乱的主要势力。

西路军由诸葛亮亲自率领。这是南征的主力，其任务是首先平定越嶲郡的高定，然后从西侧包抄益州，配合李恢平定雍闿之乱。

东、中、西三路大军约定最后在益州郡的滇池会师。

战马嘶鸣，兵甲曜日。在南征大军出发之际，百官夹道相送。他们纷纷祝愿：丞相早日得胜凯旋。唯独马谡表现有些异常，马谡是马良的弟弟，他们兄弟共五个，都很早就闻名于乡里。马谡才气过人，非常喜欢议论军国大计，且常有独到的见解，诸葛亮十分看重他。但是，今天他却显得有些沉默。

南征大军告别群臣，踏上征程，而马谡却恋恋不舍，又送出几十里。诸葛亮知道他有话要说，便问道："千里相送，终有一别，我们虽常在一起讨论南中问题，但总觉得意犹未尽。今天，我还想聆听你的高见。"马谡见诸葛亮这样说，便把自己的想法全盘托出。他说："朝中众人多寄希望于大军一到，叛贼殄灭。但据我看，南中仗其所处既险又远，久怀不服之心。大军平息南中叛乱问题不大，但今日破之，或许明日又反。如今，我们正准备倾国北伐与曹魏相抗，如果南中知道我们的重点在北方，其反叛必然更快，如果我们要把南中叛人斩尽杀绝，以除后患，这既非仁者之情，又非仓猝之功。我送丞相几句话：夫用兵之道，攻心为上，攻城为下；心战为上，兵战为下。希望您此次出兵，将南中人心征服。"

一番话说得诸葛亮心里热乎乎的。他之所以受感动，不仅仅是有感于马谡对蜀汉事业的忠诚，还因为马谡看问题比一般人深远。对于南征与北伐，诸葛亮心里也有杆秤，北伐曹魏，是蜀汉政权压倒一切的中心任务，而南征则是从稳定蜀汉后方、增强蜀汉国力两方面为北伐服务的。因此，南征就是要用最小的代价、最快的速度，取得南中持久的稳定。马谡的话，正合诸葛亮的战略意图，他与诸葛亮想到一块儿了。

诸葛亮立即给全军下了一道教令，教令只有二十个字："用兵之道，攻心为上，攻城为下；心战为上，兵战为下。"这就是马谡给诸葛亮的临别进言。

对于抵御诸葛亮大军，盘踞在越嶲的高定是作了较充分的准备的。他在越嶲作了这样的部署：

越嶲郡治所邛都（治今四川西昌东南）为该郡反叛中心，高定亲自率兵坐镇。

在邛都东北的卑水（今四川美姑、雷波一带）派重兵设一道防线，防止诸葛亮从东北方向进入越嶲。

在邛都北面的旄牛（今四川汉源）派重兵驻守，以防止诸葛亮军从正北方攻入越嶲。

在邛都西南的定莋（治今四川盐源）设一个据点，作为自己的退路，以便在北面或东北面的防线崩溃时向西南撤退据守。

高定作这样的部署是有他的战略意图的。当时，从四川成都南下越嶲有两条路：

一条是从成都沿岷江南至僰道（治今四川宜宾），然后溯长江而上，沿水路往西南至安上（今四川屏山）、新道（今四川绥江）、马湖（今四川雷波），越卑水再往西南，直至邛都。

一条是从成都向西南经江原（治今四川崇庆东南）、临邛（治今四川邛崃）、汉嘉（治今四川邛崃西南）、严道（治今四川雅安西南）、旄牛，然后南下邛都。

第一条路，由于是从安上进入越嶲，我们姑且称它为"安上路"。

第二条路，由于是从旄牛进入越嶲，我们姑且称它为"旄牛路"。

诸葛亮入越嶲，会走哪条路呢？高定左思右想，觉得两条路都有可能。

"安上路"，从成都到僰道这段是畅通无阻的，而且又是顺岷江而下，可谓一帆风顺。只不过由僰道向西南，由于是长江上游，江窄流急，一路上都是水恶山险，这是一条"既险且远"的路。

"旄牛路"，是一条"既平且近"的路。刘备逝世后，汉嘉太守黄元据郡反叛，并烧毁临邛城。杨洪派将军陈曶、郑绰讨黄元，并断定黄元要"乘水东下"，要陈、郑二人在南安峡口阻截。陈、郑二人照杨洪的部署，果然在南安峡口活捉黄元。黄元所活动的地方，正是由成都至严道这段"旄牛路"，黄元被俘地南安峡口，正是汉嘉郡内青衣江入岷江的江口，黄元东下所乘之水，即青衣江。这说明，直至蜀汉章武三年（223），"旄牛路"北段从成都至严道是畅通无阻的。问题就出在从严道至旄牛这段。东汉安帝延光二年（123）春，"旄牛夷叛，寇灵关，杀县令"。从此旄牛道断绝，一直到三国蜀汉时，一百多年都未开通。

安上路既远且险，但它毕竟是一条百余年来人们一直在走的路；旄牛路既平且近，但它又是一条被淹没百余年的废弃古道。高定觉得，诸葛亮走安上路的可能性大，但又觉得，兵贵出奇，在最不可能走的路上，诸葛亮又有可能披荆斩棘，开山修路。想来想去，还是觉得在旄牛和安上都设防比较保险。这样一来，高定又恰好犯了分散兵力的兵家大忌。

诸葛亮并没有走旄牛路，因为诸葛亮南征的战略意图是建造一个稳定的后方,他的主要力量要用在将来的北伐上。因此,此次南征要速战速决,不能耗费太多的时间和人力物力。再者,诸葛亮已经和马忠、李恢约好会师滇池,如果花时间修复久被湮没的旄牛古道,就会大大影响进军的速度。所以,诸葛亮与马忠一起从成都沿岷江至焚道,在僰道与马忠分手,然后西进安上,与越嶲太守龚禄合军一处,共同向西南进发。

诸葛亮军突然出现在卑水时,高定才知道诸葛亮确实没走旄牛道,急忙调整部署,收缩防线,他一面从旄牛往回调兵,一面紧急通知在益州的雍闿,让他火速率兵北上援助越嶲。雍闿正要发兵,忽然发现蜀汉庲降都督李恢在自己北面的平夷县秣马厉兵,准备向南进军;在自己的东北方,蜀将马忠也已率军进入牂柯郡。雍闿立即感到了形势的严峻。他觉得,最好的可能是把蜀汉的三路兵马全部挡住,如果不能做到,也要挡住两路,这样,即使蜀汉军一路突破,深入南中也是孤军。如果让蜀汉军突破两路,那么这两路军势必合势与另一条路采取包抄态势,南中就土崩瓦解了。

对于自己这一方,雍闿是有信心挡住蜀军的。因为他在益州的影响很大,又很早就从事反对蜀汉的活动。几年来,他不但在益州郡上层网罗了一批反蜀势力,而且益州的下层少数民族群众也被他蒙骗得唯命是从。比如,有一段时间,他发现一些少数民族群众不愿意跟他进行反蜀活动,便派孟获去进行欺骗和煽动。孟获便在他们中间散布说:"我们抗拒蜀汉官府,完全是为了你们,官府要征收胸前全是黑毛的乌狗三百头,螨脑三斗,长三丈的斲木三千根,你们拿得出来吗?"百姓们听了,个个摇头咋舌,这些东西哪找去!别的不说,就说这斲木,最高长不过两丈,他们祖祖辈辈也没见过三丈高的。对孟获的谎言,百姓们信以为真,反蜀情绪又被煽动起来。

既然自己一方没有问题,雍闿觉得应该援助高定,如果能帮助高定阻住西路蜀军,则胜利在握。所以,他接到高定的告急信后,把益州郡的事情又做了一番安排和布置,便带着援军向西北越嶲方向进发。高定的各路兵马向邛都、卑水方向集结,诸葛亮西路主力军所承担的压力越来越重,但诸葛亮面对高定的调兵集结持一种高兴的态度。他认为,高定集中兵马使自己与其决战是件好事。越嶲地区山多地险,如果对高定军分而歼之,势必拖很长时间,不如待其集中后一战解决问题。所以他到卑水后,没有立即对高定发起攻击,而是据险敛众,欲等高定军众集

合后一并讨之。旄牛之师是高定的部队,且在越嶲境内,所以接到高定的命令便迅速赶回来。雍闿之师在益州郡,雍闿要安排好本郡的事才能赶来,所以来得较缓。诸葛亮对高定发动攻击的时机,就选定在旄牛军已经到来,而雍闿军尚未到达之时。这时机把握得非常好,第一,高定军相对集中但又没有完全集中,发起攻击既可多歼叛贼,又不致使叛军形成优势;第二,这样做还可造成叛军内部的矛盾。

这一仗打得非常激烈,诸葛亮军打过卑水,击溃高定军,一直追击到高定的老巢,并将其妻子家属活捉。蜀军也付出了一定的代价,新任的越嶲太守龚禄被高定军所杀。

诸葛亮以为,高定受到重创,妻子被俘,道穷计尽,有可能会来投降。而出乎诸葛亮的意料,高定并未投降。这时,雍闿等人也赶来了。高定把失败的愤怒全都撒到雍闿身上,认为如果雍闿军早来一步,便不会有这样的结局,一怒之下,便把雍闿杀了。雍闿的部众归孟获统领。接着,高定又"杀人为盟,纠合其类二千余人",前来同诸葛亮决战。结果,高定军被全歼,高定也被蜀军杀死。

高定被杀,孟获孤掌难鸣,只好向南败退,这标志着越嶲郡的高定叛乱基本被平定。

诸葛亮西路军与高定军厮杀的时候,李恢率领的中路军在益州郡也与叛军激战正酣。由于雍闿在益州郡势力很大,雍闿离开益州前又作了充分的准备,所以李恢的中路军进入益州郡后遇到不少阻力。当他越过味县(治今云南曲靖)向西南进至昆泽(今云南宜良)时,便陷入了叛军的重围之中。当时李恢"众少敌倍",又没有与诸葛亮军联系上,形势极为不利。李恢是南中人,他的老家俞元县(治今云南澄江),就在益州郡内。李恢利用自己是益州郡人的身份,欺骗叛军说:"蜀汉朝廷军队的粮食就要吃完了,没有粮食,只好退回去。我由于在朝中任职,过去一段时间离开了家乡父老,到今天才有机会回来。我是不打算回去了,想和你们共同对付朝廷,所以把心里话告诉你们。"这番话如果出于别人之口,叛军也许不会相信,但李恢毕竟特殊,他是当地人,与叛军是老乡,叛军便相信了这位老乡的话,对他的包围懈怠下来。李恢乘机发动了突然袭击,一下子把敌人的包围打破。叛军失利,只好败退,李恢乘胜追击,一直打到南面的盘江。东路马忠军进展得比较顺利,马忠之所以顺利进军牂柯,一来是因为马忠具有很高的军事才干。

早在夷陵之战失败时，马忠率军，接应刘备，刘备通过和马忠的接触，对他的才干评价就很高，说："我在战争中失去了黄权，但又得到马忠，真是世不乏贤呀。"黄权是刘备手下著名将领，夷陵之战失败被迫降魏后，深得魏文帝和司马懿赏识；刘备向来以识人著称，他把马忠和黄权相提并论，可见马忠才干之高。二来是因为他的对手朱褒在牂柯的势力远不如高定在越嶲、雍闿在益州那样强大。所以，马忠军南征路线很长，但却一路势如破竹，当李恢到达滇池后，马忠一路早已在那里恭候了。

西路军打败高定，攻下邛都，孟获率军南逃。他想顺原路逃回味县，纠集力量再行反抗，但刚走到会无（治今云南会理），就听说李恢军已深入到味县一带，于是，孟获又折头向西南方向逃窜。原来，从越嶲进益州还有一条路，就是从会无西南至三缝（治今四川黎溪），渡过泸水（金沙江）至青蛉（治今云南大姚），再向西南至弄栋（治今云南姚安），就可西至叶榆（治今云南大理）或东至滇池了。

诸葛亮军穷追不舍，这年五月，追到泸水边上的三缝。孟获已经渡过泸水向青蛉方向逃去。对于没到过南中的人来说，泸水是个非常可怕的地方。有人说，泸水畔"气候常热，虽方冬，行过者皆袒衣流汗"。有人说，泸水又深又宽，且瘴气毒人，人迹罕至。其水春夏常热，其源头甚至可以把鸡肉猪肉炖熟。还有人说，泸水"四时多瘴气，四五月间发，人冲之死"。诸葛亮到达泸水边时正是五月，南方的盛夏，气候湿热，气压极低。关于瘴气的传说，更令人谈虎色变。但此时诸葛亮顾不了那许多，他只有一个念头，追上孟获。莫说是江水瘴气，即使是汤池火海也要越过。他对蜀汉军说，瘴气不过是林间湿气，虽于人有害，但不会致命。孟获是人，他和部属都能过，我军何以不能过呢？

在诸葛亮的鼓励和指挥下，蜀军越过泸水，追上了孟获，与之展开了激战。

孟获是南中的酋长，英勇善战，为人侠义，在南人中很有威望。他得知蜀兵南下，就前来迎战，远见蜀兵，队伍交错，旗帜杂乱，心想："人们都说诸葛丞相用兵如神，未免言过其实。"孟获冲出阵地，对方王平迎战。刚一交锋，王平回头就跑。孟获放胆追杀，当追赶了二十多里的时候，忽闻喊声四起，左有张嶷，右有张翼，截断了退路，南兵大败。孟获拼命冲出重围，前面又有一队军马拦住，原来是大将赵云。孟

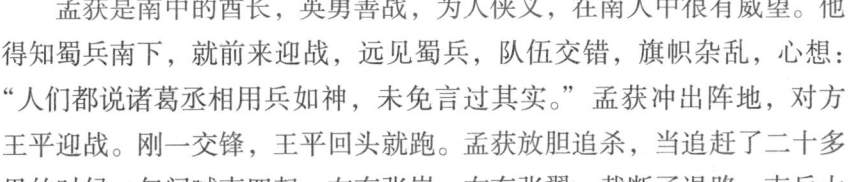

第七章　平定夷越

获曾得知赵云厉害，慌忙带领几十个骑兵逃进山谷。前边路狭山陡，后边追兵渐近，孟获只得丢下马匹爬山。忽然又是一阵鼓声，原来魏延带领五百人在这里埋伏。结果不费吹灰之力就活捉了孟获。

诸葛亮在帐中，把无数俘虏都一一解绑，还给酒饭款待，并说："你们都是好老百姓。你们的父母、兄弟、妻子、儿子，定倚门盼望大家回去，听说你们当了俘虏，他们会牵肠挂肚，痛不欲生。我现在把你们都释放回家，以安你们父母、兄弟、妻儿的心！"说罢，发给粮食、酒肉，放出营帐。南人都很感动，甚至涕泪交流！

一瞬间，魏延把孟获绑来，跪在地下，诸葛亮问："现在你被我活捉了，你心服吗？"孟获说："我是因为山路狭陡才被捉住的，怎么能服呢？"诸葛亮说："你要是不服，我就放你回去。"孟获答得倒也干脆："你要是放了我，我重整兵马，和你决一雌雄。那时再当了俘虏，我就服了。"于是，诸葛亮让人给孟获解开绑绳，用酒肉招待，然后放出营帐。

孟获回寨之后，重整军马，准备再战。他手下的两个洞主被蜀兵俘虏后放回，这次孟获派他俩迎战，又打了败仗。孟获说他俩是故意用败阵来报答诸葛亮，就痛打了一百大棍。这两个洞主就带领一百多个放回来的南兵，冲进孟获的营帐，把喝醉了的孟获牢牢绑住，献给诸葛亮。

诸葛亮笑着对他说："你曾经说，再当俘虏就服了。现在还说什么？"孟获振振有词地辩道："这不是你的本事，而是我手下人叛变，怎么能让我心服呢？"诸葛亮胸有成竹地说："好吧！我再放你一次吧。"孟获说："我虽然是蛮人，但颇懂得兵法。如果丞相真的放我，我一定和你决一胜负。要是再当了俘虏，我就诚恳地投降。"诸葛亮命人给孟获松了绑，让他坐在帐中吃喝，然后带他出寨观看如山的粮草和明亮的刀枪。孟获却边走边注意各个营寨的位置和情况，参观之后，照例以好酒好肉招待，到晚上，诸葛亮亲自把他送到泸水（古水名，指今雅砻江下游，以及金沙江会合雅砻江以后的一段）之滨，目送他过江而去。

几天之后，孟获的弟弟孟优带着一百多名南兵，搬着许多金珠宝贝、象牙、犀角，渡过泸水，投奔诸葛亮的大营。孟优见了诸葛亮，再三拜谢，说："我哥哥感谢丞相不杀之恩，让我先送上这些金珠宝贝，作为劳军之用。哥哥到银坑山收拾宝贝，明天就送来，献给天子。"诸葛亮心中有数，命令杀猪宰羊，设宴备酒，还有乐队、歌舞、杂剧表演款待孟优。

孟优和南兵不晓得酒里下了药，喝下去都昏倒了。当晚，孟获把南兵分为三队，前来劫寨。他以为诸葛亮没有防备，又有孟优等做内应，肯定可以活捉诸葛亮。结果反而陷入诸葛亮的圈套，第三次当了俘虏。

诸葛亮笑着问孟获："这回服了吧？"孟获气哼哼地说："这是因为我弟弟贪馋，耽误了我的大事，怎么能让人心服呢？"诸葛亮说："那就再放你回去！"孟获立刻说："丞相若肯放我兄弟，我一定收拾家丁，和您大战一场。那时若再被擒，我就死心塌地的投降。"诸葛亮痛快地说："好吧！下一次你要小心谨慎，用好计策和信得过的人来和我作战。"说罢，把孟获兄弟，连同所有的兵将，一同释放。

诸葛亮统领大军，渡过泸水，在河南岸建起三个大营，等待南兵。果然，孟获带领十万人气势汹汹地杀来，诸葛亮见南兵骄狂自负，下令坚守，不准出战；同时让赵云、魏延带领本部人马出发了。几天以后，诸葛亮干脆退出河南岸的三个营寨，回到河北岸。孟优指着空寨里的无数粮草、车辆说："这是诸葛亮的计策吧？"孟获说："我想，准是蜀国发生了大事，不是吴兵入侵，就是魏军讨伐。我们应该火速追击。"当南军逼近河岸时，发现北面建起了新的营寨，旗帜鲜明，军容严整，孟获对孟优说："这是诸葛亮怕我们追击，故意在北岸稍住几天，很快会撤走的。"他哪里想得到，此时赵云、魏延早已绕到了自己的后方。

一天晚上，狂风大作，随着一片火光和震天的喊声，大队蜀兵杀了过来。孟获急忙带领亲信兵丁撤退，却被赵云拦住。迫使他赶紧往僻静的山谷逃走，又被马岱杀了一场。此时，北、西、南三处都是火光，孟获只得向东逃跑，身边就剩下几十个人了。刚刚转过一个山口，只见一片树林前面，诸葛亮坐在一辆小车上，周围只有几十个人。孟获对周围的兵丁说："我被这人侮辱了三次，今天有幸在这里遇上他了。你们要奋力争先，连人带车砍得粉碎！"接着，孟获当先，南兵紧随，呐喊着杀向树林，只听"咕咚"一声响，这些人全都掉进了陷坑。魏延从林中转出，和几百名士兵一起，把坑里的兵将拖了出来，用绳子捆好。那十万南兵，除了死伤的，全都投降了。诸葛亮不仅用酒肉款待，还以好话劝慰，然后全部放回，接着对孟优说："你哥哥心里迷糊，被我捉了四次，有什么脸再见人呢？你要好好地劝他呀！"孟优满脸羞愧，跪地求饶。诸葛亮说："我若要杀你也不在今天。现在饶你一命，好去劝你哥哥。"士兵为孟优解了绑绳，孟优哭着走了。

　　一会儿,魏延绑着孟获来了。这回诸葛亮一反往常,生气地说:"你这回又被我捉住了,还有什么理说!"孟获说:"我是误中了你的奸计,死也不服!"诸葛亮大声喝令:"砍头!"刀斧手推出孟获,孟获满脸气愤,毫不害怕,还回过头来说:"你要是再敢放我一回,我一定能报四次败仗之仇。"诸葛亮哈哈大笑,命令刀斧手解绑,就在帐中用酒食招待,然后把孟获放了。

　　孟获四次被擒,知道了诸葛亮的厉害,就和弟弟商量,在偏远险要的山洞躲了起来。心想,蜀兵受不了这一带的炎热湿气,日子长了,必然撤退。他哪里想到,诸葛亮依靠投降的南兵引路,步步逼近了山洞。

　　孟获正准备拼一死战,部下来报告,说相邻的洞主杨锋,带领三万兵来助战。孟获高兴地把杨锋和他的五个强悍的儿子请进洞。孟获设酒席招待,杨锋说:"您这里缺少舞乐,我那里有随军的女队,能舞刀使盾,可以助兴。"孟获欣然同意。杨锋把手一招,几十名南人少女,舞着刀、盾,边跳边舞地进来了。杨锋手下的南兵拍着手,唱着歌伴奏。杨锋的两个儿子起来给孟获、孟优敬酒,孟获、孟优刚刚接过杯子,只见杨锋大喊一声,两个儿子已经捉住二孟,众舞刀少女手持着明晃晃的战刀,谁敢靠近?孟获说:"兔死狐悲呀!咱们都是洞主,你们为什么要害我呢?"杨锋说:"我们兄弟子女们都感谢诸葛亮丞相活命的恩德,只有你还反叛!所以要把你捉住,向诸葛亮丞相报恩。"

　　杨锋父子把孟获兄弟献给诸葛亮。诸葛亮给予重赏,然后把孟获兄弟拉来。诸葛亮笑着说:"这回你心服了吧?"孟获说:"这不是你的本事!只要你放了我,我回到祖居的银坑山。你要是在那里捉住我,我们子子孙孙一定心服!"诸葛亮像过去一样,又把孟获放了。

　　孟获连夜奔回银坑山,召集了本宗族一千多人,又向邻山、邻洞请了几万援军,再次和蜀军交锋,又吃了几个败仗,最后连老巢银坑山也被蜀军占了。诸葛亮立即下令分兵缉拿奔逃在外的孟获。孟获实在没办法,就让自己的妻弟带来洞主。把自己和妻子连同好几百人绑送到蜀营,说是带来洞主劝孟获投降,孟获不听,被捉来献给丞相。

　　诸葛亮等带来洞主把几百人押进营帐,立即一声令下,两人捉一个,全部拿下。然后一一搜身,果然人人都贴身藏着武器。诸葛亮问孟获:"你这回可是在老家银坑山被捉,该心服了吧?"孟获说:"这是我自己来送死,当然不服!"诸葛亮说:"我捉住你六次了,还是不服。

你想让我擒你几次呀?"孟获说;"七次!要是七次被擒,我才倾心归服。"诸葛亮说:"你连巢穴都丢了,我更没有顾虑了。"让武士给这几百人解绑。孟获一群抱头鼠窜而逃。

孟获家破兵败,只得向邻近的马戈洞主借藤甲兵。原来这藤甲是用油反复浸泡,晾晒几十遍而制成,刀剑不入,人坐在上面入水也不沉,十分厉害。诸葛亮调查清楚以后,一场火攻,把那油浸的藤甲烧个精光,孟获第七次当了俘虏。这回诸葛亮也不和孟获说话,只是给他解了绑,送到另外的营帐饮酒压惊。

孟获、孟优、带来洞主和所有的宗族俘虏正在饮酒,一位官员进来对孟获说:"丞相不好意思见您了,让我放您回去,准备再战。"孟获听后泪流满面,对左右说:"七擒七纵,这是自古以来没有的事呀!我要是再不感谢丞相的恩德,可就太没有羞耻了。"说完,带着兄弟、妻子、同族就走出营帐去向诸葛亮投降。

原来诸葛亮南征是想开发西南,他对彝族首领孟获使用"欲擒故纵"的策略,七擒七纵,逐次推进到边远地方,终于使孟获心悦诚服,誓不复返。诸葛亮的七纵,意在扩大疆土,拿孟获作榜样,去降服其他少数民族。因此,他任命孟获做蜀国的官,管理南方各部族。他的下属官吏都让当地人担任,只定些大的制度,让他们自己管理地方政事。

诸葛亮把南方的事安排就绪后,下令回成都时,孟获他们送了一程又一程,还以金银财宝、丹砂、生漆、耕牛、战马送给国家。诸葛亮吩咐留下很多粮食、药品。从此,不仅南方得以安定,而且各部族注意发展农业,生活也开始有所改善,从而完成了平定南中,解除北伐曹魏的后顾之忧。

诸葛亮"七擒孟获"的故事,流传久远,不仅在国内一直为人们所喜闻乐道,而且还远播国外成为引人入胜的谈资。诸葛亮接受了马谡的"心战为上"的建议,在这位为夷汉所敬服的渠帅孟获身上加以具体实践的结果,从而达到使孟获心悦诚服、感德怀恩的目的。由此来看,孔明之于孟获是真正做到了"服其心",而非屈之以兵。

清人张若骥的《滇云纪略》详列七纵七擒的地址:"一擒于白崖,今赵州定西岭;一擒于邓赕獠猪洞,今邓川州;一擒于佛光塞,今浪穹县巡检司东二里;一擒于治渠山;一擒于爱甸,今顺宁府地;一擒于怒江边,今保山县腾越州之间;一以火攻,擒于山谷,即怒江之蟠蛇谷。"

诸葛亮这次出师南中,前后只用了五六个月的时间,可谓用兵神速了。他之所以能够迅速获胜的原因,不外下列三点:其一,诸葛亮的指挥正确,"攻心为上"的指导思想获得全面地贯彻执行。其二,蜀汉大军训练有素,军纪严明,因而能够获得夷、汉各族人民的拥护与支持,原先雍闿等人所制造的官府逼迫百姓要交纳"乌狗""螨脑""斫木"等谣言,则不攻自破。其三,蜀汉军队将士用命,英勇无前。李恢、吕凯、马忠等人都是忠心耿耿的优秀将领,各项军事计划能够如期完成。

诸葛亮南征自然是心力交瘁、辛苦万分的。他既要焦劳擘划、筹思军计,又要跋山涉水,与恶劣气候作斗争。当时的南中确实是相当落后的"不毛"之地。唐代柳宗元在贬官柳州时,写诗赠友人说:"城上高楼接大荒,海天愁思正茫茫","共来百越文身地,犹自音书滞一乡"。柳州在今天的广西省,与云南省毗连,当时的情况大体相似,直到唐代仍然是交通蔽塞、经济文化落后,更何况是更早的三国时期?白居易的《新丰折臂翁》诗曾述及云南的情况:"闻道云南有泸水,椒花落时瘴烟起。大军徒涉水如汤,未过十人二三死。"这里有文学的夸张及传闻之误,但五月盛暑气温极高,攀山越岭渡过金沙江,即使是不打仗也是够艰险的了。而且瘴疠之气四起,毒蛇疟蚊密布于深溪密林之中,很容易传染疾病。因此孔明出征之前,王连再三劝谏,也主要是鉴于南中的地理及气候等情况才诚恳提出的。诸葛亮自然是了解这些情况的,可是,他仍然要冒险犯难"深入不毛",就是要迅赴戎机,削平叛乱,安定蜀汉南方的统治秩序,为北伐曹魏创造必要的条件。诸葛亮为国忘身,不计较个人安危的精神,一直赢得后世的敬仰。

孔明平定南中之后,对这一地区的少数民族坚决实行既定的"和抚"政策,加强对这一地区的统治并采取了一些有利于发展生产的政策措施,主要是:

一、进一步推行郡县制,选派熟悉当地情况的良吏为郡太守。

为了加强蜀汉政权对南中地区的统治,维护西南地区的统一,诸葛亮扩大和健全了郡县组织,改益州郡为建宁郡,分建宁、牂柯郡的一部分设置兴古郡,又分建宁、越巂、永昌郡置云南郡。叛乱势力影响较大的益州郡,被划小了。这样原来叛乱地区的四个郡就增改为越巂(治邛都,今四川西昌)、建宁(治味县,今云南曲靖)、云南(治拼栋,今云南姚安北)、永昌(治不韦,今云南保山东北)、牂柯(治且兰,今贵州都匀东北)、兴古(治宛温,今云南砚山北)六个郡。加上没有叛乱的朱提郡(治朱提,今云南昭通),庲降都督所辖共七个郡。李恢因"军功居多"以庲降都督加安汉将军兼建宁太守,将都督府治由平夷县移到七郡的中心地区味县。随着郡数的增加,县数也相应增加了。朱提郡增加了南昌县,越嶲郡增加了安上、马湖县,建宁郡增加了存䭾(邬)、新定、修云、伶(泠)邱县,永昌郡增加了永寿、雍乡、南涪县,牂柯郡增加了广谈县,兴古郡增加了汉兴县。共计十二县。这些县不能认为都是在诸葛亮平定南中之后建立的,有些是在其后的蜀汉时期。

郡县制的进一步推行,加强了蜀汉中央集权的统治。郡县数的增加,郡县区的缩小,有利于防止地方势力过大,闹分裂割据。

与此同时,诸葛亮选派得力的、熟悉当地情况并在当地有影响的人为各郡太守。如新任命的牂柯太守是平叛东路军的统帅马忠,新任命的永昌太守王伉(蜀郡人),原先就是南中地区的官吏,建宁太守李恢、云南太守吕凯不仅长期在南中地区为官,而且本人就是当地的土著(李恢是建宁俞元人,吕凯是永昌不韦人)。这些人一般都能贯彻诸葛亮的民族政策,在治理南中过程中发挥了很大作用。如牂柯太守马忠,"抚育恤理,甚有威惠",后来成为庲降都督,"处事能断,威恩并立,是以蛮夷畏而爱之"。

二、任用少数民族头领参加蜀汉政权。

为了争取少数民族首领的支持与合作,更加有效地统治南中地区,诸葛亮重用那些拥护蜀汉政权的在当地很有影响的少数民族上层人士,让他们参加蜀汉中央政权。如孟获官至御史中丞(中央监察官);孟获的同族孟琰英勇善战,被任命为虎步监,官至辅汉将军;大姓爨氏首领爨习当上了领军。诸葛亮通过他们的作用和影响,加强了对南中地区的统治。县和县以下的官吏,基本上由少数民族上层人士担任。

在少数民族集居的地区,诸葛亮"即其渠帅(首领)而用之",就是采取了用少数民族上层人士担任地方官吏的政策,通过他们来统治各地的少数民族,尊重他们的风俗习惯,保留他们原来的部落组织,承认原来少数民族的头领、酋长的统治权力,给予新的封号。如龙佑那在诸葛亮南征时,被正式封为"酋长",并"赐姓张氏";牂柯郡"夷帅"火济曾协助蜀汉军队"破孟获有功",被封为"罗甸国王"。为了使这些封号具有权威性,诸葛亮给少数民族头领颁发了"铁券"(类似委任

第七章 平定夷越

状），以表示酋长们的权力是蜀汉皇帝赐予的，是神圣不可侵犯的。酋长们在受到朝廷的器重之后，也就容易听从朝廷的命令了。

对于诸葛亮的"即其渠帅而用之"的做法，手下人不理解其意图，有人建议派汉族官员去治理，诸葛亮回答说：

"如果留下外来的汉族官吏，就应当留下军队，军队留下却没有粮食供给，这是第一件难办的事。加之夷族刚遭受战争的损伤和破坏，父兄死亡，留下汉族官吏而没有留下军队，必然会酿成祸患，这是第二件难办的事。另外，夷族多次犯有废杀汉族官吏的罪行，他们内心不免要猜疑，双方的裂痕这样深，如果留下汉族官吏，就会始终得不到信任，这是第三件难办的事。现在我打算不留军队，不运输粮食，而只把政纲法纪大致规定下来，使夷族、汉族大体上相安无事。"

这段话表明，诸葛亮是根据蜀汉国小势弱、"夷"汉之间存在矛盾的具体情况来制定政策的。如果留汉官、留汉兵，必须运粮，这是蜀汉难以负担的，而且容易引起少数民族的不信任。反之，如果不留官、不留兵，既能减轻蜀汉的负担，又容易取得少数民族的信任，这样才有利于维持"夷汉相安"的局面。

所谓"不留兵"，并不是说蜀汉在南中地区不留一兵一卒，应当理解为，在县和县以下的基层权力机构和少数民族集居的各部落中没有汉族军队。诸葛亮亲自率领的平叛主力全部撤走是没有问题的，但像庲降都督李恢统领的南中地区的汉军，应有一些留下来。不然的话，也要在当地重新招募一些汉人为兵。这样才能行使军政长官的职权，有效地统治南中地区。后来，建宁郡发生的"南夷复叛，杀害守将"，表明庲降都督手下有"将"，有"将"自然要有兵。史书上说："武侯之治蜀也，东屯白帝以备吴，南屯夜郎（南中地区东部）以备蛮，北屯汉中以备魏。"这里的"屯"指的是屯兵。公元233年（建兴十一年），"南夷耆帅"刘胄反，庲降都督张翼（在李恢之后）即"举兵讨胄"，也表明庲降都督是掌握军队的。不仅如此，有的郡守还组建"夷"汉军队，镇压反叛。如张嶷为越巂太守时，"虽有四部斯叟及七营军，不足固守，乃置赤甲、北军二牙门"。永昌郡"数为寇害"，太守霍弋"率偏军讨之"。诸葛亮在南中地区就地取兵，不单纯依靠武力镇压的做法，对维护"夷汉相安"的局面起了有效的作用。

三、尊重和利用当地少数民族的风俗习惯和宗教信仰。

《华阳国志·南中志》记载：南中地区少数民族"俗征巫鬼，好诅盟，投石结草"。诸葛亮为了同他们搞好关系，便利用他们信鬼神同他们诅咒盟誓。《庆符县志》记载：在庆符县（今四川高县西北）的武侯祠内有一块"诸葛武侯南征誓蛮碑"，表明诸葛亮确实是与少数民族诅过咒发过誓。由于誓言是向鬼神发的，少数民族能够敬畏地遵守。

由于南中地区"夷"人相信巫教，迷信鬼神，东汉时有的官员曾用绘画描绘山神海灵，奇禽异兽，使"夷"人"畏惮"。为了使少数民族懂得封建纲常，服从统治，诸葛亮也采用这种做法，给他们做"图谱"，先画"天地、日月、君长、城府"，反映巫教的原始宇宙观，宣传尊卑上下的等级从属关系；再画"神龙，龙生夷及牛马羊"，宣传在"夷"人中流传的神话故事——"元隆（又作九龙）神话"（神话故事的内容：有一个女子在河里洗澡，同龙变成的木头接触，怀孕生下十子，其中九子惊走，小子未去，小子名叫元隆，被推举为王，就是"夷"人的祖先），表示尊重"夷"人的祖先；最后画"部主吏巡行安恤"以及"夷"人牵牛担酒，携带金宝进贡的内容。表现了诸葛亮利用宗教画来进行政治统治和征取贡赋的目的。诸葛亮把这些"图谱"送给"夷"人的头领们，他们"甚重之"。

四、发展经济，加强边远地区同内地的联系。

南中地区土地广袤，物产丰富，如永昌郡"其地东西三千里，南北四千六百里……土地沃腴，黄金、光珠、虎魄（琥珀）、翡翠、孔雀、犀、象、蚕、桑、绵、绢、彩帛、文绣……宜五谷，出铜、锡"。但总地看来，南中地区的生产水平是低下的，经济文化是落后的。

为了改变南中地区落后的生产水平，诸葛亮在这里推广汉族地区先进的农业生产技术。他"命人教打牛以代刀耕，夷众感悦"。直到今天，云南省德宏地区傣族还有关于诸葛亮带来牛耕的传说。诸葛亮还注意在这一地区兴修水利，灌溉农田，扩大耕地面积。时至今日，在云南省保山县城南约十里的地方，还有三个能够灌溉的"诸葛堰"，传说是诸葛亮当年修筑的。诸葛亮并没有到过保山，这一传说反映了诸葛亮对兴修水利、发展生产的重视和提倡。经诸葛亮的宣传诱导，一些住在深山密林中过着原始狩猎生活的"夷"人，"渐去山林，徙居平地，建城邑，务农桑"，建立村落城邑，从事农桑生产，社会有了进步，生活得到了改善。

《云南记》有关于"诸葛菜"的记载：

巂州界缘山野间，有菜，大叶而粗茎，其根若大萝卜。土人蒸煮其根叶而食之，可以疗饥，名之为"诸葛菜"。云武侯南征用此菜子莳（种）于山中，以济军食，亦犹广都县山枥林谓之"诸葛木"也。

"诸葛菜"本称为"蔓菁"，在巴蜀江陵地区生长，三国时传入南中地区，但不是由诸葛亮直接"种于山中"。这一记载带有传说性质，但也不能说与诸葛亮毫无关系，它反映了诸葛亮南征及其政策对南中地区与内地地区经济交流的积极影响。

诸葛亮对南中地区手工业和商业的发展也很重视。他把这里原来的盐井和矿山征收为官有，设置盐铁官，经营管理盐铁生产。诸葛亮还提倡和传授手工业生产技术，永昌郡的特产橦华（花）布，大量畅销成都市场；南中的土特产铜、锡、黄金、阑干细布等，也得到了进一步的开采和生产。

张嶷为越嶲太守时，执行诸葛亮的民族政策，"诱以恩信，蛮夷皆服，颇来降附"，并捉住杀害龚禄的斯都"耆帅"李求承，"数其宿恶而诛之"。越嶲郡内定筰、卑水、台登（今四川冕宁南）三县出产"盐、铁及漆"，张嶷派官对其加强管理，并"重申恩信"，于是"遂获盐铁，器用周赡"。越嶲郡内过去有一条经旄牛通往成都的道路，"既平且近"，但这条道路已遭破坏，不能通行，只得经由安上去成都，而这条路"既险且远"。于是张嶷同旄牛地区少数民族首领狼路搞好关系，并与其"盟誓"。在少数民族的支持下，将这条古道（从今四川雅安直至西昌）修通。史称"开通旧道，千里肃清"，并且"复古亭驿"，修复了沿途的一些食宿点和交通站。从而方便了少数民族和汉族地区的商旅往来，促进了边区和内地的经济文化交流。

在云南昭通孟孝琚碑附近的墓中，曾出土过蜀国的特有钱币"直百五铢"。这不仅说明蜀汉有统一钱币，也说明少数民族地区与内地的联系是密切的。而这种情况的出现，是和诸葛亮对少数民族实行"和抚"政策分不开的。

五、推行"部曲"制度。

"部曲"在汉代是一种军事组织编制。到东汉后期，部曲则成为豪强地主家兵的统称。"部曲"平时给主人生产，受封建的奴役和剥削，战时为主人打仗卖命。诸葛亮平定南中之乱以后，很注意军队建设，他把当地少数民族中的强壮男子编为军队，连同其家属一万多户，一起迁到蜀中。这支军队后来骁勇善战，号称"飞军"，成为蜀汉军队中的一支精锐力量。与此同时，诸葛亮把少数民族中的一些"羸弱"男子分配给焦、雍、娄、爨、孟、量、毛、李等汉族和少数民族大姓作为"部曲"，战时当兵，平时生产，他们成为大姓、"耆帅"的封建依附民。对一些不服从大姓的所谓"刚狠不宾"的"恶夷"，则鼓励大姓出金帛收买他们，作为"家部曲"。对拥有"部曲"多的大姓给予优待，"奕世袭官"。这样不少"夷人"成为"部曲"，他们和汉人一起当兵生产，叫做"夷汉部曲"，这样便促进了南中地区各族的封建化。

通过这一措施，诸葛亮满足了一些"大姓"的政治欲望和经济利益，改善了他们同蜀汉朝廷的关系，使他们成为蜀汉政权的支柱。如果南中地区"夷人"发动"变乱"，庲降都督或郡太守们便可依靠"夷汉大姓"及其"部曲"进行镇压。

在云南昭通后海子东晋霍承嗣墓中，有一幅壁画，共三排人。第一排为汉族装束，手持环首铁刀；第二三排人头上有"天菩萨"（头顶挽髻的一种发型），身着披毡，装束为"夷人"。这是一幅"夷汉部曲"的壁画。这虽然是东晋时期的壁画，但可以反映诸葛亮实行"夷汉部曲"制度时的一些情况。

"夷汉部曲"的形成，使少数民族和汉族人民的联系加强了，起到了改善民族关系的作用。同时诸葛亮推行"部曲"制度，使封建隶属关系在西南地区有所发展，这对南中地区社会的进步起到了一定的促进作用。

总之，诸葛亮对少数民族实行的"和抚"政策，对维护蜀汉地区的统一，促进西南各族之间的友好往来和社会经济的进步，起到了一定的积极作用。正因如此，诸葛亮得到了南中地区各族人民的敬畏。至今有关诸葛亮的故事，还在西南地区各民族中流传。如佤族说他们的祖先盖房子、编竹箩，是孔明教的，稻种也是孔明给的。傣族说傣族佛寺大殿的屋顶系"仿照"诸葛亮的帽子式样建造的。不少地主将铜鼓称为"诸葛鼓"。这些传说反映了他们对诸葛亮民族政策的赞扬和崇拜，反映了他们对诸葛亮的尊敬和怀念。

诸葛亮毕竟是地主阶级政治家，他只能实行一些改良政策，不可能有真正的民族平等思想，不可能从根本上解决民族矛盾，消除民族间的

第七章 平定夷越

隔阂。

随着蜀汉政权对南中地区统治的加强，随着这一地区经济的发展，蜀汉政府对少数民族的剥削也加重了。南中地区的一些特产，如金、银、丹漆、耕牛、战马等，不断地运往蜀中，以"给军国之用"。"赋出叟、濮、耕牛、战马、金银、犀革，充继军资，于时费用不乏"。

这种状况的加剧，不可能不引起少数民族的反抗。蜀汉官员谯周后来说："南方远夷之地，平常无所供为，犹数反叛，自丞相亮南征，兵势逼之，穷乃幸从。是后供出官赋，取以给兵，以为愁怨，此患国之人也。"谯周把"夷人"称为"患国之人"，这是民族歧视，但他指出的情况则是客观事实。

史书记载，诸葛亮南征大军还成都后，南中地区的叛乱时有发生。如："南夷复叛，杀害守将"。经李恢等人的"身往扑讨"，进行镇压，矛盾才缓和一些。后来牂柯、兴古郡"獠种复反"，庲降都督马忠令部下张嶷"领诸营往讨，嶷招降得二千人悉传诣汉中"。越巂郡自诸葛亮讨高定之后，"叟夷叛反"，太守张嶷进行征讨，"降夷人，安种落，蛮夷率服"。史称"终亮之世，南方不敢复反"，乃系夸大之词。只能说，终诸葛亮之世，南中地区的"夷人"基本上没有起来进行大规模的反叛。

诸葛亮南征前，南中地区的反叛，基本上是属于地方割据势力的分裂叛乱活动；诸葛亮平定南中之乱以后，这一地区少数民族的反叛，则基本上是属于正义的反抗斗争。在性质上前后是不同的，应当加以区分。诸葛亮不可能超越时代和阶级的局限性，他的"和抚"政策是不可能真正解决民族矛盾的。

尽管如此，诸葛亮对南中地区少数民族实行的"和抚"政策，能够比较重视少数民族地区的特点，尊重少数民族的风俗习惯，在一定程度上改变了单纯"刑以威四夷"的传统政策，改变了东汉后期统治者单纯仇杀"异类"（少数民族）的做法，是值得肯定的。诸葛亮死后，西南地区"戎夷野祀"，对他表示悼念，这不是偶然的。

诸葛亮对少数民族的"和抚"政策，有利于调整民族关系，有利于南中地区生产的发展，有利于汉族和少数民族之间政治、经济、文化联系的加强，有利于维护国家的统一和安定，在历史上是起到了一定进步作用的。

第八章

北伐曹魏

诸葛亮平定南方，并对当地少数民族进行"和抚"，解除了后顾之忧。接着"治戎讲武"，操练兵马，准备北伐曹魏。

诸葛亮北伐曹魏不能不顾及孙权方面对曹魏的态度。早在公元224年四月邓芝使吴时，孙权对邓芝解释为什么要与曹操结好时说：

吴国因山民作乱，江边的守兵很多都撤回来对付山民，很忧虑曹丕乘虚而入，不料曹反而来求和好。大臣们都认为内有不暇的民乱，幸好曹魏来求和，应当答应与曹魏通好，这对于我们有利。但我又担心西蜀不明白我的心意，对我产生嫌疑。我东吴土地边外，间隙万端，而长江巨海，皆当防守。曹丕时时观察我东吴的情况，准备乘隙而动，我哪能忘掉这一基本现实而另有他图呢？

不论孙权说的理由如何，夺得荆州后的孙权视曹魏为主要危险应当是没有问题的。因此双方恢复和加强了联盟关系。曹丕为此，也不时"御驾"亲征东吴，给东吴还以颜色。

但诸葛亮完成南征平叛，加强了蜀汉对南中地区的统治后，孙权对魏蜀双方的态度是否有变化呢？为了维护吴蜀双方的联盟关系，公元225年十一月诸葛亮派费祎使吴，向孙权致以友好之意，接着孙权又派使者去成都，向蜀汉致以亲善之意。这样诸葛亮北伐曹魏的东顾之忧也解除了。

公元226年，魏文帝曹丕病死，子曹叡即位，史称魏明帝。曹丕遗命中军大将军曹真、镇军大将军陈群、征东大将军曹休、抚军大将军司马懿四人共同辅政。曹叡初继帝位，曹魏政局尚不稳定，诸葛亮以为是

北伐的时机,便在第二年春天,亲自领兵北上伐魏。

临行前,诸葛亮给刘禅上了表章,这就是著名的《出师表》。

《出师表》的内容主要有以下几个方面。

第一,关于北伐的形势和目的。诸葛亮写道:

先帝开创的事业尚未完成一半就中途去世了,现在天下分为魏、蜀、吴三国,蜀国最为劳乏疲困,这实在是危急存亡的关键时刻。

又说:

我本来是一个平民,在南阳耕种田地,只想在乱世之中保全性命,不图在诸侯中求名得官。先帝(指刘备)不因为我卑下鄙陋,亲自屈驾三次来到草庐中看望我,向我询问天下大事。我因此非常感激,于是答应为先帝奔走效力。后来赶上先帝被曹操打败,我在军事失利的时候承担重任,在形势危急的关头接受使命,从那时到现在已经二十一年了。先帝知道我做事小心谨慎,所以在临终时把兴复汉室的大事托付给我。自从接受遗命以来,我日夜忧虑叹息,唯恐辜负先帝的嘱托,事业完成得没有成效,以致有损先帝的知人之明。所以,我在五月渡过泸水,率军深入荒凉不毛之地。现在南方已经安定,兵甲已经充足,应当鼓励和率领三军,向北平定中原,或许凭借我平庸的才智,能够铲除奸凶,复兴汉室,还于旧都。这是我用来报答先帝,并效忠于陛下所应尽的职责。

北伐曹魏,兴复汉室,是诸葛亮早在"隆中对"中就定下的奋斗目标。诸葛亮一系列政治、军事、外交活动,都是同实现这一目标分不开的。现在由于同东吴已经修复盟好,南方已经安定,兵甲已经充足,具备了出师的一定条件,所以诸葛亮亲率大军北伐。兴复汉室是刘备和诸葛亮的共同事业,诸葛亮想完成它,这既是为了不辜负先帝的嘱托,也是为了实现自己的志向。

第二,关于执法。诸葛亮写道:

皇宫中的侍臣和丞相府里的官员是一个整体,对他们的提升和惩罚、奖励和贬斥，不应该两样对待。如果有做坏事犯法的，或是有忠心耿耿做好事的，都应交给主管部门官员，进行评判给予惩罚或奖赏，以显示陛下治理国家的公正严明。不应有所偏袒护私，使皇帝的内廷和丞相的外府里有不同的法度。

诸葛亮推行法治，执法严明，不仅是对部下，也包括对自己。诸葛亮针对后主刘禅年轻，缺乏政治头脑，不辨是非的现实，劝诫和要求他不要偏袒身边亲信和皇室贵戚，对宫廷中官员和丞相府中官员要同样看待，赏善罚恶，严格执行统一的法律，维护法纪的尊严。这也是诸葛亮"法不阿贵"思想的一个表现。

第三，关于用人。诸葛亮说：

侍中、侍郎郭攸之、费祎、董允等人，都善良诚实，志向忠贞，心地纯正，所以先帝才选拔他们留给陛下。我认为，宫廷里的事务不管大小，都应该同他们商量，然后再去施行，必定能够弥补缺漏，得到很多好处。将军向宠，性情和善，办事公正，精通军事，过去试用他的时候，先帝称赞他很有才能，所以大家议论推举他为中部督。我认为军营中的事情，都同他商量处理，必定能够使军队和睦，优劣各得其所。亲近贤臣，疏远小人，这是前汉之所以兴盛的原因；亲近小人，疏远贤臣，这是后汉之所以衰败的根源。先帝在世的时候，每当和我谈论起这件事情，没有一次不对桓帝、灵帝时的黑暗政治感到痛心和遗憾，侍中郭攸之、费祎，尚书陈震，长史张裔，参军蒋琬，这些都是忠贞贤良，为国能够牺牲自己的臣子，希望陛下能够亲近他们，信任他们。这样，汉朝的兴盛，就指日可待了。

诸葛亮自己注意任人唯贤，在他就要远离后主身边的时候，更着重劝说刘禅要任人唯贤。他从东汉后期皇帝亲近宦官、外戚，把政治搞得乌烟瘴气，造成统治衰败的历史教训中总结经验，把是否任人唯贤提高到与国家兴亡紧密相关的高度，要刘禅"亲贤臣，远小人"。他所赏识推荐的郭攸之、费祎、董允、陈震、张裔、蒋琬、向宠等文武大臣，也确实都是具有德才的人物。

第四，关于纳谏。诸葛亮说：

陛下应该广泛听取臣下的意见，以发扬光大先帝遗留下来的美德，振作志士们的士气，不应当妄自菲薄，过分地看轻自己，说话要引喻得当，否则会堵塞臣子向陛下忠谏的道路。

又说：

如果听不到劝勉陛下发扬圣德的忠言，就责备郭攸之、费祎、董允的怠慢失职，表露他们的过失。陛下也应该多用心考虑谋划治国之道，征求、询问正确的意见，辨别、采纳有益的言论。

在这里诸葛亮建议刘禅要广开视听，采纳忠益之言，实行"纳言"之政，给臣子以进尽忠言的机会，不要偏听偏信，这样才能把国家治理好。

《出师表》是《隆中对》之后具有指导意义的重要文件，比较集中地反映了诸葛亮的政治思想和主张，展现了他北定中原谋求统一的信念，倾注了他对汉室的耿耿忠心，希望刘禅要认清蜀汉在三国中的不利地位，以身作则，奋发自勉，切不可妄自菲薄，不图自强，满足于暂时比较安定的局面。诸葛亮希望这些政治主张，在自己身临前线时能够在蜀汉得到贯彻执行。

《出师表》也是一篇有价值的文学作品。文章真实地反映了三国时期政治军事斗争的现实，表达了诸葛亮开明的政治思想和统一中原的远大抱负，抒发了诸葛亮忧国尽忠的思想情怀。文章结构完整，辞令典雅，不追求形式上的词藻华丽，具有较浓的文学色彩。像"苟全性命于乱世，不求闻达于诸侯"，"受任于败军之际，奉命于危难之间"等，都是后人传诵的名句。

诸葛亮上表后，又以后主刘禅的名义下了一道讨伐曹魏的诏书。其主要内容有：

第一，指出曹氏"盗据神器"，篡夺刘汉政权，"更姓改物（名物制度）"是不合"天序"的，其罪恶一代一代加重。诸葛亮"忘身忧国"，率师北伐的目的是"恭行天罚，除患宁乱，克服旧都"。这是正义的军事行动，就像商汤征战夏桀，周武王讨伐殷纣王一样。

第二，说明形势对北伐有利。一是曹贼篡汉为"天人所怨"，如果

"奉时宜速"，大军一出，"所向必克"；二是有吴王孙权"潜军合谋，掎角其后"，配合行动；三是有凉州少数民族支援。总之，"天命既集，人事又至"，军队坚定，势力集中，"必无敌矣"。

第三，分化瓦解敌人，号召敌人停止抵抗。阐明蜀军是正义之师，"不欲穷兵极武"，有"弃邪从正，箪食壶浆，以迎王师"者，将给予封赏，就是曹魏宗室中人，"有能规利害，审顺逆之数"，前来投降者，也一律加以宽恕，甚至授予必要官职。如果执迷不悟，顽固不化，继续为敌，必将"戮及妻孥，罔有攸赦"。

这道诏书被称做"为后帝伐魏诏"，既是一篇讨伐曹魏的檄文，又是一个对内的全国动员令，号召蜀汉军民将行动统一在"除患宁乱，克服旧都"的目标之下。

从《出师表》和《为后帝伐魏诏》中，可以看出诸葛亮对于北定中原，兴复汉室，是充满信心的。尽管这时已经不能从荆州出兵，但他认为北伐的形势对蜀军非常有利，特别强调"天命""人事"方面，认为蜀军是以"正"伐"邪"，是以有道伐无道，必将受到曹魏统治区内军民的欢迎和支持，蜀军将"无敌"于天下，"所向必克"，真是"慨然有饮马河洛之志"。虽然他在《出师表》中也说了蜀汉国小力弱，处于"危急存亡"的关头，但这主要是为警告刘禅要居安思危、励精图治而言。因此诸葛亮的北伐，开始时是以战略进攻的姿态布告于天下的。

蜀汉建兴五年（227）春，诸葛亮率军北上，在汉水北面的阳平（关隘名，在今陕西勉县西郊）、石马（城名，在今陕西勉县东）扎下大营，屯兵于汉中。

汉中，位于益州北部边陲，西通陇右，南控巴蜀，北屏秦岭，东抵荆襄，进可借山径达秦陇争关中，退可凭山险安于"独守之国"。故顾祖禹说："巴蜀之根本，实在汉中"，"巴蜀之重在汉中"。

这里有发达的农业生产。这里山环水抱，气候温和，雨量充沛，水源丰富。早在刘邦做汉中王时，就令萧何开堰建塘，兴修水利设施。刘邦与项羽争战时，汉中成了刘邦供给军粮的后方基地。至今，汉中还存有当年萧何修建的"山河堰""流殊堰""王道池""小道池""顺池""草池""月池""南江池"等水利设施。

这里地处北伐曹魏的前线。有几条道路可达关中陇右：进入秦岭，

沿子午谷道向北行六百六十华里，便可到达长安以南。进入秦岭，沿褒斜谷道向北行四百七十华里，便可到达陕西扶风以南。西出阳平关北上，经故道、散关，便可进入陇东。西出阳平关西北行，经略阳、成县，便可到达祁山。

从哪方面看，汉中都是屯兵北伐的战略要地。

诸葛亮屯兵汉中的消息传到曹魏，立刻在曹魏朝中引起强烈的反映。很多人主张派大军征讨蜀汉，魏明帝也想下诏出兵，唯独孙资不同意，他对魏明帝说：

昔武皇帝征南郑，取张鲁，阳平之役，危而后济。又自往拔出夏侯渊军，数言"南郑直为天狱中，斜谷道为五百里石穴耳"，言其深险，喜出渊军之辞也。又武皇帝圣于用兵，察蜀贼栖于山岩，视吴窜于江湖，皆挠而避之，不责士之力，不争一朝之忿，诚所谓见胜而战，知难而退也。今若进军就南郑讨亮，道既险阻，计用精兵又转运镇守南方四州遏御水贼，凡用十五六万人，必当复更有所发兴。天下骚动，费力广大，此诚陛下所宜深虑。夫守战之力，力役参倍。但以今日见兵，分命大将据诸要险，咸足以震慑强寇，镇静疆场，将士虎睡，百姓无事。数年之间，中国日盛，吴蜀二虏必自疲弊。

孙资这番话语，概括起来就是一个意思，不要理会诸葛亮屯兵汉中，只需分据险要，休养将士，等待敌人自疲。显然，孙资这番话是劝明帝继续坚持"先求文治，后建武功"的方针。由此看来，曹魏并未发觉诸葛亮屯兵汉中的战略意图。

就在诸葛亮屯兵汉中，积极准备北伐之际，他苦心经营起来的另一条战线——新城孟达方面——却出了问题。

自从孟达决定重回蜀汉怀抱后，就一直做着起事的准备工作。诸葛亮原来的布置是：让孟达举事与自己出兵同时进行，借孟达的力量配合自己北伐。诸葛亮知道，越是举事的日期临近，越需要小心谨慎。他写信嘱咐孟达，要小心从事，尤其要警惕屯驻宛城负责南部事务的司马懿。不料孟达却满不在乎，他给诸葛亮回信说："宛城离洛阳八百里，离我新城一千二百里。司马懿知道我举事，首先要请示魏帝，等他得到批示再发兵到我这里，起码要用一个月。一个月内，我城已固。况且，我所在深险，司马懿不可能亲自前来。若是别的将领来，我一点也不害怕。"就在诸葛亮屯兵汉中这年年底，孟达谋反之事败露。司马懿星夜兼程，仅用了八天便赶到新城，又用了十六天将新城攻克，诛杀了孟达。

对于孟达之败，诸葛亮没有采取积极挽救措施。史书上说是因为诸葛亮知道孟达"无款诚之心，故不救助也"。细想起来，诸葛亮不救孟达的原因恐怕还不止于此。

诸葛亮从汉中北伐，当然需要东线的配合，但东线配合的重点是孙吴而不是新城孟达。因为此时，蜀汉早已放弃了从荆州出兵的打算，在经过修改后的战略计划中，新城一线的战略地位一下子变得无足轻重了。只要孙吴在东线加以配合，新城孟达的意义只不过是对魏军的钳制多一点少一点的问题。事实上，自从诸葛亮准备北伐以来，孙吴在东线就采取了配合的态度。曹魏黄初七年（226）八月，孙权率兵攻打曹魏江夏郡（治今湖北云梦西南），守江夏郡的是曹魏大将文聘。当时大雨滂沱，城栅崩坏，百姓散在田野，来不及修补。在这种情况下，文聘决定用潜默之计疑惑孙权。他下令城中人全部藏匿起来，使孙权看不到城中有人，自己则卧舍中不起。孙权果然疑惑，对其部下说："北方人都说文聘是忠臣，所以把江夏郡交给他镇守。如今我来而他不动，这不是他有密谋，就是有外兵相救。"便止兵不前。恰在此时，曹魏派出慰劳边境的治书侍御史荀禹来到江夏，他调发了所经县的兵力和随从自己的步骑登山举火，孙权见了，害怕中计，急忙退走。与此同时，孙权还派诸葛瑾、张霸等人进攻襄阳、寻阳等地，魏明帝急派司马懿、曹真等分别率兵抵御。孙吴对曹魏发动的这些进攻，正是诸葛亮屯兵汉中的前一年。这些进攻虽未取得胜利，却表明了孙吴与诸葛亮东西配合的态度。诸葛亮认为，有了孙吴的配合，自己就要集中全力北进关陇，不能再分出兵力去东援新城。这也是诸葛亮不救孟达的一个原因。

诸葛亮不救孟达，还有一个原因，就是为了不暴露自己的战略意图。自从建安二十三年（218）蜀汉与曹魏在汉中发生激战以后，十多年来，蜀汉一直没有和曹魏发生过军事冲突，特别是刘备去世后，蜀汉闭关息民，寂然无声。诸葛亮屯兵汉中，也没引起曹魏在西线部署的变动，说明曹魏并不了解诸葛亮屯兵汉中的战略意图。这正有利于诸葛亮出其不意对曹魏发动攻击。不救孟达，示魏军以弱，装出一副闭关自守

第八章　北伐曹魏

203

的样子，这更有利于北伐的出奇制胜。

对待盟友见死不救，这从人情上讲是残酷的，但从军事角度看又是正常的。

《晋书·宣帝纪》记载：

初，蜀将孟达之降也，魏朝遇之甚厚。帝（指司马懿）以达言行倾巧不可任，骤谏不见听，乃以达领新城太守，封侯，假节。达于是连吴固蜀，潜图中国。蜀相诸葛亮恶其反复，又虑其为患。达与魏兴太守申仪有隙，亮欲促其事，乃遣郭模诈降，过仪，因漏泄其谋。达闻其谋漏泄，将举兵。帝恐达速发，以书喻之曰："将军昔弃刘备，托身国家，国家委将军以疆场之任，任将军以图蜀之事，可为心贯白日。蜀人愚智，莫不切齿于将军。诸葛亮欲相破，惟苦无路耳。模之所言，非小事也，亮岂轻之而令宣露，此殆易知耳。"达得书大喜，犹与不决。帝乃潜军进讨。

这个记载，说诸葛亮为了促使孟达举兵，竟派人故意将孟达欲反的消息泄露给司马懿，这显然是曲解了诸葛亮。

为了北伐大计，诸葛亮对新城的被围、被攻破，对孟达的被杀，始终保持着沉默。曹魏万万没有料到，这沉默正酝酿着一场突然的爆发。

建兴六年（228）春，诸葛亮决定从汉中出兵北伐。

临出兵之前，诸葛亮同众将商议作战方针，询问大家从哪条路北上合适。督前部、领丞相司马、凉州刺史魏延语出惊人，他说："我听说镇守长安的魏将夏侯楙，是个胆小而无谋略的家伙。只是凭着他曹氏女婿的身份和与曹丕的特殊关系而出镇方面。我请求率五千精兵，再加五千背粮兵众，从褒中出，循秦岭而东，入子午道直出北上，不过十天可达长安。夏侯楙听说我突然到来，一定会弃城逃走。夏侯楙丢下的横门邸阁粮仓和散民之粮谷，足以供给军食。曹魏东方援军集结需要二十多天，而在此期间，丞相您从斜谷进军，一定可以到达长安。如此，则一举可以平定咸阳以西。"

魏延这个计划很有气魄，众人听了议论纷纷，诸葛亮也感到震动很大。按照魏延的计划，蜀军便可一举夺得关中，这正是诸葛亮北伐首先所要追求的目标。但是，诸葛亮并没有马上同意这个计划，他要进一步考虑一下这个计划还有什么不完善之处。因为在军事上的一个细小疏忽，有可能使得全盘皆输，他要对魏延计划的每个环节进行深入考虑。

生活中常有这种情形，一些猛一看是美好的事物，当你仔细琢磨时却会发现有很多不如意的地方。魏延提出的计划就是如此。

诸葛亮越琢磨，越觉得这个震撼人心的计划难以实现。这个计划如能最后实现固然是美妙的，但美妙的东西不会是白白得到的，要想得到它，必须满足下列五个条件：

第一，魏延率军从褒中出发，循秦岭东行进入子午谷，循子午谷到长安，完成这个行程必须用十天的工夫。

第二，曹魏长安守将夏侯楙得知魏延军突然到来时一定弃城逃跑。

第三，夏侯楙逃跑时，还得留下大批的粮草辎重。

第四，魏军的关东援军要在二十天后才到达长安。

第五，诸葛亮大军从斜谷出发，必须在二十天之内到达长安。

这五个条件中，每个条件都有不能实现的可能。

魏延能保证在十天之内穿过了午谷而到达长安城下吗？诸葛亮感到怀疑。六百多里的子午谷道，两边高山对峙，中间水流湍急，全靠架在山崖上的栈道通行。遇到栈道坏处，要把它修复，如果栈道坏处多，修复的时间就会长，就会延误到达长安的时间，如果不能在十天内到达，那么，魏军很可能会提前得到情报而有所准备，使蜀军失去奇袭的效果。诸葛亮的怀疑是有道理的。两年以后，曹真伐蜀就是走子午道，"会大霖雨三十余日，或栈道断绝"，"曹真发已逾月而行才半谷，治道功夫，战士悉作"。曹真一个月才走完子午谷的一半。可见十天内走出子午谷是相当不容易的。

魏军守将夏侯楙固然怯而无谋，但他会不会怯懦到"闻延奄至，必弃城逃走"的地步呢？万一他不是弃城而逃，而是据城固守怎么办？退一步说，即使夏侯楙真的望风而逃，还有曹魏雍州（治今陕西西安西北）刺史郭淮呢！一想到郭淮，诸葛亮不禁想起一段往事：那是蜀汉与曹魏争夺汉中的时候。当时蜀军斩杀曹魏征西将军夏侯渊，曹魏军中大乱。当时郭淮正任夏侯渊军司马，他见主帅已亡，便挺身而出，收集魏军散卒，推荡寇将军张郃为军主，很快把军心安定下来。第二天，蜀魏两军夹汉水对峙，蜀军欲渡汉水进攻，曹军诸将都认为敌众我寡，蜀军又有刚打胜仗的优势，因此主张依汉水为阵以拒之。郭淮却说："不然。

这样做是示敌以弱，不足以挫败敌人。不如远离汉水设阵，引蜀军过河，待其渡到一半时对其发起进攻，就可以把敌军击破。"蜀军果然心生怀疑，未敢渡河。如今，这个有胆有略的郭淮已成为曹魏的雍州刺史，和夏侯楙一道镇守长安，他和夏侯楙一起逃走的可能性几乎不存在。

再退一步说，即使魏延占领了长安，怎能保证夏侯楙逃走时不烧掉粮食辎重，给魏延留下一座空城呢？万一夏侯楙将横门邸阁的粮食付之一炬，魏延军饿着肚子怎能守城？再说，曹魏关东援军要二十多天才能赶到的估计靠得住吗？军事斗争常常是千变万化。远的不说，就说司马懿袭击孟达吧，孟达估计司马懿要一个月才能赶到新城，结果司马懿只用了八天就赶到了。魏军从关东赶往关中，一路上一马平川，没有什么天然障碍。而自己率军从斜谷出发至长安，要行数百里栈道，怎能保证在曹魏关东援兵之前赶到长安呢？万一落在曹魏援军后面，魏延军被曹兵吃掉不说，自己的北伐大军将会屯兵于坚城之下，陷入进退维谷的境地。

诸葛亮不敢再想下去了。他觉得魏延的计划是个"悬危"的计划，无论哪个环节出了毛病，都会带来严重后果。自从荆州军覆没，夷陵战败以来，诸葛亮苦心经营五六年，才有了今天的十万北伐大军，这是北进关陇的最后本钱，不能再用它孤注一掷，不能再冒风险了。

诸葛亮否定了魏延的计划，他认为："不如安从坦道，可以平取陇右，十全必克而无虞。"诸葛亮所说的"坦道"，就是出阳平关，入魏境沮县（治今陕西略阳东）、下辨（治今甘肃成县西北）到达陇右的祁山这条路。这条路经陇南山地，走过一段高山深谷之后，到达沮县就开始趋于平缓，从沮县到祁县一段，还可借汉水以通漕运。诸葛亮上表说："祁山县去沮五百里，有民万户，瞩其丘墟，信为殷矣。"说的就是这条水路。

此次兵出祁山，诸葛亮作了周密的安排，兵分两路，一偏一正。镇东将军赵云、扬武将军邓芝所领军队为偏师，这支军队不出阳平关，而是直接由汉中北上进入箕谷（秦岭山谷名，在今陕西褒城西北），扬言从斜谷进攻郿县（治今陕西眉县东）。曹魏方面闻此，急令大将军曹真都督关右，驻扎在郿县，专门对付赵云军。

当关中曹军的注意力全部集中在赵云军身上时，诸葛亮率领的蜀军主力却突然出现在陇右。这支"戎阵整齐,赏罚肃而号令明"的军队一出祁山,立刻引起陇右曹军的恐慌。当时,天水太守马遵正带着姜维、梁绪、尹赏、梁虔等随从在郡中巡视。他听说蜀汉大军到来,急忙要撤到上邽(治今甘肃天水)。当时天水郡治在上邽西北的冀县,马遵不回冀县而欲入上邽,充分暴露了这位太守的胆怯。原来,上邽在冀县东南,又濒临渭水,一旦有变,可以顺着渭水迅速向长安方向逃跑。而冀县在上邽西北远离渭水,很容易被蜀军隔在陇右而无法东逃。看来,马遵只是作着东逃的准备,而根本无心恋战。姜维对马遵说:"府君不应当往上邽,而应当回冀县,以部署抵抗蜀军。"不料,姜维的劝告竟引起了马遵的疑心,他怀疑姜维已和蜀军串通一气,让自己回冀县,好让自己成为蜀军的瓮中之鳖。所以,他乘姜维等人熟睡之机,深夜逃往上邽。姜维一觉醒来,发现马遵已丢下自己而去,知道他撤往上邽,便急起直追。当他追到上邽城下时,只见城门紧闭,马遵一口咬定姜维居心叵测,不许他入城。姜维无奈,只好撤回冀县,而冀县吏民早已决定响应诸葛亮,他们见姜维到来,便推举他面见诸葛亮,诸葛亮首战告捷,不但占领了天水,而且得到了姜维。

继天水郡之后,南安郡、安定郡也叛离曹魏,响应诸葛亮。如果再占领西部的陇西郡,整个陇西地区就基本上控制在蜀汉手中,果真如此,蜀汉进一步占领关中地区,也并非可望而不可及的事。

诸葛亮占领陇右三郡,关中大震,曹魏朝廷震惊。朝中众臣都束手无策,未知计从何出。魏明帝故作镇静,对群臣说,"诸葛亮一向据险自守,阻山为固,如今自己出来,正合兵书致人之术;且诸葛亮贪图陇右三郡,知进而不知退,今因此时,破亮必也。"即令右将军张郃率领步骑兵五万,前往陇右进击蜀军。别看魏明帝说得如此轻松,实际上他也知道此战关系陇右的存亡,所以他亲自赶往长安督战。

张郃率部沿关陇通道迅速西进,过汧县(治今陕西陇县)进入汧陇古道,沿此路登上陇山,意欲从街亭(今甘肃庄浪东南)要地进入陇右,挫败蜀军占据陇右的企图。

在张郃率领的曹军进入陇右前,诸葛亮率领的蜀军占有以众击寡、以强击弱的绝对优势。陇右五郡,三郡叛归蜀汉,只有陇西(治今甘肃陇西附近)、广魏(治今甘肃天水东)二郡不服。陇西太守游楚为人慷慨,在郡以恩德为治,不好刑杀,极得郡内民心。面对蜀军强大的攻

第八章 北伐曹魏

势，他知道若不激发起郡人的斗志，是很难把陇西守住的。于是，他又拿出了惯用的恩德手段。他把郡中吏民召集起来，对他们说："本太守对诸位没有恩德。如今蜀兵进入陇右，诸郡吏民皆已应之，这也是你们获取富贵的时刻。我身为太守，为国家守郡献身义不容辞，你们可拿着我的人头去投降蜀军。"

游楚一番话，使在场的人感动得涕泪纵横，他们表示："生死当与府君同，决无有二心。"游楚见此情形，又对众人说："既然大家不愿用我的人头前去请功，那我就再给大家出个主意。如今东边二郡已降蜀汉，蜀汉大军不久就会到来。希望大家和我一起坚守。如果朝廷援军到来，蜀军必然退走，到那时候，诸位都是为国守义的功臣，可以获得国家的爵宠。如果援军不到，蜀军攻打日急，你们再取我性命投降，也未为晚。"

游楚这一番话，自然是为了激励众人与他一同守城，但也反映出若援军不能及时赶到，陇西郡断不能长久坚持的事实。不久，蜀军果然前来攻城，游楚遣长史马颙出城设阵，他自己则登上城楼对蜀军主将说："卿能截断陇道，使东部援军无法入陇，一月之中，则陇西吏人不攻自服；如若不能，愿自疲弊耳。"游楚这番话倒也说得不虚。作为一个军事指挥员，诸葛亮即使听不到游楚这番话，也对这种形态洞若观火。这形势就是：只要切断关陇通道，把目前的优势保持一个月左右，就会占领全部陇右地方。

取得陇右的关键就在切断陇道，切断陇道的关键就在守住由关中入陇的咽喉要地街亭。

智者千虑必有一失。诸葛亮对街亭的重要战略地位判断很准确，但在选拔镇守街亭的将领上却没有看准。

在选拔镇守街亭的主将时，众人一致认为魏延、吴壹等人富有战斗经验，应该把这个重任交给他们。而诸葛亮这次却十分固执，违众人之意选拔了马谡。

公正地说，马谡并不是个平庸之辈。马谡是襄阳宜城（治今湖北宜城东南）人，是马良的弟弟。马良字季常，马谡字幼常，兄弟五人的字皆有一个常字，马氏五常，在当地就很有名气。马谡才气过人，好论军计，在军事理论方面很有一套。当年诸葛亮南征，马谡提出的"用兵之道，攻心为上"的建议，深受诸葛亮的赏识。诸葛亮和他一起谈论，常常都是自昼达夜。但是，镇守街亭，马谡并不是个合适的人选。因为这是战争，是军事实践。战场形势千变万化，单凭军事理论是解决不了问题的，在两军对阵中，具有丰富实战经验的指挥员才能把军事理论运用得游刃有余。而马谡所缺乏的，正是这种实战经验。

用人得当，常人可有超常的发挥；用人不当，人才也可变成蠢才。马谡在镇守街亭战役中，就由一个人才变成了蠢才。马谡在街亭违背诸葛亮的节度，造成街亭失守

街亭是扼守关中通向陇右的咽喉要地，马谡的任务就是守住街亭，把曹魏关中援兵阻止在街亭之外。大凡在交通要道，古人总要修筑坚固的工事以把守之，街亭也是这样。在街亭附近，有一座城池，名叫列柳城，是把守街亭要道的大型人造工事。马谡让副将高详进驻列柳城，自己却带主力登上了街亭附近的南山。马谡这样布置，是想造成掎角之势，若敌人攻城则南山出击，攻山则城内出击，而且从山上出击敌人，还有居高临下、高屋建瓴之势。

马谡这样做，实际上是犯了一个大错误。他根本没闹清自己的战略位置，是处于守势，还是处于攻势？是要阻击敌人，还是要伏击敌人？

如果是要攻击敌人，要打伏击战，居高临下、高屋建瓴无疑是先占了地利的优势。但马谡的任务是据险扼守，阻击敌人，则应该据城坚守，怎能弃城上山呢？就是要造成互相援助的掎角之势，也应以守城为本，自己率主力据城，而让高详上山，不能本末倒置。孙子曾说："守而必固者，守其所不攻也"，"善守者敌不知其所攻"。就是说，处于守势者，一定要依托坚固的工事或天然屏障，让进攻的敌人无从下手。很显然，据城坚守才符合守而必固的原则。对于马谡的错误部署，副将王平有所察觉，他认为弃城不守、舍水上山的做法不妥，对马谡进行劝谏。但马谡根本看不起这个"手不能书，其所识不过十字"的副将，认为他打仗还行，军事谋略则不甚了了。他没有听从王平的劝谏，依旧我行我素。

马谡用进攻的办法处理守势，就做不到"善守者敌不知其所攻"，而是留下许多让敌人易于攻击的漏洞。张郃大军杀来，一下子兵分两路，把列柳城和南山分割包围，本来互为掎角的马谡与高详，此时彼此自顾不暇。接着张郃断了马谡山上汲水的道路，马谡的军心一下子就乱了。围攻列柳城的是曹魏名将郭淮，高详根本不是他的对手，很快列柳

城就被攻下。接着曹军二处合一，对马谡发动了进攻。马谡军大败，街亭于是失守。

街亭失守后，诸葛亮知道此次北伐大势已去，便下令全线撤退。为防魏军乘势追击，他把关兴、张苞两员小将唤到帐前："你们二人各带三千人马，在武功山小路两侧布置疑兵。如果魏军来到，敌众我寡，切不可战，只大声击鼓呐喊，用疑兵计吓退他们即可。然后，急奔阳平关，撤回国内。"

又把张冀叫来布置："引部分军兵，快速修理剑阁通道，以为大军准备退路。"

然后传令：大军悄悄收拾行装，分别从各自驻地快速撤回国内。

诸葛亮的中军营地现在西城县内，这是个弹丸小城，易攻难守。待诸葛亮把身边人马分派出去执行紧急命令之后，城中就近于空地了。正要拔寨撤离，忽然十几匹马飞跑进城来，马上士兵大汗淋漓、气喘吁吁地报告："司马懿亲率十五万大军，已向西城扑来，而且马上就要到了！"

这时，诸葛亮身边只剩下一些文官，连一员武将也没有。士兵也大多派出去了，只留有两千老幼病残，根本无法作战。

众官员听到这消息，一个个吓得面无血色，一句话也说不出来。很明显，战不能战，逃也逃不掉。此地路径狭窄，唯一大道已为司马懿占住。再加上辎重行李多，马匹车辆少，逃不出几里，就会被魏军铁骑追杀殆尽。

诸葛亮也十分紧张，忙登上城楼向外望。果然，西北方向尘埃冲天蔽日，已隐隐有大军奔走声如沉雷般动地而来。尘头起处更不时闪现魏军旗号，招摇挥动。

诸葛亮稍一沉吟，马上传下命令：把城内所有旗帜全放倒，藏匿起来。城内士兵，各自隐在驻地房舍、围墙内，不许乱动乱叫，如有违令不遵者，立斩！然后，又下令：大开东南西北四面城门，每一门前，派二十名老少军兵打扮成老百姓模样，洒水扫街，不许神色慌张、举措不当。如果魏军冲到城前，也不能退入城内，仍要一如既往。

众人不解其意。

诸葛亮微微一笑，胸有成竹地说："我自有退兵之法，你们不必惊慌。"说罢，披一件印有仙鹤图案的宽大长衫，戴一顶绸布便帽，让两个小童抱着一张琴、一只香炉，随他登上城楼，恁着楼上栏杆端端正正地坐下，点燃香。然后，闭目养了会儿神，再缓缓睁开眼，虚望前方，安然自得弹起琴来。

这时，司马懿统领的大兵已来到城下。先头部队见到这种情形，都不敢贸然前进，急忙向司马懿报告。

马司懿不相信，以为部下看花了眼：诸葛亮怎么打扮成道士模样，不领兵拒敌，反而悠闲地在城头弹起琴来？于是命令三军暂且停止行动，自己则飞马跑到城下，远远观望。

果然，城楼上诸葛亮笑容可掬地端坐，在袅袅上升的香烟间，旁若无人、安然自得地正沉浸在自己所弹奏的琴音中。他左边的童子，手捧一把宝剑；右边的童子，则拿着一把拂尘。城门口处，有二十余老少百姓正低头洒扫街道，有条不紊，不惊不慌。

司马懿看了许久，听了很长时间，无论从对方人物的表情动作还是诸葛亮所弹出的琴声中，都看不出丝毫破绽。

其子司马师道："我们应即刻冲杀进去，活捉诸葛亮。他分明是故弄玄虚，西城肯定是座空城。"

其他将士也纷纷要求进兵攻城。

司马懿凝然不动，仍静静谛听。忽然他神色一变，露出紧张模样，忙下令："后队改作前锋，先锋变为后队，马上撤退！"

众人不解：眼前并没有什么异常情况。

司马懿怒道："马上撤退。违令者斩！"

众将士狐疑不明，却只好遵令撤退。

直到撤离西城远了些，司马懿才心有余悸地解释："诸葛亮这个人和我打过多年仗了。他一生做事十分谨慎，从不做没把握的事，更甭说干冒险的事了！今天大开城门，故意显出是座空城，让我们白白拿走并轻易把他捉住，这里就肯定有埋伏，是个骗局！我军若贸然轻进，必中其计。"

司马师问："父亲一直凝听静立，后来并无动静，您为什么突然撤军呢？"

司马懿冷笑："当统帅、做大将的人，必须善于观察天地之间的运行变化，了解人间世上的各种知识。我听到诸葛亮琴音，初始平和恬淡，却突然昂扬激越，渗出一股杀机。分明要动手、出兵了！再不走，

第八章　北伐曹魏

难道让他围住，四面挨打不成？"

司马师及众将觉得有理，但仍不十分信服。不料，才走不远，刚进入武功山，猛听得山坡后杀声震天，鼓声动地，伏兵顿起。众将大惊。司马懿道："刚才若不及时撤退，必中其计了。"话音未落，只见旁边大道上一军杀来，旗上大字："右护卫使虎翼将军张苞"。

一见是西蜀有名战将、当年威震寰宇的张飞的儿子打杀过来，魏兵心惊胆战，纷纷弃甲抛戈而逃。

逃不多远，山谷中又喊杀声起，鼓角喧天，尘埃万丈。一杆大旗上写着："左护卫使龙骧将军关兴"。魏兵一见是关云长之子，更是魂飞魄散，哪敢接战！

本是山地，喊声杀声在谷中回荡，似乎漫山遍野均有蜀国兵马。烟尘大起，蔽日遮天，内中旗帜招展，刀枪闪耀，更似乎是天兵天将！

魏军不敢久停，忙丢掉辎重粮草，仓皇而逃。

张苞、关兴也不追赶，只将魏军丢弃的辎重物资拣起，迅速撤退了。

再说西城中的诸葛亮，见司马懿带兵急忙退去，轻轻长吁一口气，用手拭了额头上的冷汗，笑了起来。

诸葛亮笑道："兵法云，知己知彼，方可百战不殆。司马懿知我一生谨慎，从不弄险，所以见今天这情况，就判断我在用计骗他入城。所以反而慌忙退走了。而我知司马懿了解我的这一贯作风，所以便借用这种心理，乘机算计了他。也是知己知彼才敢如此啊！若换上司马昭或曹操统兵，我绝不会如此的。"

众人叹服。

"不过，司马懿也确是知我之人。如果不是实在没别的办法，我也不会用这险计的。实在是万不得已呀！"诸葛亮道。

众人佩服得五体投地，又后怕不已。

司马懿退兵，一直退回街亭，和曹真的大军汇合在一起时，才放下心来。而此刻，蜀国各路军已安然无恙地撤回本国了。司马懿于是又带一支人马来到西城，问及当地居民，才明白自己"聪明反被聪明误"，误中诸葛亮之计。当得知当时诸葛亮所处的危险境地，他的所作所为及张苞、关兴其实只有少数人马，虚张声势而并不敢真正交锋时，不觉由衷叹赞："诸葛孔明之才，我不如也！"

诸葛亮斩了马谡，即写奏表给刘禅，自动请降职三级。为了尊重法令，刘禅把诸葛亮降职为右将军，仍教他负丞相的责任，并派费祎到汉中传达命令。费祎怕诸葛亮羞愧，见了先祝贺说："蜀中人民听说丞相获得四县，非常高兴。"诸葛亮变了脸色说，"这是什么话？得了又失掉，等于没有得到，你以这话来向我道贺，真使我惭愧。"

费祎又说："最近听说丞相得了姜维，皇上非常喜欢。"诸葛亮生气地说："兵败回来，不曾夺得半寸土地，这是我的罪过。得了一个姜维，对于魏国有甚损失？"费祎又问："丞相现在带领雄兵几十万，还可以再讨伐魏国吗？"诸葛亮说："过去大军驻扎在祁山、箕谷的时候，我兵多于对方，还不能取胜，可见兵不在多，而在于主将是否会用。现在我想缩兵减将，闭门吸取教训，思考下一步改进的方针。否则，即使兵多，又有何用？从今以后，谁有治国的好主意，可以多多指出，并及时责备我的错处，事情就可以做好了。"费祎等人听了，都十分佩服。

应该说，诸葛亮的上述处理，是很得体的。但这并不能完全消除首战失利所带来的消极影响，这种影响表现在三个方面。

第一，该不该杀马谡等人，在蜀汉政权内引起分歧。据史书记载，马谡死时，"十万之众为之垂涕"。当然，并不是所有流泪者都觉得马谡不该杀，有的是被马谡临终态度所感动，有的是为马谡之死感到痛惜。诸葛亮也哭了，然而他并非认为马谡不该杀，这说明所有垂涕者的心态是复杂的。但也确实有认为马谡不该杀的。蒋琬后来到汉中，对诸葛亮说："春秋时，楚成王杀死大将得臣，他的敌人晋文公听说后就非常高兴。天下未定而戮计智之士，岂不惜乎！"不但当时有人想不通，一百多年之后，晋人习凿齿在评论这件事时也是对诸葛亮持批评态度。他说：

今蜀僻陋一方，才少上国，而杀其俊杰，退收驽下之用，明法胜才，不师三败之道，将以成业，不亦难乎！

习凿齿对诸葛亮是很佩服的，所以他对诸葛亮的批评不是要贬低他。习凿齿和蒋琬一样，都认为蜀国是弱小之国，在与强魏对抗之际，不该杀戮人才。

诸葛亮杀马谡也有他的道理。当蒋琬认为马谡不该杀时，诸葛亮流

第八章 北伐曹魏

着泪对蒋琬说:"孙武所以能制胜于天下者,用法明也。是以杨干乱法,魏绛戮其仆。四海分裂,兵交方始,若复废法,何用讨贼邪!"诸葛亮杀掉马谡,还有另外一个原因,这就是清人何焯所说的:

魏延、吴壹辈皆蜀之宿将,亮不用为先锋而违众用谡,其心已不乐矣。今谡败而不诛,则此辈必益哓哓,而后来者将有以借口,岂不惜一人而乱大事乎!

诸葛亮杀掉马谡,固然能使心中不平者心理平衡,但对那些不赞成杀马谡的人将怎么办呢?他对蒋琬的解释能不能使蒋琬心服尚且不论,即使他说服了蒋琬,能将所有不赞成者一一说服吗?

不杀马谡则一些人心中不平,诛杀马谡则一些人心中不解,总之要想两全是很难的。

第二,首次北伐失利,使蜀汉统治集团中产生一种对前途悲观失望的情绪,这种情绪又对后主刘禅产生影响,使他产生厌恶对魏作战,不求进取,但求苟安的情绪。这使得诸葛亮在第二次北伐之前,不得不拿出很大的精力,批驳这种消极情绪,劝说后主振奋精神。这点在下一节还要详述。

第三,首次北伐失利,使蜀汉今后的北伐面临着更加严峻的形势。第一次北伐,是蜀汉旗开得胜的最好时机。春秋时曹刿曾说:"夫战,勇气也,一鼓作气,再而衰,三而竭。"蜀军南征得胜,士气正旺,而曹魏方面对蜀汉的出击毫无准备。曹魏方面的史籍记载:"始,国家以蜀中惟有刘备。备既死,数岁寂然无声,是以略无备预;而猝闻亮出,朝野恐惧,陇右、祁山尤甚,故三郡同时就亮。"出其不意,攻其不备,本该取得预期的效果,不料却希望落空,反而给曹魏敲响了警钟。《三国志·魏书·曹真传》记载:"真以亮惩于祁山,后必从陈仓,乃使将军郝昭、王生守陈仓,治其城。明年春,亮果围陈仓,已而有备不能克。"这说明曹魏对蜀的进攻已开始戒备。魏国本来强大,再加上有所戒备,更增加了蜀汉取胜的难度。

第一次北伐失败了。诸葛亮退回了汉中。

同样是退,有着正常退却和胆怯退缩的区别。退缩意味着畏惧,而退却则含有再次出击的内容。退缩不是诸葛亮的性格,这次后退是为了在有利的时机再进。

诸葛亮这种败不馁、胜不骄的品德，是他志在恢复汉室、统一天下、报答知遇之恩的体现，是他人格魅力的体现。即使在大兵北上、三郡响应、天下震动之时，他对属下的祝贺还是感到愧疚。他说："普天之下，莫非汉民，国家威力未举，使百姓困于豺狼之吻。一夫有死，皆亮之罪，以此相贺，能不为愧。"

在前线和在朝中一样，诸葛亮自己不搞特权，也不允许部下有特权。这种一视同仁、唯贤才是任的品德，是他受后代尊仰的又一重要方面。他的儿子诸葛瞻在建兴五年（227）才出生，属于老年得子。因诸葛亮早年无子，过继了诸葛瑾的次子诸葛乔为子。诸葛亮北伐，进驻汉中，诸葛乔与诸将领的子弟，在高山深谷中转运粮草，大家同样辛勤地为国出力，没有特殊。诸葛亮在给哥哥诸葛瑾的信中提到，乔儿本来应回到成都，而诸将军的子弟们都在执行后勤运输任务，乔儿应和大家同甘共苦，也让他率领五六百兵，与诸子弟一起，转运山中。诸葛乔在建兴六年（228）病逝，年仅二十五岁。

姜维归降时，诸葛亮与他几次交谈，认为他是个将才，那年姜维二十七岁。他不仅会用兵，而且有胆有识。姜维幼年丧父，母亲把他抚育成人。少年时读书刻苦，钻研过儒学大家郑玄的经学，立志宏大。诸葛亮不断地从姜维身上看到他的优点，决心培养他。诸葛亮给留守成都的相府长史张裔和参军蒋琬写信，这样评价姜维："他对国家大事忠诚勤劳，考虑问题细致周到。他的才干超过了李邵和马良，乃凉州的一流人才。"而李邵和马良都是去世不久的蜀中贤德之士。诸葛亮让姜维任仓曹掾，加奉义将军，封为当阳亭侯。他安排姜维去成都见皇上，经受锻炼，逐步到军队领导的关键岗位上。他还给张裔和蒋琬写信："姜维到成都后，先让他训练一支五六千人的中虎步兵（京城的卫戍部队）。姜维擅长军事，具有胆略，深明大义，通晓兵法。他不仅立志兴复汉室，而且才智过人。等他训练部队之后，要让他去皇宫拜见后帝。"以后，又让他任中监军，提升为征西将军。诸葛亮培养、提拔姜维，既是知贤善任，也是为了继续北伐做好人才上的准备。

本来，在隆中对策中，诸葛亮的复兴战略是一路大军北上宛洛，一路大军进攻秦川。后来，因为孙权背盟，关羽兵败麦城，荆州落入孙权之手，刘备又伐吴失败。这就使兵向宛洛和秦川的对魏钳形攻势不再可

第八章 北伐曹魏

能。现在,诸葛亮不得不亲率大军北伐中原,从兵力上看,确实是以弱攻强。吴、蜀既然早已重申盟好,在与魏作战上,东西策应是很重要的。但这又存在两大问题:首先,既是两国,就不同于命令部下,两边不一定有同时出兵的内外形势;其次,往来协商,互通信息,不是很快能做到的,时间一长,形势变化,也影响同时共举的效果。

诸葛亮北出祁山之时,孙权没有同时出兵伐魏。这就少了东西呼应的效果。建兴六年(228)五月,诸葛亮仍在汉中作战后整顿之时,东吴有了一次攻打魏的东路大将曹休的机会。魏任将军曹休为扬州牧(扬州的治所在寿春,今安徽省寿县)。吴鄱阳(鄱阳郡治所在鄱阳,今江西省波阳县)太守周鲂向曹休下诈降书,并割发以表诚意。曹休信以为真,率十万大军南下皖城(今安徽省潜山县一带)接应周鲂。吴派陆逊为主帅,逊自为中部,以朱桓、全综为左右翼,也统率近十万人,于八月三路并进,猛击中计的曹休,把曹休打得大败。虽然曹休损失严重,吴人士气大振,但仍没有影响双方的战略地位。

建兴六年(228)十一月,诸葛亮在汉中整顿,恢复了元气,又知道了东吴陆逊大破曹休于皖城,认为再挥师北伐的时机已经到来。但是,很多人认为年初败于街亭,尚不到一年;曹魏地广人多,力量强大,与其出兵进攻,不如据险固守,以求无事。这些人的看法,加上后帝之庸弱,更乏破釜沉舟的勇气。如果说,诸葛亮第一次伐魏前,大家基本上取得了北伐的共识,但失利之后,反对的声音就强了。诸葛亮需要花更多的精力和口舌来说服大家,尤其需要说服后帝,让他们知道北伐的必要性,这便是《后出师表》的重点所在。《后出师表》是一篇阐述北伐必要性的表文,在《三国志·蜀书·诸葛亮传》里没有记载;在《诸葛亮文集》里没有收录;在其他地方,如后主传或其他传记里也没有提到它。只是在裴松之的补注里,给出了全文,并注明这篇表文出自张俨的著作《默记》。张俨是东吴的高官。《昭明文选》收录了《前出师表》,只以《出师表》为题目,给以极高的评价,并没有选入《后出师表》。习凿齿在《汉晋春秋》里,认为此表是建兴六年(228)十一月,诸葛亮在从汉中北进,攻陈仓前,给后主呈上的表文。《资治通鉴》也附和这个说法。在历史上文人的咏颂里,也有提出师一表的,如陆游诗里有"出师一表天下无","出师一表真名世"。但也有肯定两表的,沈周诗有"老臣虚己六未解",这分明是指《后出师表》。

关于《后出师表》的真伪存在疑义:

有一部分历史学者认为《后出师表》是伪作,其根据除上面提到的外,从文章本身分析有下列几个疑点:第一,表中提到的赵云卒年与《三国志·蜀书·赵云传》里记载的不符。《后出师表》里,赵云卒于建兴六年(228),而《三国志·蜀书·赵云传》记载是建兴七年(229)。第二,表中提到李服,在史书记载里无李服其人。第三,文章调子低沉,信心不足,与诸葛亮《前出师表》的风格有异,不符合诸葛亮的作风。这篇表文既出自张俨的著作,有可能是他假托诸葛亮而作的。

也有一部分历史学者认为不是伪作,认为张俨乃吴国高官,他伪作诸葛亮文,写"使孙策坐大,遂并江东"是不可能的。赵云卒于建兴六年(228),诸葛亮既在表文里写清楚,不会有错,是陈寿在《三国志·蜀书·赵云传》里写错了。至于李服,乃王子服,是王服之误写。王子服曾与董承合谋诛杀曹操,以"解放"汉献帝,事泄被害。至于格调问题,文章坚持北伐,与《前出师表》精神一致。

这两种意见似均无确凿证据使之成立。笔者提出看法如下,也只是揣测,并无可靠的考证。在《三国志·吴书·诸葛恪传》里,诸葛恪在议论与敌人不两立时写道:"近见家叔父表陈与贼争竞之计,未尝不喟然叹息也。"他指的是《后出师表》,因《前出师表》主要是安排后方大事,谏嘱后主,而在《后出师表》里,才主要在"汉、贼不两立"的前提下,论述与贼争竞的道路并不平坦,以及准备战争的危难与艰苦。

《后出师表》是以上表后主的口气写的。有可能并未上呈,因为诸葛大军已出师,驻扎汉中。现在是择机向魏进攻的事。由于街亭之失,朝廷议论战争之事,不少人反对出兵,诸葛亮此表乃论述出兵之必要性。当得到众议趋同的结果,而获得前线作战之允诺,则未必再进表了。如此,《三国志·蜀书·诸葛亮传》和《诸葛亮文集》里,没有《后出师表》就可以理解了。后来,表文或其副本或口述,辗转到吴是很有可能的,途径很多,更可能是在诸葛亮病逝以后,表文传到东吴后,被张俨保留,并记载于书里。这样,《后出师表》名就不完全符实了。但它反映了在第一次伐魏失利后,诸葛亮认为继续北伐的必要性,并估计到战争的复杂特点,作好了不屈不挠的心理准备,直到"鞠躬尽力，死而后已"。

以下，我们对《后出师表》略加分析和评论。第一段点明"汉、贼不两立"的立场，满怀感情地表明伐贼的决心。依然从先帝的决心开始，先帝嘱托讨贼，所以，自己呕心沥血、辛劳艰苦地平定了南中，以为北伐作准备。自谦才弱敌强，但不能坐以待毙，必须北伐。中国人的谦逊态度是有传统的，刘备明说："君才十倍曹丕，必能安国，终定大事。"但诸葛亮还是说："故知臣伐贼才弱敌强也。"第二段列举六件实例，反驳反对北伐的主张，反复说明战而后强、危而后安的实践明证，指出苟安一隅是不可能的。第三段接着第二段的论述，提出天下大势变化莫测，又举数例，说明形势的反复。但事在人为，要尽全力争取复兴汉室的成效。"鞠躬尽力，死而后已"的千古名言，是他的心底意志，也是终生的实践，令人感慨之外，颇多崇仰之思。附带一提，裴注里是"鞠躬尽力"，但后世文选，多用"鞠躬尽瘁"，后者为大家所熟记了。

下面，再分析一下《后出师表》给我们的启迪。

第一，关于信心问题。这封表文是在第一次北伐失利后，再次出征前写的，用很大篇幅说明北伐的必要性和不可能一帆风顺的道理。诸葛亮深知曹魏强大，在战斗的实践中，也了解了敌方的军队战斗力和力量的部署。因立足于进攻，故未预料何时可以成功。这正是诸葛亮谦虚、谨慎的作风。他有十足的决心，并没有表示有十足的把握。在这个意义下，《后出师表》与《前出师表》的风格略有不同。只有小说和戏剧，才说诸葛亮有先见之明，"料定了天下三分"，把后来的出师未捷归结到天命上去了。即使在《前出师表》里，也只是要求后主"托臣以讨贼兴复之效；不效，则治臣之罪，以告先帝之灵"，而没有表明必效之意。所以，谨慎地留有余地，不等于信心不足。

第二，诸葛亮北伐的战略思想是他以攻为守的思想体现。他开头就明确指出，以一州之地，难以对抗已占九州之地的曹魏，不能坐以待亡，要在进攻中求生存，求胜利。北伐，一方面给敌人以威胁，消耗敌人的有生力量，打击敌人的心理；另一方面，也是为了使国人、朝野振奋起来。如果采取守势，容易滋生妄自菲薄与贪图安逸的弊病。

第三，以弱敌强，履行先帝讨贼之托，矢志不渝的精神。后主虽平庸，但在诸葛亮的辅佐下，在与诸葛亮一道不懈于内的侍卫之臣与忘身于外的忠志之士的努力下，敢于北伐强敌，志在恢复汉室。这一精神鼓励和激发了后世无数志士仁人的爱国志气与情怀。又使人们不禁想起南宋时赵构与其一班苟延求和的权势们，有着半壁江山，不敢也不愿北伐强敌，与诸葛亮大无畏的精神相比，显得是多么卑微鄙陋呀！

总之，在第一次北伐失利之后，诸葛亮坚持以复兴汉室、统一天下为目的的北伐战争。在反对苟安一隅，阐述北伐必要性的同时，也充分估计到以弱伐强，道路不会平坦，曲折和挫折难免，准备"鞠躬尽力，死而后已"。不论《后出师表》是否已上呈，我们相信，表文反映了他的上述思想。

诸葛亮第一次出祁山伐魏的当年，即建兴六年（228）十二月，第二次出师北伐。他亲率兵数万，出散关（今称大散关，宋以后一直用今名，在陕西省宝鸡市西南，为秦岭西段的咽喉要道），围攻陈仓（今宝鸡市）。陈仓守将郝昭已有准备，加固了城池。这是大将军曹真在街亭之役后作的精心安排。城中守军也不可能像《魏略》所说，只有千人。诸葛亮派郝昭的同乡人靳祥，到陈仓城下，劝郝昭献城投降。郝昭坚定地回绝。诸葛亮派靳祥再去劝说，晓以利害，免得玉石俱焚，郝昭依然不为所动。诸葛亮强攻不下，包括使用云梯、填土攀城、挖地道入城等多种办法，均被郝昭用有效的对策破解了。就这样昼夜相持有二十天。魏方派张郃和费曜驰援陈仓，诸葛亮没有攻下陈仓，而军粮将尽，决定撤军。魏大将王双率军出击撤退的蜀军，被诸葛亮在半途设下的伏军杀死。这样，第二次伐魏的时间很匆忙，没有取得进展，粮尽撤兵。

在战争中，粮草十分重要。俗话说，兵马未到，粮草先行。古时的粮草，犹如现在包括石油在内的后勤支持。诸葛亮北上，从川入陕，山地栈道，运输艰难，粮草供应始终是诸葛亮进军中的大事。如粮草充裕，即使在围攻陈仓的同时，仍可抽调大军，打击增援的张郃、费曜。

诸葛亮第二次北伐，进攻陈仓城不下，又因粮草不继，而撤军汉中。没有几个月，建兴七年（229），诸葛亮第三次北伐。他先派将军陈式率军攻武都和阴平（武都在今甘肃省成县西，阴平在今甘肃省文县西北）。曹魏在这一带紧靠益州北部地区，设置武都、阴平两郡，一方面是为了便于行政治理；另一方面将这两郡作为防范与进攻的基地。诸葛亮北伐时，始终从汉中西进和北进，夺取陇右是稳妥的做法，主要是为了避免曹魏从这里偷袭益州。

曹魏的雍州刺史郭淮率军迎敌。诸葛亮派陈式进攻武都和阴平的同

第八章 北伐曹魏

时，他自己率军进驻建威（今甘肃省成县西北），对郭淮形成后路包抄之势。郭淮不敢贸然深入，引兵撤退。这样，诸葛亮就占领了武都和阴平，取得了战役的胜利。也正因为北伐取得了进展，后主恢复了诸葛亮的丞相职位。

正在这时，李严劝诸葛亮接受九锡的赏赐，进爵封王。李严本是一位很能干的蜀国高官，诸葛亮把他看做是可以协助自己、以重任的文武全才。但在个人德操上，李严远不够高尚。他劝诸葛亮封王，加九锡，他自己也可以跟进，获得更高的封赠。九锡乃赐王爵的九种器物，象征最高的奖赏，包括衣服、车马、乐则、朱户（红漆大门）、纳陛（特许的台阶）、虎贲（卫士）、弓矢、斧钺和秬鬯（一种酒）。凭当时诸葛亮的名望和权势，争取封王加九锡是可能的。当年曹操不仅进爵魏王，后来竟可以享用天子的仪仗，他离篡汉只差半步，所以历史上把曹操与王莽并称，而为后世所非议。诸葛亮与曹操完全是两类人，他自己没有追求权势，更未存心"如其不才，君可自取"的想法。他的高远之志，就是治理好国家，复兴汉室，以报答知己。所以，他对李严的劝告给予了严肃的回答，藉以再次表达心意，并规劝李严全力为国，以统一大业为重。为此，他在写给李严的信里，有这样的话语："今讨贼未效，知己未答，而方宠齐、晋，坐自贵大，非其义也。"

也是在这一年，孙权称帝。诸葛亮力排众议，主张维持汉、吴同盟，并上表《绝盟好议》。随后派陈震使吴，祝贺孙权称帝，重申盟好。有关的事已在第五章里仔细叙述过了，这里不再复述。

诸葛亮坚持北伐强敌，取得主动的有利地位，争取胜利，以复兴汉室。但他也深知敌人强大，随时可能反攻，所以，他也在积极准备，防御敌人进攻。这一年冬季，他在汉中地区建造两座城池，作为保卫汉中的堡垒。一座为汉城，在今陕西省勉县南约二十五公里的牟加营；另一座为乐城，在今陕西省城固县西北十五公里处。

果然，第二年，即建兴八年（230）七月，魏作了大规模攻打汉中的部署。大司马曹真向魏明帝曹叡上表说，汉人几次进犯，今魏从斜谷出击，几路并进可以成功。魏于是作出了攻打汉中的计划，在合肥建造了新城，防备孙权进攻；同时准备几路大军与相应的战争物资，拟会师汉中。第一路大军可称西路大军，由曹真率领，由斜谷南下。这一路线即诸葛亮第一次出兵祁山，命赵云和邓芝为疑兵，出斜谷以牵制曹真的路线。第二路大军可称中路大军,由张郃率领,由子午谷南下。这一路线就是魏延欲亲率万人,去奇袭长安的路线,因过于冒险,诸葛亮当时没有同意。第三路大军,可称东路大军,由司马懿率领,从驻地襄阳沿汉水西进,由西城(今陕西省安康市一带)直取汉中。

诸葛亮一直密切注视着曹魏的军事调动,知道曹魏大军要分几路攻打汉中,除在兴建的汉、乐两城作一定的兵力部署外,他把主力部署在赤坂(今陕西省洋县以东二十公里处)。这一地,可以袭击曹魏三路进攻大军的任何一路。诸葛亮还调遣李严率两万兵马,从江州(今重庆市)进驻汉中,并上表让李严之子李丰为江州都督,接替其父的任务。

魏、汉双方都做好了大战的准备。魏方率兵者都是久经考验的大将,曹真、司马懿和张郃等人,估计每路军人马均接近十万。诸葛亮沉着应战,作了周密部署,专等痛击来犯敌军。可惜因大雨连绵一个月,没办法行军,仗根本打不成。魏方三路人马都要经过高山深谷,山间小道和架起来的栈道被大雨冲垮,不能使用。人尚且不能行,何况军粮辎重。魏大臣华歆等人接连上书,谏魏主下令退军。此时,大军已行在半途,势甚狼狈。散骑常侍王肃(王朗之子)上书中有这样的话:"又况于深入阻险,凿路而前,则其为劳必相百也。今又加之以霖雨,山坂峻滑,众逼而不展,粮远而难继,实行军者之大忌也。闻曹真发已逾月而行裁半谷,治道功夫,战士悉作。是贼偏得以逸而待劳,乃兵家之所惮也。"王肃在奏折中,讲了大雨中行军之艰难。双方均称对方为贼,不足怪也。九月,魏主下诏,各路撤军。本来可能成为历史上的大战役,就因大雨而烟消云散了。

建兴七年(229)和建兴八年(238),诸葛亮先后两次伐魏,攻下了城池,打败了敌军,取得了战役的胜利,但没有深入陇西和关中,只收到了增强信心和鼓舞士气的作用。在这两次胜利之后,诸葛亮决定于建兴九年(231)再出祁山,第五次伐魏。他为了全身心地北伐,让李严代替他负责后方的军政大事,并从江州(今重庆市)调到汉中。留守汉中,不仅是为了防止魏军偷袭,更主要的是为了保障前方的粮草供应。李严不太愿意干这个更为艰苦而责任重大的差事,想获取更多的特权。诸葛亮提升了他的儿子李丰做江州都督,在一定程度上满足了李严的个人愿望。前一年,任命蒋琬为丞相府长史,接替去世的张裔。蒋琬不仅把支援前线的后勤工作完成好,在贯彻"耕战"政策、减轻民众

第八章 北伐曹魏

负担上，也做得很出色。

建兴九年（231）二月，诸葛亮率军北进，围攻祁山。诸葛亮第一次出兵祁山，街亭失利退军后，祁山一直在魏方手中。此次随诸葛亮出征的大将有征西大将军、南郑侯魏延，左将军、高阳乡侯吴懿，右将军、玄乡侯高翔，后将军、安乐亭侯吴班和讨寇将军王平等将领。魏方大将军曹真病重（这一年的三月病逝），代替曹真到前线与诸葛亮对阵的是司马懿，魏主曹叡命司马懿西屯长安，这是他第一次直接与诸葛亮交战。他手下大将有张郃、费曜、戴陵和郭淮等人。

司马懿从长安西移到天水郡的上邽县（在今甘肃省天水市西南，现已不存上邽的县名），诸葛亮军驻在祁山（今甘肃省礼县城东大约三十公里处的汉水北岸）。诸葛亮知道司马懿大军来到上邽，便命王平攻打祁山，他自己带领大军到上邽找司马懿决战。司马懿让费曜和戴陵留精兵四千，驻守上邽，他也亲率大军，西救祁山，与诸葛亮决战。在军事部署上，张郃曾建议司马懿分兵驻守雍、郿（今陕西省凤翔、眉县一带，尚在陈仓之东），此建议有过分持重之意，意在确保后方无虞。司马懿认为分兵后，西进兵力不够雄厚，易被攻破，乃大军西进。

诸葛亮大军倒是直指上邽，费曜和郭淮的几千人不是诸葛大军的对手，很快就被打败了。而司马懿大军，不知是想迂回西进呢，还是先避诸葛之锋退避三舍呢，他不是向西南方向的祁山行进，而是向上邽东面行军。诸葛亮在上邽打败了费曜和郭淮后，乘机大割上邽一带的小麦，以资军粮。随后大军向东，追寻司马大军。司马懿不肯交锋，收军据险而守。诸葛亮寻战不成，退军到祁山一带。司马懿又率兵追踪诸葛亮到卤城（在今甘肃省天水西南，现已不存此地名）。张郃又向司马懿建议说："诸葛亮来迎战我们，见我们不与之战，就知道我们利在不战，要坚持消耗其力量。我方祁山守军知大军在附近，心底自安。可屯兵不动，而分出奇兵攻击敌人后方，不应尾随敌人后面，又不与之交锋，这样会失掉民心。今诸葛亮孤军深入，粮草不继，也要撤军了。"司马懿不接受张郃建议，还是追寻诸葛亮主力，似乎要决一死战。等到接近诸葛亮大军了，又不肯战，占据山头，安营扎寨，坚守不出。监军贾栩、大将魏平几次请战，甚至说出这样的话："你怕蜀像怕老虎一样，就不怕世人笑话吗？"我们无从知道司马懿是什么心理状态，第一次与鼎鼎大名的诸葛亮有对阵的机会，他竟然一再避战。然而，当他听了"公畏蜀如虎"的话后又很感不自在，在诸将纷纷请战下，尽管有点勉强，还是决定一战。于是，在五月辛巳日，司马懿命令张郃攻无当，监视、围困祁山的王平；自己亲率大军迎战诸葛亮。诸葛亮则命令大将魏延、吴班和高翔分别率军围攻司马懿统率的大军。估计双方兵力各有几万。司马懿的兵当然也不是窝囊废，但诸葛亮的兵更有战斗力。史书上没有记载战斗的具体过程，也不可能像舞台上那般将对将地武打。这场大战，司马懿虽然没有被打得全军覆没，片甲不留，但是被打得大败而逃，只差主将被俘获了。《三国志·蜀书·诸葛亮传》裴注引《汉晋春秋》的记载："（诸葛亮）大破之（指司马懿），获甲首三千级，玄铠五千领，角弩三千一百张，宣王（指司马懿）还保营。"说明司马懿只身获免，落荒逃走，留下了三千颗魏军头领的首级，五千套盔甲，三千一百张弓弩。这一点史书记载很详细。

就与司马懿第一次在祁山的上邽大战而言，诸葛亮确实是治军的高手、知兵的军事家。首先，他治军犹如治国，以公正无私、严明法纪为前提，《三国志·蜀书·诸葛亮传》裴注引《袁子》的评论："亮法令明，赏罚信，士卒用命，赴险而不顾，此所以能斗也。"赏罚分明，令行禁止，仁义诚信，是诸葛亮的品德所决定的。《三国志·蜀书·诸葛亮传》裴注引"郭冲五事"之五曾记载，诸葛亮在此次祁山战斗中的故事，虽然裴松之认为不可靠，仍可简述于下，以昭示诸葛诚信所产生的非常战斗力。郭冲说，这一年（231），诸葛亮出祁山，司马懿、张郃等统兵三十万直逼诸葛亮阵地。诸葛亮率十万众，内八万人应该轮换，接替将士未到，而司马大兵已近。有人认为应暂停轮换，以壮声势。诸葛亮认为："吾统武行师，以大信为本，得原失信，古人所惜；去者束装以待期，妻子鹤望而计日，虽临征难，义所不废。"诸葛亮话中，引用了一个典故：晋文公为了不失信，宁愿放弃攻取原国的故事。坚持按约定日期，让战士返回。战士们十分感动，要求留下作战，临战之日，莫不拔刃争先，以一当十，杀了张郃，打退了司马懿，此诚信之效果也。

郭冲所记这第五件事，有些漏洞，他说这次拒蜀，魏主亲临长安是错的，另外地名混淆。但他说杀了张郃，确是事实，下面还要叙述张郃之死。另外，诸葛亮在训练兵士行军布阵、作战上，还有一整套的办法。《袁子》记述，诸葛亮用兵"止如山，进退如风"，"率数万之众，

第八章 北伐曹魏

其所兴造，若数十万之功"。这说明，蜀军特别能战斗，主帅指挥有方，将士行动迅速，英勇善战。一支"止如山，进退如风"的队伍是战无不胜的。

但是，如果据险坚守，加以士兵多，物资广，在古代的山险地势下，就是靠进退如风的有限兵力，也是不容易攻克战胜敌人的。司马懿懂得这个道理，他便恃兵多将广，粮草无虑，而据险死守了。在随后的一个月里，双方没有什么大的战事。

诸葛亮北伐的头等大事是粮草问题。在第五次出师北伐时，已经采用木牛运粮了。木牛流马是诸葛亮的创造改进，或在他领导下，由著名的专家蒲元等人创造和改进的人力运输工具。木牛流马在历史上是十分有名的，可惜制作方法没有流传下来，也没有出土的有关文物。《三国演义》的一番渲染，使木牛流马带有神秘的色彩。

今日陕西省勉县东三十里，有黄沙镇，镇东有河叫五丈溪。据说溪侧是诸葛亮所开发的黄沙屯。诸葛亮制作木牛流马处，就在今日黄沙镇。今镇附近建有一亭，亭内碑刻为"汉诸葛武侯制木牛流马处"。黄沙镇的人，也不知道木牛流马到底是什么样的运输工具。

虽然有了木牛（几年以后有了流马）运粮，但它并未能从根本上解决粮草的供给问题。要维持前线大约十万人马的粮草，运输的压力十分沉重；运输道路崎岖，限制了大量粮食的同时运输，木牛流马可以解决这方面问题，但不能彻底解决；天气问题往往也对运输产生限制；负责后勤工作大吏的能力与责任心也有影响。孔明这一次兵出祁山大败司马懿后，司马懿又采取了避免接触交锋的策略。而正在此时，负责后方事务的汉中留守李严，向诸葛亮报告说，由于大雨阻断了交通，军粮供应不上，请诸葛亮考虑撤兵。这既有天气原因，也有人为因素，稍后再叙。

既然粮草不继，诸葛亮只得撤军，时间在六月。司马懿命令张郃追击撤退的蜀军，在木门地方，张郃遭遇诸葛亮预先设置的埋伏，中箭身亡。木门又称木门堡，据《诸葛亮文集·遗迹篇》引《秦州志》说："祁山东十余里，外曰盐官，盐官外曰木门堡，即诸葛武侯设伏射张郃之处。"木门应在祁山附近的山中。《三国演义》说"奔剑阁张郃中计"，在诸葛亮的进军路线上，把陈仓、散关和剑阁相连叙述。应予指出，此剑阁不可能是川北的剑阁。因张郃绝不可能越过汉中，而深入到剑门关以内。演义中的剑阁约略就是木门一地。

就这样，诸葛亮大军从祁山前线撤回汉中，结束了他第五次伐魏的战争。诸葛亮回到汉中后，对粮草供应问题作了调查了解，确实下雨影响了运输，但并非不可克服。李严的一系列做法，引起诸葛亮的怀疑。李严写信，说粮草运不过去，要诸葛亮撤兵。诸葛亮撤兵后，李严感到事体重大，又故作惊讶地说："军粮是充足的，怎么撤军了呢?"还想杀军粮的督运将领岑述，以掩盖自己运粮不力的责任。上书后主，说丞相撤兵是计，在于诱贼出战。他这一系列的举动都在于推卸自己的责任，而不顾前后矛盾的说词。诸葛亮把李严的书信、奏折和言论汇集在一起，与他当面对质，在事实面前，李严自知理亏，承认错误，愿受处罚。经过一定的程序，李严被免去了一切职务，也被剥夺了封号和封邑，贬为庶人，迁移到梓潼居住。

处分李严不是一件小事，作为托孤大臣，李严又是掌握实权、地位很高的高官，他也具有能办事、有魄力的长处。现在，他犯了不能赦免的大错。对他的处分，不是诸葛亮一声令下，免去本兼各职，贬为庶人，下放到梓潼就行了。因为这个权力在皇帝，诸葛亮又是执法严谨、礼数周到的人。在这件事上，也反映了他做事认真，不徇私情，责己从严的好作风。

诸葛亮首先把事实调查清楚，上表后主，承认自己在对待李严的态度上有迁就的错误，引咎自责。他给后主上表说："自先帝逝世后，李严追逐名利，为自己和家庭考虑得多，为国家大事考虑得少。我要北伐，需要李严率其兵镇守汉中，他百般推谢，不想调动，而要划郡设州为刺史。去年，我兵出祁山，想令李严都督汉中，他又引喻要求条件。我为了战务的需要，推荐其子李丰督江州，迁就了李严。群臣怪我待李严过厚，我当时想，大事未定，汉室倾危，批评其短，不如表扬其长。谁知他竟倾情于荣利，颠倒是非到如此地步。此事咎在我失察，没有处理好。现在不能再拖延迁就了。"

对李严的处分仍寓有挽救、让其自省改正之意。诸葛亮是在与多位文武大臣共同商议后采取的决定，从现在的观点看，为了避免个人专断，而采取了民主的办法。联名上书的有大将军魏延、左将军吴懿、右将军高翔、长史杨仪、中监军邓芝、行中护军偏将费祎等二十余人。

因为李严出事之前，陈震（字孝起）曾向诸葛亮反映过李严的问

题,但没有引起诸葛亮的重视,诸葛亮仍认为对李严应避其短而重用之。李严犯了大错之后,诸葛亮在深自反省之下,也想到了陈震的正确意见。他通过蒋琬和董允,向陈震表达了自责之意。这实际上也是对一心为公的部下的一种鼓励和表扬。

诸葛亮对李严处分后,并没有改变对其子李丰的信任和重用。李严自己也对诸葛亮的处理心悦诚服,期待改正后,重新得到任用。

经过近三年的准备,公元234年(建兴十二年)春,诸葛亮率领十万大军(几乎是倾国出动),以魏延为先锋出斜谷口,开始最后一次北伐。

这次诸葛亮改变了进军路线,改由比较近的褒斜道北上,目的是切断关中与陇右的联系,迫使司马懿与自己决战,最后夺取陇右。

魏明帝听说诸葛亮出斜谷口,来势汹汹,很是忧虑,急命秦朗领兵两万,到长安支援司马懿,并受司马懿节度。这时,司马懿统领的在西线对付诸葛亮的总兵力已近二十万。秦朗带来魏明帝的敕令说:"但坚壁拒守以挫其锋,彼(诸葛亮)进不得志,退无与战,久停则粮尽,虏略无所获,则必走矣。走而追之,以逸待劳,全胜之道也。"这一与蜀军作战原则与司马懿的思想是一致的。

司马懿领大军前来迎敌,部将想依靠渭水在渭水北岸拒守。司马懿认为不妥,对部将说:"百姓积聚皆在渭南,此必争之地也。"于是引军渡过渭水,在渭南背水构筑营垒。司马懿又对诸将说:"诸葛亮如果是个勇者应当出武功(今陕西武功西),依山而东,如果西上去五丈原,则诸军无事矣。"

四月,蜀军到达渭南,果然在渭水南岸的五丈原(今陕西岐山县南)扎下营寨。

诸葛亮屯兵五丈原,倒不是由于他不是一个勇者,因为他出兵的目的,不是向东攻取长安,而是夺取陇右。对此,魏雍州刺史郭淮忧虑说:"如果诸葛亮跨过渭水登上北原,连兵北山,隔断陇道,陇右民、夷就会动荡不安,这对魏国不利。"司马懿认为郭淮的话有道理,便派他领兵进驻北原。堑垒还未建成,蜀兵就打来了,由于郭淮事先已有防备,将蜀军击退。

过了几天,诸葛亮佯装大军向西进击的态势,企图调动魏军向西,然后向东攻击阳遂(今陕西眉县西)。这一计谋也被郭淮识破,他在阳遂做了防备。诸葛亮派兵在夜间袭击阳遂时，也无功而返。

这样双方便形成了相持的局面。

诸葛亮鉴于北伐中经常由于粮食供应不上，"使己志不伸"，司马懿仍在采取坚壁不战的办法，便在渭水南岸"分兵屯田，为久驻之基"，做同敌军长期周旋的打算。

诸葛亮领兵北上时，派遣使臣到东吴约孙权同时大举出兵攻魏，互相配合。诸葛亮在给孙权的信中说：

汉室遭到不幸，朝廷的纲纪法度被废弛，曹贼篡权叛逆，灾祸一直蔓延至今，我们双方都想兴师剿灭，但还未能完成结盟战胜曹魏的夙愿。我身受昭烈皇帝寄托的重任，岂敢不竭力尽忠。现在北伐大军已集结于祁山一线，狂寇即将被消灭在渭水之滨。恳切盼望履行同盟之义，命令将士北征，共同平定中原，一起匡扶汉室。书信难以尽言，非常希望明鉴。

孙权看过这封信后，决定配合诸葛亮，对曹魏采取军事行动。

五月间，孙权率众十万，向曹魏东方重镇合肥新城方向进攻，又派陆逊、诸葛瑾领兵万余人入江夏，向曹魏南方重镇襄阳方向进攻。将军孙韶、张承率军乘船入淮水，向六陵、淮阴进攻。合肥和襄阳是曹魏必保的战略要地。曹叡得知孙权来攻合肥，一方面令诸将坚守，一方面亲自领兵东征。吴军同魏军接战不利，将士多生疾病。孙权又听说曹叡亲率大军前来，怕实力受损，于七月间撤回江东。孙韶这一路军队得知孙权退军也退还。三路军队已先自走了两路。这时进击江夏等地的陆逊军，经过一段时间与魏军的较量，只斩获千余人，也退回去了。

在诸葛亮五次北伐期间，东吴对曹魏采取了六次比较大的军事行动（有三次是孙权亲临前线指挥），其中以这次同西蜀配合行动的色彩最浓。不过，由于吴蜀之间只是比较松散的联盟，这次孙权出兵攻魏，没有花费太大力气，遇到困难，索性退兵了事。尽管如此，吴蜀联盟的维持，对诸葛亮的北伐，还是非常有利的。因为它不仅解除了"东顾之忧"，而且由于吴军的存在和配合，能够牵制曹魏一些兵力。

东吴军队退去后，曹魏的大臣们向魏明帝建议说："司马懿正跟诸葛亮相持着，难解难分，皇上是不是御驾亲征，到长安去一下？"魏明帝说："孙权一逃，诸葛亮吓破了胆，司马懿的大军足以抵制他，我不担心了。"其实，诸葛亮对孙权的北伐，并没寄托很大希望，谈不到"吓破了胆"。

这时，在渭水前线司马懿仍然采取坚壁不战的方针。他牢记魏明帝敕令："坚壁拒守""以逸待劳"，使诸葛亮无可奈何。

一百多天过去了，诸葛亮几次挑战，司马懿始终坚守不战。诸葛亮有些急了，一次故意让人带一套女人的衣服和首饰，送往魏营给司马懿，意思是说如果再不出战，就不配称为男子汉大丈夫，赶快回到千金小姐的闺房里去好了！想用羞辱的办法激怒司马懿出战。魏军将领们见诸葛亮如此欺辱他们，都火冒三丈，纷纷要求出战，但司马懿仍然不为所动。为了搪塞将领们的要求，司马懿假意上表给魏明帝请求出战。

曹叡知道司马懿的用意，便派卫尉辛毗为军师，到前线魏军中节制司马懿和诸将。辛毗手持皇帝赐予的符节，制止军队出战，魏将士不得不俯首听令，"莫敢犯违"。姜维对诸葛亮说："辛毗拿着皇帝的符节一来，魏军更不会出战了。"诸葛亮回答说："司马懿本来就不想出战，他所以要向魏明帝请战，只不过是一个借口，是做个样子给将领们看的，以平服部下的不满情绪。将在外，君命有所不受。如果他觉得有把握打得过我们，想出战，完全可以自己做主，何必千里上表去请求出战呢！"

这时，司马懿的弟弟司马孚写信给司马懿打听军事情况，司马懿回信说："（诸葛）亮志大而不见机，多谋而少决，好兵而无权，虽提卒十万，已堕吾画中，破之必矣。"司马懿对诸葛亮的评价虽然有些刻薄，但诸葛亮面临着非常被动不利的局面确是事实。

过了些日子，诸葛亮又派人去下战书，司马懿很客气地接待了使者。他先避开军事不谈，问起诸葛亮的日常生活起居情况来，使者回答说："诸葛公一天非常辛苦，起早贪黑，责罚二十板子的事都要亲自过问，胃口不太好，一天连几升饭食也吃不了。"司马懿打发使者走后，向左右说："诸葛孔明食少事烦，活不了多长时间了！"

果然，诸葛亮正当竭力北伐的关键时刻，忽觉心中昏乱，旧病复发。这天夜里，他带病出帐，仰头观看天文，不禁十分惊慌，回到帐中对姜维道："我的生命已危在旦夕了！"

姜维道："丞相为何说这种话？"

孔明道："我看见三台星中，客星格外明亮，主星却十分幽暗。天象是这样，我的命运就可知了！"姜维说："天象虽然如此，丞相却为何不用祈禳的办法挽救呢？"

孔明说："我一向通晓祈禳的方法，但并不知道天意如何？你可带四十九个甲士，每人各执皂旗，身穿皂衣，环绕在大帐外边；我自己在帐内祈禳北斗星。如果七天之内主灯不灭，那我的寿命就能够增加十二年；但如果主灯灭了，我便是一定要死了。闲杂人等，不要放进来。一切需用的东西，只叫两个小童进出搬运。"姜维领命，自去准备。

时值八月中秋，这天夜晚，银河灿灿，玉露莹莹，旌旗不动，刁斗无声。姜维在大帐外面带领四十九人守护。孔明自己在帐中摆设香烛等祭物，地上分布着七盏大灯，周围环绕着四十九盏小灯，最中央是一盏本命灯。

孔明拜祝道："亮生于乱世，本来宁愿终老于山野林泉。承蒙昭烈皇帝三顾之恩，托孤之重，不敢不竭尽犬马之劳，誓讨国贼，不希望我的将星现在就坠落，阳寿终结。谨写下这一幅尺素，上告苍穹，听我肺腑衷言，延长我的谋算，使得我能上报君恩，下救百姓，克复旧物，将汉朝江山永远延续下去。不敢妄想以祈祷，实是出于情真意切。"拜祝完了，孔明就在帐中俯伏着，等待天明。

第二天，孔明依旧抱病处理军事，仍不断地吐血。白天计议军机，夜晚则步罡踏星。

却说司马懿在营中坚守，一天晚上忽然观察天象，不由大喜，对夏侯霸说道："我看到将星错位了，孔明肯定生了病，用不了多久就要死了。你带上一千军兵到五丈原去打探一下虚实，如果蜀人攘乱，不出来应战，那孔明就一定是患了重病，我们就将趁势攻打他们。"夏侯霸带兵去了。

孔明在大帐中祈星已经六天，见到主灯明亮，心中非常高兴。

姜维进帐来，看到孔明正披发执剑，踏罡步斗，压镇将星。这时忽然听得营寨外面有呐喊之声。姜维刚要叫人出去询问，魏延突然飞步进来报告说："魏兵来了！"他脚步急快，不料带起的风将主灯吹灭。

孔明一见，丢下剑叹声道："死生有命，不可得而禳也！"

魏延惶恐万状，急忙伏在地上请罪。姜维愤怒之下，拔剑便要杀魏延。孔明阻止他道："这是我命该绝，不是文长的过错。"

· 229 ·

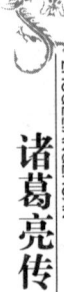

姜维收了剑。孔明吐了几口血，卧倒在床上，对魏延说道："司马懿料我有病，所以派人来探听虚实。你可立即出去迎敌。"

魏延领命，出帐上马，带兵将夏侯霸赶出大寨二十多里路才回来。孔明叫魏延回本营寨去把守。姜维进帐，走到孔明床前问安。孔明道："我本想竭忠尽力，恢复中原，重兴汉室，无奈天意如此，我旦夕之间就要死了。我平生的所学，已著书二十四篇，共计十万四千一百一十二个字，内容是关于八务、七戒、六恐、五俱之法，我察看了所有将领，没有人可以传授，唯独你一人。请千万不要轻慢忽视了它。"

姜维哭拜着接受了。

孔明又说："我有'连弩'之法，没有用过。它的方法是矢长八寸，一弓可以发出十支箭，都已画成图本。你可以根据图法去制造使用。"

姜维也拜受了。

孔明又说："蜀中各条道路，全都不必多忧，只是阴平地区，千万要当心。这个地方险峻，时间久了肯定会出事。"

孔明接着又叫马岱进帐来，附在他耳边，低声传了一个密令，最后嘱咐道："我死以后，你可按计行事。"马岱领计出去了。

过了一会儿，杨仪进来，孔明把他叫到床前，给了他一个锦囊，秘密地嘱咐道："我死后，魏延一定会反。待他反时，你与他对阵，再打开这个锦囊，那时，自有杀魏延的人。"

孔明一一调度了，便昏了过去，一直到晚上才苏醒过来，连夜表奏后主。

后主闻奏大惊，急忙命尚书李福当晚就启程到军中去向孔明问安，并询问后事。李福日夜兼程来到五丈原，入帐见孔明，传后主之命。

问安过后，孔明流着眼泪说道："我不幸大业未成，半途死去，虚废了国家大事，得罪于天下。我死以后，你们要尽忠尽力，辅佐后主。国家以前的制度不要改变，我所用过的人，也不可轻易废掉。我的用兵之法，都已传授给了姜维，他自会继承我的遗志，为国出力。我命将要终结，得立即给天子上奏了。"

李福听完了孔明的话，便辞别，匆匆地赶了回去。孔明强撑病体起来，让左右的人扶他坐上小车，出寨到各营巡视，感到秋风吹面，彻骨生寒，长叹道："再也不能临阵讨贼了。悠悠苍天，到这里显得多么高远啊！"叹息了很久，回到帐中，病势更加沉重，便叫来杨仪吩咐道："马岱、王平、廖化、张翼、张嶷等，都是宁死尽忠之士，久经沙场，多负勤劳，完全可以委用。我死之后，凡事都要像过去那样依法而行，要慢慢退兵，不可过急。你深通谋略，不必我多嘱咐。姜维智勇兼备，可以决断我之后的事。"杨仪哭泣着受命。

孔明叫取来文房四宝，坐在病榻上手书遗表，以告后主。

表上说："伏闻生死有常，难逃定数；死之将至，愿尽愚忠。臣亮赋性愚拙，遭时艰难，分符拥节，专掌钧衡，兴师北伐，未获成功。何期病入膏肓，命垂旦夕，不及终事陛下，饮恨无穷！伏愿陛下，清心寡欲，约己爱民，达孝道于先皇，布仁恩于宇下。提拔幽隐，以进贤良；屏斥奸邪，以厚风俗。臣家成都有桑八百株，薄田十五顷，子弟衣食，自有余饶。至于臣在外任，别无调度随身衣食，悉仰于官，不别治生，以长尺寸。臣死之日，不使内有余帛，外有赢财，以负陛下也。"

孔明写完，又嘱咐杨仪道："我死之后，不要发丧。可做一个大龛箱，将我的尸体坐着放在龛中，在我口中放七粒米，脚下放一盏明灯。军中像平常那样安静，切不要举哀，则我的将星就不会坠落。我军可令后寨先行，然后一个营一个营地慢慢撤退。若是司马懿来追，你可以布成阵势，回旗返鼓与他对垒。等他来到时，就把我先前所雕的那座木像安在车上，推到两军阵前，令大小将士分列左右，一定会把司马懿给惊走。"杨仪一一领诺。

这晚，孔明让人将他扶出帐来，仰观北斗，他远远地指着一颗星说道："那便是我的将星。"众人看去，只见其色昏暗，摇摇欲坠。孔明用剑指星，口中念咒。咒语念完，急忙回到帐中，不省人事。众将正在慌乱之间，忽然尚书李福又来了，看到孔明昏厥，已不能讲话，便大哭起来道："我误了国家大事！"过了一会儿，孔明又醒了过来，睁开眼睛寻视众人，见李福站在床前，便说道："我已知先生复来之意。"

李福说道："我奉天子之命，请问丞相百年后，可任大事的人。上次因过于匆忙，忘了咨询，所以复来。"孔明道："我死之后，可任大事的人，蒋公琰比较适宜。"李福道："公琰之后，谁可继承？"孔明道："费文伟可继承。"李福又问："文伟之后，谁可继承？"孔明不答。众将到近前来看，已经咽了气。时建兴十二年（234）八月二十三日，汉丞相诸葛亮病逝于军中，终年五十四岁。

第八章　北伐曹魏

"英才过管乐,妙策胜孙吴。凛凛出师表,堂堂八阵图。拨乱扶危主,殷勤受托孤。如公存盛德,应叹古今无。"这天夜里,天愁地惨,月色无光,孔明奄然归天。姜维、杨仪遵孔明之命,不敢举哀,依孔明遗嘱盛殓,安置在龛中,令心腹将士三百人守护,然后传密令,各处营寨悄然无声,一一撤出。

却说司马懿以为孔明已死,探查到五丈原蜀营中已空无一人,便忙亲自引兵来追。到山脚下,见蜀军不远,更加奋力追之。这时忽然山后一声炮响,喊声大震,只见蜀军全部回旗返鼓,树影中飘出中军大旗,上面写着一行大字"汉丞相诸葛亮"。司马懿不由大惊失色,定睛看时,只见中军几十员上将,拥出一辆四轮车来,车上端坐着孔明,羽扇纶巾,鹤氅皂绦。司马懿大惊道:"孔明还活着!我轻入重地,落进他的计中了!"急忙勒马往回跑。背后姜维大叫道:"贼将休走,你中了我们丞相的计!"魏兵魂飞魄散,弃甲丢盔,抛戈撤戟,各逃性命,自相践踏,死者无数。

司马懿奔走了有五十多里,背后两员将赶上,扯住马环叫道:"都督勿惊!"司马懿用手摸摸脑袋问:"我还有头吗?"二将道:"都督休怕,蜀兵已经离远了。"司马懿喘息半响,神色方定,睁开眼睛一看,原来是夏侯霸和夏侯惠,这才舒了口气,与二将寻小路赶回本营寨去。

过了两天,乡民奔走相告说:"蜀兵退入谷中之时,哀声震地,军中扬起白旗。孔明果然死了,只留姜维带一千兵断后。前日车上的孔明其实是木人。"司马懿听说后叹道:"我能料孔明生,却不能料孔明死也!"因此蜀中人有谚语道:"死诸葛惊走活仲达。"

诸葛亮临死前,还部署了如何退军和防备魏延作乱的机宜。

前已指出,魏延"性矜高",自命不凡。赵云于公元229年死后,他更目空一切,盛气凌人。他每次随诸葛亮出征,都要像韩信那样,单独领兵"与亮异道会于潼关"。诸葛亮认为魏延不适合独立统兵作战,对于这种不听从命令又冒险的倾向,"制而不许"。他常说诸葛亮胆子太小,叹惜自己的才能不能得到充分发挥。他同杨仪的矛盾很深,诸葛亮在世时尚能驾驭他们,死后自然要出麻烦。尤其是魏延,他不单纯与杨仪不和,同其他将领的关系也不好。他权欲很强,有代替诸葛亮的野心。如果让这样的人掌握大权,很难搞好同文武官员之间的关系,很难保持蜀汉内部相对和谐安定的局面。诸葛亮对此是很担心的。为了不让魏延掌握大权，为了防止魏延作乱造成不利局面，诸葛亮临终时背着魏延嘱托军政大事，秘密安排退军事宜。他嘱托长史杨仪、护军姜维和司马费祎，在退兵时令魏延断后，姜维次之。"若延或不从命，军便自发"，就是说如果魏延不服从命令，由姜维断后，大军自行出发，退回汉中。

诸葛亮死后，杨仪等官员保持秘密，未公布他的死讯。杨仪派费祎去观察魏延的态度，魏延果然不服从诸葛亮的遗令，不听从杨仪的部署，不愿意断后。他说："丞相虽然去世，但我魏延还在，丞相府中的亲信官员可以把丞相的灵柩护送回去安葬，我自当率领诸军讨伐魏寇，怎么能因一个人去世而废掉讨贼这一天下大事呢？况且我魏延是什么人，怎么能听从杨仪的部署，做断后将军呢？"然后强迫费祎写亲笔信与自己联名通知各将领重新进行部署和安排。费祎不愿意违抗诸葛亮遗令，托故要去与杨仪商议后再执行，他对魏延说："这样做，我遵命，但我应当去向杨长史解释，长史是个文吏，很少懂得军事，他一定不会违背将军的命令的。"魏延同意。费祎走后，魏延后悔，派人去追，已来不及了。

魏延得知杨仪、费祎、姜维等人遵照诸葛亮生前的安排正在行动，不禁大怒。他率领所部抢先南归，沿途烧毁依山用木头建造起来的栈道，以使杨仪等的军队通行受阻。杨仪等只好凿山通道，跟随在魏延军队的后边。杨仪、魏延都上表朝廷，互相指控对方"叛逆"。后主刘禅询问侍中董允、留府长史蒋琬有何见解，二人保证杨仪不会叛变，对魏延则持怀疑态度。刘禅命蒋琬率领宿卫诸营的一些士兵北上"赴难"。

魏延先到南谷（即褒谷口），在谷口拦住杨仪等所率蜀军的归路，并派兵逆击杨仪等。由于魏延个人权欲膨胀，妄图控制整个蜀汉的军队，不顾国家的利益，把自己放到与蜀军对立的地位，也就具有作乱的性质，因而是不得人心的。

杨仪派王平（也叫何平）前去抵御魏延军，王平到阵前，大声对魏延及其兵士说："丞相刚死，尸骨未寒，你们竟这样打起自己人来了！"魏延部众"知曲在延"，觉得魏延这样做不对，"莫为用命，军皆散"，即不愿为他出力死战，纷纷逃散。魏延见状只好带领儿子和几个亲信向汉中逃去。

由于王平的政治攻势起了不小作用（符合客观实际），所以陈寿在

第八章 北伐曹魏

《王平传》中说："（诸葛）亮卒于武功，军退还，魏延作乱，一战而败，（王）平之功也。"

接着，杨仪派将军马岱（马超从弟）率军追击魏延。魏延寡不敌众，被马岱杀死。马岱将魏延的首级交给杨仪，杨仪脚踏着人头说："庸奴！还能作恶吗？"

蒋琬率士兵北行数十里，得到了魏延已死的报告，乃返回。

魏延作乱，虽然不是想背叛蜀国投靠魏国，但这一行动是有利于魏国的，险些帮了司马懿的大忙。如果司马懿判断正确，率大军穷追猛打被魏延阻截退走的迟缓的蜀军，那蜀军是要吃大亏的。

《三国演义》写以前魏延归附刘备后，诸葛亮说："吾视魏延脑后有反骨，久后必反，故先斩之，以绝祸根。"刘备未听。这回写马岱斩魏延是诸葛亮所授的"锦囊妙计"。这些都纯属子虚乌有。诸葛亮遗计斩魏延的情节，不足为据。

公元235年，杨仪自以为功大，应当秉政，对蒋琬掌政非常"怨愤"，甚至散布说后悔当初没有"举军以就魏氏，归附魏延"，因此被废为民，最后被下狱，自杀。

魏延及后来杨仪的死，都是他们个人权欲恶性发展的结果，是咎由自取。陈寿在评论时说："招祸取咎，无不自己也。"应该说是有道理的。

北伐大军回到成都后，后主为了纪念诸葛亮生前的品德和功绩，封赐诸葛亮谥号为忠武侯，下令天下大赦。依照诸葛亮的遗嘱，刘禅把他安葬在定军山（今陕西勉县南）。诸葛亮是想让后人不要忘了北伐曹魏。

对于诸葛亮的退军安排和魏延与杨仪等的武装冲突如何认识呢？

诸葛亮与魏延之间存在北伐战略、策略的分歧，魏延与杨仪之间存在"私愤"的矛盾，这种复杂的关系，使人们对有关问题产生了许多不同看法。以下几种看法，似乎不妥：

一、魏延的死是冤枉的。

二、魏延、杨仪之间的冲突是火并，双方都应负责。

三、诸葛亮的退军安排是想借杨仪之手杀害魏延。

对这几个事件的认识和评判，要从两点出发。一是看大是大非，就是看其人的作为是否符合蜀汉军队的利益；二是看历史的发展变化，就是看其人不同时期的不同表现，区别对待，不能一概而论。

诸葛亮临终前确定的退军安排是正确的，是符合军队的利益的，不这样，军队就很难保存下来甚至有被消灭的危险。本来诸葛亮同司马懿的较量已经处于被动的境地，主帅一死，影响了士气和战斗力，在这种情况下，军队如不撤走，还要同敌军较量，其后果不堪设想。

就第一种看法来说：

第一，魏延在诸葛亮死前，虽然与诸葛亮在北伐战略、策略问题上有分歧，但他一直听从诸葛亮的节制，按诸葛亮的军令办事，并且在对敌的军事斗争中立下了不少战功，这是值得肯定的。

第二，魏延在诸葛亮死后，不执行诸葛亮遗令，反对退军，这是不符合蜀军的利益的。他留下"率诸军击贼"的说法，是在找借口，真正目的是想把军队全部控制在自己手中。

第三，杨仪等领军撤退后，魏延不顾蜀汉军队的利益，主动向杨仪等统领的蜀汉军队进攻，夺取军权，这便具有"作乱"的性质，险些给司马懿帮了大忙。如果事态发展了，他的权欲不能实现，蜀汉将出现战乱不止的局面。虽然他不是想叛蜀投敌，但其行为所带来的危害，几乎与叛蜀无异，这怎能说魏延的死是冤枉的呢？

就第二种看法来说：

第一，杨仪服从和执行诸葛亮的退军安排，是正确的，无可非议的。

第二，杨仪率领蜀军抵抗魏延的阻杀，最后平定了魏延的"作乱"，这是值得肯定的。他对魏延死后的态度，带有泄私愤的成分，但他向刘禅上表说魏延"叛逆"是事实。有人认为，杨仪散布了魏延想叛蜀投魏的谣言，则根据不足。矛盾的性质是可以转化的。如果说诸葛亮死前魏延和杨仪之间的矛盾是个人之间的意气用事，是"窝里斗"，那么当诸葛亮死后，魏延不服从军令，率先南归，"所过烧绝阁道"，在南谷口"遣兵逆击仪等"，"欲除杀仪等"时，就变成了魏延同杨仪、费祎、姜维、王平、马岱等蜀国高级将领间的水火不容，就变成了魏延要毁坏诸葛亮苦心经营建立起来的军队的行动。幸而诸葛亮训练的士卒有"觉悟"，"知曲在延"，不按照魏延的命令办事，不愿为魏延个人卖命，最后使蜀汉军队没有遭受重大损失。"魏延作乱"的实际行动，证明了诸葛亮原来对他的防备是正确的。所谓"南谷口火并"双方都应当负责，双方各打五十大板，是不合适的。

第三，魏延死后，杨仪权欲膨胀，"既领军还，又诛讨延，自以为功勋至大，宜当代亮秉政"。没得实现，便散布反汉言论，最后落个死亡的下场，这是罪有应得。

就第三种看法来说：

第一，诸葛亮对魏延的长处和缺点是很了解的，注意发挥其长处，让他承担重要任务。对魏延与杨仪的不和很耐心地做工作，没有偏袒任何一方。虽然在北伐战略、策略上两人的看法有分歧，但诸葛亮对魏延始终是信任的、重用的，北伐后期，还提拔他为征西大将军。

第二，魏延的毛病太严重，自命不凡，盛气凌人，不仅与杨仪的关系似同水火，同其他官员之间的关系也很不协调。诸葛亮在世时，魏延自己还能克制些，诸葛亮去世后，自以为"当代亮"的他，权欲恶性膨胀后，如果达不到目的，很可能利用手中掌握的军权，一意孤行，顺我者昌，逆我者亡。对此，诸葛亮很是担心。为了蜀汉国家的根本利益，诸葛亮在退军安排时，没有将大权交给他，军队也未向他手中集中，只是让他率领原来属于自己的部队去断后。将断后的任务交给魏延，表明对魏延的信任，毫不担心他投靠曹魏。只是做了两手准备：如果魏延服从诸葛亮遗令，全军就团结一致对敌，完成退军任务。如果魏延不服从命令，就由姜维断后，大军径自撤回。即使魏延挑起武装冲突，大军也有准备了。

第三，诸葛亮的退军安排，并无借杨仪之手杀魏延的意图。他所说的"若延或不从命，军便自发"的意思是要杨仪等不要与魏延发生冲突，大军径自撤回，完成退军任务。如果诸葛亮想杀魏延，采用其他方式和手段，完全可以做得到，而且是轻而易举。在事关大局的非常时期，他何必冒险给自己队伍内部制造仇杀，使亲者痛，仇者快，给曹魏以可乘之机呢？

最后，谈谈诸葛亮北伐成败及其战略意义。

诸葛亮北伐，生命不息，出兵不止，确实体现了古人"天行健，君子以自强不息"的精神。然而，诸葛亮的北伐，本意决不是为了要表现这种精神，而是要完成北伐战略。

说到诸葛亮的北伐战略，还要从荆州丢失和夷陵战败谈起。

按照诸葛亮"隆中对"的最初设计，蜀汉征伐曹魏是一路由汉中夺关中后出潼关，一路由荆襄北上，两路夹击以平定中原，实现统一。为了实现两路夹击曹魏的格局，蜀汉集团一直苦心经营于钳形双臂的建立。由于力量有限，钳形双臂只能一个一个地经营，而蜀汉政权是从荆州起家的，所以经营的重点一开始自然放在荆州。

实际上，这种钳形是不可能由蜀汉一家建立的。占据荆州是一厢情愿的幻想，这在前文中我们已经说过。

那么占据关中有没有可能呢？让我们看看当时关中的形势。

赤壁之战后，曹操退回北方。建安十六年（211）春，开始着手解决关中问题。

马超、韩遂是关中最强大的武装力量。马超是马腾的儿子，马腾被曹操征召入朝后，马超统领其部众，与韩遂联合，势力更盛。曹操也想把马超征召入朝，但被马超拒绝。所以，曹操一直认为马超、韩遂等是他的西部之患。建安十六年（221）三月，曹操以讨伐张鲁为借口，命司隶校尉钟繇进兵关中，又令大将夏侯渊出河东与钟繇会师。曹操的真实战略意图很快被关陇诸将看破，马超、韩遂、侯选、程银、杨秋、李堪、张横、梁兴、成宜、马玩等十部十万人一起反叛，屯据潼关（今陕西潼关东北）。曹魏安西将军曹仁督军拒之，曹操因一时不能赶到关中前线，便告诫诸将说："关西兵精悍，要坚守壁垒，勿与之战。"直到七月份，曹操才率大军赶到，与马超夹潼关对峙。

九曲黄河从内蒙古高原自北向南奔腾而下，成为山西、陕西的天然分界。当它流到陕西风陵渡时又拐了一个弯，向东流去。潼关就位于黄河拐弯处，它的北面是黄河、渭水，南面是山，是当时关中与中原连通的要冲。同年八月，曹操至潼关，作出一副全力攻关的姿态，将马超的注意力全部吸引到自己身上，与此同时，却派大将徐晃、朱灵二人率军沿黄河北上，在蒲坂渡口（今山西永济西）乘夜色渡过黄河，据河西为营。

当徐晃等人在河西扎下营后，曹操突然放弃潼关，渡河北上。在渡河时，曹操令兵士先渡，自己率虎士百余人断后。马超率步骑突至，矢如雨下，曹操"犹坐胡床不起"。张郃等人见形势紧急，共扶曹操入船。船工被流矢射死，大将许褚左手举着马鞍遮蔽曹操，右手操桨划船。校尉丁斐将牛马放出，引诱马超军抢夺，以此转移敌人的攻击目标，曹操这才渡过黄河。

第八章 北伐曹魏

237

曹操北渡黄河后,又沿着徐晃等人的路线北上,在蒲坂渡黄河至河西,又从河西南下,绕到了潼关北侧。马超屯驻渭口(渭水入黄河处,今陕西潼关东北港口镇),防止曹操渡过渭水。曹操便多设伏兵,偷偷地用船载兵入渭水,架起浮桥,在渭水南岸结营。马超乘夜偷袭,却中了曹操的埋伏。

曹兵渡过渭水,绕过了潼关天险。马超见此情形,要求让出河西之地以请和,被曹操拒绝。九月,曹操进军,马超再次请和。谋士贾诩认为可以假意答应其请求,并向曹操献了一条离间马超、韩遂关系的计策。韩遂请求与曹操相见。曹操与韩遂的父亲同一年被举为孝廉,又与韩遂是同辈人,所以二人并马谈了很长时间。只见曹操忽几点头,忽而拍手,忽而沉吟不语,忽而开怀大笑。远处的马超只见这些动作,而听不见谈话的内容。但他肯定,他们谈话的内容很多,很丰富。

这正是曹操所要达到的目的。

曹操和韩遂根本没谈什么实质问题,只不过聊些京都往事。但马超却被曹操的表现所蒙蔽,产生了错觉。韩遂回来,马超便问:"曹操都说了些什么?"韩遂说:"没说什么重要的事。"可马超却不信。他觉得韩遂有什么事瞒着他,对他产生了猜疑。

几天以后,曹操又派人送给韩遂一封信。信中涂涂抹抹,删删改改。马超见了这封信,觉得是韩遂为了瞒他而删改的,对韩遂更加怀疑和不满了。

曹操离间马超、韩遂成功,便向他们发起了攻击。他先以轻兵诱之,战一段时间后,又纵虎骑夹击。一来马、韩离心,二来曹操战术高明,马超军很快被打败,成宜、李堪等人被杀,马超、韩遂败走凉州。

关中雍州地区平定后,当年十月,曹操又自长安北征杨秋,杨秋投降。曹操还没来得及占领陇右,甚至还没来得及巩固平定长安地区的成果,后方却出了问题。冀州河间郡民田银、苏伯起兵造反,虽然规模不大,但由于是发生在曹魏心腹之地,引起曹操的格外重视。曹操决定引军东还,杨阜对曹操说:"超(即马超)有信(即韩信)、布(即英布)之勇,甚得羌胡心,西州畏之。若大军还,不严为之备,陇上诸郡非国家之有也。"曹操虽然口头上答应,但实际上却来不及布置,便匆匆赶回关东。

果然如杨阜所料,曹操大军撤走后,马超又聚集西北少数民族部众袭击陇上诸郡县，陇上诸郡县皆响应马超。只有冀城拥奉凉州刺史及汉阳郡守，据城不降。从建安十八年（213）正月至八月，长达八个月不见救兵。凉州刺史韦康与马超媾和，开城迎降。马超入城后，即背约杀韦康及汉阳太守。当年九月，韦康的故吏杨阜、姜叙、梁宽、赵衢等人又合谋袭击马超，马超战败，投奔张鲁。韩遂势力，直到建安十九年（214）春，才被夏侯渊击败。

以上事实说明，在建安十八九年（214）时，曹操还没有把关陇地区完全占领，更没有最后巩固下来。在此期间，刘备、诸葛亮一边忙着经营荆州，一边忙着进占益州。建安十九年（214），刘备、诸葛亮拿下益州，同时马超也前来投降。马超一来，立即受到刘备、诸葛亮的重视。其用意很明显，就是利用马超的影响和力量占据关陇地区，所以刘备攻破成都，即以马超为平西将军，即位后又以马超为凉州刺史。

本来，刘备集团占据益州后，应该趁曹操在关陇立足未稳时，立即以马超为先锋，占领汉中，出兵关陇，如果真是这样，占领关陇地区不是没有可能。但是很可惜，刘备占领益州后，把大部分时间和兵力放在与孙吴争夺荆州上，以致错过了争夺关陇的有利时机。

荆州不可得而全力去争，关陇可能得而又错过了时机，这就必然使诸葛亮的钳形计划最后破灭。荆州丢失，特别是夷陵战败以后，钳形攻势计划彻底失败，诸葛亮经过深刻的战略反思，对"隆中对"战略规划进行了修正调整，确定了放弃荆州，进军关陇的方针。

这个方针，包含着对以前战略失误的弥补；这个方针，决定了蜀汉政权今后的生存与发展。

诸葛亮的历次北伐，都是在这个方针指导下进行的，都是为实现这个战略方针所进行的重要实践，所以诸葛亮的北伐对蜀汉具有重大的战略意义。北伐的战略意义有三条。

第一，诸葛亮的北伐成功与否，关系到蜀汉的国力能否进一步壮大。

毫无疑问，与曹魏国力相比，蜀汉是很弱的。从地域看，曹魏占有青州、冀州、兖州、豫州、幽州、雍州、凉州、司州、并州，而且还分占了荆州、扬州各一部分，而蜀汉仅据有益州一地。从人口上看，《通典·食货·历代盛衰户口》这样记载：

第八章　北伐曹魏

三国鼎立，战争不息，及平蜀，得户二十八万，口九十四万，带甲将士十万两千，吏四万。通计户九十四万三千四百二十三，口五百三十七万二千八百八十一，除平蜀所得，当时魏氏唯有户六十六万三千四百二十三，口有四百四十三万二千八百八十一。

这个记载的准确性，后人有所怀疑。但用它作为魏、蜀人口比较的参照，无疑是可信的。蜀汉人口九十四万，曹魏人口四百四十三万，魏国人口约为蜀汉人口的五倍，力量的悬殊一目了然。地广则物博，人多则兵多。以此两点将魏蜀两国对照，其强弱之分不言而喻。

诸葛亮对这种形势是十分清楚的，正因为如此，他想尽一切办法使蜀汉自强，以缩小这种强弱对比的悬殊。寻求自强之路不外有两条：一是挖掘自身潜力；一是开疆扩土，向外发展。

整顿吏治，发现任用人才，发展经济，稳定南中，提高军队素质，这些是诸葛亮挖掘自身潜力的努力。

进占关陇，则是诸葛亮对外开拓以求自强的努力。

诸葛亮从建兴六年（228）到建兴十二年（234）七年之间，五次进攻曹魏，一次防御性作战。除第二次战场在陈仓，第六次战场在渭水之滨五丈原外，其余都是在陇右地区。即使是第二次和第六次，其直接进攻的目标也不是长安，而是为了切断关中与陇右的联系，并寻求与魏军主力决战，或予以歼灭，或使其受挫，以便孤立陇右，待机夺取之。诸葛亮深知，若孤军进攻长安，即使得手，但陇右有魏军据守，雍州北部也为敌军势力，而汉中与长安一线交通险阻，支援不便，此为危途。因此，诸葛亮进军关陇的计划中，首先进攻的目标就是陇右。

占领陇右对于蜀国增强国力确实有十分重要的意义。

陇右自古以来就是个出勇将强兵的地方。

《汉书·地理志》说："安定、北地、上郡、西河，皆迫近戎狄，修习战备，高上气力，以射猎为先。"陇右之地，地近匈奴，边塞战争频繁，故那里的人民崇尚武功，骁勇彪悍，此种风俗，历经数百年，至隋唐仍是如此。唐人魏征所撰《隋书·地理志》在谈到陇右地区风俗时说："地接边荒，多尚武节。"

西汉时流传着这样一句民谣："山东出相，山西出将。"这里的山东、山西不是今天的地理概念，而是指崤山（在今陕县与渑池县交界处)以东和崤山以西。"出将"的山西,即指关陇,而在关陇地区的陇右,从汉至三国以来,确实出了不少名将,如西汉抗击匈奴的名将有飞将军李广、赵充国等人。李广是陇西成纪(治今甘肃静宁西南)人,赵充国是陇西上邽(治今甘肃天水)人,均属于陇右地区。三国时,曹魏方面的庞德,蜀汉方面的马超、姜维都是陇右人,也都是当时有名的战将。

陇右地区兵强将勇,民风强悍,这对于需要转弱为强的蜀汉政权具有重要意义。刘备入蜀,即得马超,但由于重点放在荆州,没能使马超在陇右发挥作用,当蜀汉需要马超发挥作用时,马超又不幸去世。诸葛亮首出祁山,得陇右人姜维,这对于进占陇右,以陇右之兵壮大蜀汉军事力量无疑是如虎添翼。

陇右不但有强兵勇将之源,还是战马的产地。史书记载,汉代凉州"习俗颇殊,地广民稀,水草宜畜牧,故凉州之畜为天下饶"。后来的北魏统一北方后所建立的河西牧场,主要包括陇右地区。河西牧场畜牧业兴旺时,有马二百余万匹,骆驼一百余万匹,牛羊则无数。北魏中军数十万骑兵用马,主要就是靠陇右地区供给的。至隋唐时,史书记载陇右的地理风俗仍说:"尚俭约,习仁义,勤于稼穑,多畜牧。"从西汉至隋唐,陇右地区一直以畜牧业发达著称。这对诸葛亮所在的蜀汉来说,其意义不亚于兵源。诸葛亮北伐,主要是与曹兵展开陆战,以后出关东进,更是在平原陆地作战。为此,蜀汉不仅需要强大的步兵,而且还需要强大的骑兵。

陇右还是一个大产粮区。从西汉时起,朝廷就在这里移民实边,广开屯田。陇右之俗,"勤于稼穑",说明这个地区有比较发达的农业。三国时,曹魏大将夏侯渊讨平陇右,还击武都郡,收氐人之谷十余万斛。曹操与刘备争夺汉中失利后,担心刘备占领汉中后取武都,利用那里的少数民族力量进逼关中,问张既有何良策。张既献计说:"可劝武都氐人,让他们北上就谷以避贼,对先北上者厚加宠赏,则先者知利,后必慕之。"结果,曹操撤出汉中后,将武都氐人五万余落迁到扶风、天水地区。曹操将他们迁到天水、扶风,对他们加以利诱的内容之一就是北上就谷,可见天水、扶风地区比武都产粮要多。这种记载是可信的。因为曹操控制了关陇地区之后,在陇右地区采取了发展农业生产的措施。为了安定陇右民心,曹操曾让军中陇右籍的将吏放假回家,让他

第八章 北伐曹魏

们"治屋宅,作水碓"。水碓就是利用水利进行粮食加工的器械,可见陇右产粮丰富。魏明帝时,徐邈任凉州刺史,"广开水田,募贫民佃之,家家丰足,仓库盈溢"。

除了军事上、经济上的意义以外,陇右对于进攻关中还有地理上的优势。从汉中直攻关中,要走幽谷栈道,军粮转运十分困难,而从陇右进攻关中,水路有渭水顺流而下,陆路有关陇古道直达关中,没有什么天然屏障。

强兵悍将,战马利兵,粮食充盈,这些都是国家实力的标志。因此,占有陇右,将使蜀国在上述三方面的实力大增,而且又具有东进的地理优势,将会建立起对曹魏产生极大威慑力的攻击态势。

第二,诸葛亮的北伐成功与否,关系到能不能实现北进中原,兴复汉室的目标。

诸葛亮北伐的直接目标,首先不是要北进中原,兴复汉室。虽然他说要北定中原,攘除奸凶,兴复汉室,还于旧都,但我们知道,这是蜀汉的最终目标,在当时,它不过是借以号召天下的口号和旗帜。诸葛亮北伐的直接战略意图,是占据陇右,再图关中,为将来北定中原打好基础。而且曹魏会从长安、陇右两个军事据点对付汉中北上的蜀汉军,只有先夺取陇右,切断魏军右臂,巩固汉中至陇右一线,再东进向长安推进,方无后顾之忧。

占领关中是夺取天下的第一步。历史老人不断地、反复地讲述着这个故事。

诸葛亮以前,周朝的先祖古公带领部落离开豳(今陕西旬邑西南)而至岐山(今陕西岐山东北)下,开创了西周的事业。以后,文王又自岐下徙都丰邑(今陕西长安西南),武王又将国都迁往镐邑(今陕西长安县西北),以此为基地终于灭掉了东方的殷商。

秦朝的先人也起家于关中。秦襄公在西周末送周平王东迁,被赐以岐山以西之地,于是始建国,与诸侯行通使聘享之礼。相传在秦文公时,在岐地陈仓县有一个人捕得一头野兽,像猪又不是猪,谁也叫不上它的名字。捕兽人以为是个稀罕之物,牵着准备献给秦文公。在半路碰见两个童子,他们告诉捕兽人说:"这头兽名叫媦,生活在地下,以吃死人脑为生。"捕兽人听说,觉得这是个不祥之物,想把它杀死。不料这头名叫媦的动物开口说话了,它说:"请你不要杀我,我告诉你一个秘密：那两个童子也非人，他们的名字叫陈宝。若得其中的雄者便可称王，得其中雌者便可称霸。"捕兽人听了，立刻放掉婿，前去追逐二童子。二童子见有人追来，变化为雉，飞上陈仓北阪。这个神话传说，意在告诉人们，陕西关中是块王霸之地。后来，秦王嬴政果然从关中起家，出关灭掉山东六国，统一了中国。

西汉高祖刘邦，一开始被项羽封闭在汉中，后来，他重用大军事家韩信，采用他的谋略，秘密出陈仓道，消灭了项羽设在关中的雍王章邯、塞王司马欣、翟王董翳，把汉中同关中联为一体，最后出兵关中，从项羽手中夺得关东，统一了天下。

这一幕幕的历史活剧，给人留下这么个印象：似乎关中是一块龙腾云兴的宝地。

难怪古人说关中是河盘关锁的祖龙所居之地。

我们并不相信关中是王霸之乡、龙腾宝地的神话。我们也不迷信关中战胜关东的必然性。面对一次次关中战胜关东的历史事实，我们只能说，每一次关中取胜，都有它内在的经济的、政治的、军事的、文化的具体条件，离开这些条件，关中的祖龙是腾飞不了的。

同时我们也想说，据有关中也确实有它的优势：它有等待时机的有利条件，若东出的时机不成熟，可以关河为阻，闭关待时；它有不失时机的有利条件，它离关东很近，可以密切注视关东形势的变化，及时掌握对方的各种信息；它有支持闭关自守的经济条件，关陇地区经过长时期的开发，至三国时已经形成了具有相对独立性的经济区，关中渭水流域素为农业经济发达地区，即使闭关自守，也可获得经济上的支持；它据有进击中原的地理条件，从关中入中原，几乎没有什么天险，潼关天险对中原西进是个屏障，对关中东进却是个可随时开启的大门。

诸葛亮是不迷信关中必胜的，否则，他不会一开始就坚持必须从关中和荆襄两路夹击中原。然而，诸葛亮是重视关中的作用的，否则，他不会坚持一次又一次地北伐以夺取关陇。

诸葛亮百折不挠，出兵不止于关陇，因为这里寄托着他兴复汉室成功的希望。如果不能取得陇右，进而占领关中，还谈什么北定中原！

第三，诸葛亮北伐的成功与否，关系到能否与孙吴一起建立起新的钳形攻击曹魏的态势。

在前文我们曾经说过，诸葛亮对"隆中对"战略进行调整以后，

第八章 北伐曹魏

建立起新的攻击曹魏的钳形,一只钳臂是蜀汉自己,另一只钳臂是盟友孙吴。这种钳形的建立是完全可能的。因为蜀汉和孙吴都是弱国,他们只有相互支持才能生存,如果有一个被曹魏吃掉,另一个也立即会危如累卵。在这个意义上说,曹魏是他们的共同敌人。

我们还曾说过,孙吴这支钳臂与蜀汉配合的程度,取决于联盟的密切程度,取决于蜀汉国力强盛的程度,取决于蜀汉北伐的力度。

蜀汉与孙吴建立联盟的诚意是无可怀疑的。为了与孙吴加强联盟,诸葛亮曾一次次把最优秀的人才派往孙吴充当使节;为了与孙吴加强联盟,诸葛亮放弃了与孙吴对荆州的争夺;为了与孙吴加强联盟,诸葛亮甚至力排众议,对孙权称帝采取承认和容忍的态度。

正因为有了密切的吴蜀联盟,孙吴对与蜀汉配合攻伐曹魏采取了比较积极的态度。

邓芝出使孙吴,孙权与他讨论灭曹魏以后,两国的关系应如何处。这件事可以看作孙吴对配合蜀汉伐魏已经作了口头承诺。

陈震出使孙吴,祝贺孙权称帝,孙权与之登坛立誓,划分了灭曹魏后各自的州郡。这件事可以看作孙吴对配合蜀汉伐魏已经作了条约上的承诺。

孙吴对蜀汉北伐曹魏的配合,不仅有口头上和条约上的承诺,而且还有行动上的表现。

早在诸葛亮积极准备北伐的建兴四年(226),孙吴就开始了对曹魏的进攻。孙权亲率五万大军攻打曹魏江夏郡,同时又派诸葛瑾进攻襄阳,派别将进攻寻阳。这次战役详见前文。

在诸葛亮第二次北伐的前夕,孙权又在石亭战役中设计大败曹休,斩杀和俘虏万余人,缴获牛马骡驴车乘万辆以及大量军资器械。若不是贾逵轻军兼程及时增援,曹休军有可能全军覆没。此次战役详见前文。

建兴八年(230),在曹魏向汉中大举进兵遇阻撤军后不久,孙吴在东线又向曹魏发起了进攻,孙权扬言要进攻合肥,曹魏征东将军满宠忙上表,请求将兖州、豫州的州兵集结于合肥,抵御孙权。孙权见曹军已经集结,便虚晃一枪,立即退兵。孙权这次退兵乃是假退,他企图用退兵的假象使敌人戒备放松,然后再杀一个回马枪。曹魏果然上当,魏明帝听说吴军退去,便下诏让兖、豫州兵各自撤回。只有满宠识破了孙权的谋略,他上表给魏明帝说:"今贼大举而还,非本意也,此必欲伪退以罢吾兵,而倒还乘虚,掩不备也。"十多天以后,孙权果然带兵杀回,见曹兵有了准备,才真正撤回。

建兴九年(231),诸葛亮第四次北伐因粮运不继退兵,不久,孙权又令将军孙布到曹魏扬州诈降。孙布给曹魏扬州刺史王凌写信表示归降曹魏之意,并说:"因路途太远,率军前来投明恐有不便,望刺史派兵来接。"王凌把孙布降书送给满宠,要求派兵前去迎接。满宠以为这是东吴的诈降之计,不派兵卒,只是给孙布一封回信说:"知将军欲去邪归正,避祸就顺,离暴归道,甚为赞许。本想派兵相迎,然又以为若派兵少不足以相卫,若派兵多恐为孙权所觉。且容我密谋成将军本志之计,采取适当对策。"正巧,满宠接到诏旨,令其回朝议事。满宠怕自己走后王凌擅自出兵,便对留府长史说:"若王凌欲往迎孙布,勿与之兵。"果然,王凌索兵不成,便派自己的一个督将率步骑七百人往迎孙布,结果被孙布消灭了一多半。

建兴十二年(234)春,诸葛亮又进行第五次北伐。为配合诸葛亮北伐,孙权也出兵大举攻魏,这次出兵分三路:西路军由陆逊、诸葛瑾率领,约万余人,由江夏、夏口进攻襄阳。东路军由孙韶、张承率领,约万余人,进攻广陵之淮阴(治今江苏淮阴西南)。孙权亲率十万大军为中路,进攻合肥新城,以吸引魏国援军,围点打援。曹魏征东将军满宠果然欲率兵救援合肥新城,将军田豫劝阻说:"吴国这样大的军事行动,绝非只图小利,他是想借围攻新城,调动我大军前去增援。不要理他,让他去攻,以挫其锐气。围攻新城久不拔,吴军必疲怠,乘其疲怠以击之,可以取胜。如果孙权发现了我们的意图,必不攻城。如果我们去增援新城,必中其计。"

这时,曹魏的东方吏士正在轮流休假。满宠建议召集中军兵和休假将士,集结兵力对抗吴军。又提议让出合肥新城,将东吴军引至寿春(今安徽寿县)再歼之。对于后一个建议,魏明帝没有同意,他命合肥城中将士坚守待援,并采用刘劭的建议,以步兵五千、精骑三千为先遣部队,张扬声势,援救合肥。到合肥后,疏散队形,大张旗鼓,曜兵城下,并到吴军背后,作出欲断其归路及粮道之势。七月,魏明帝在安排好西部事务后,亲率水军乘船东征,与孙吴军决战。孙权不愿决战,便与东路孙韶军一起退兵。

孙权退兵后,派陆逊的亲信韩扁给陆逊送信,要其退兵。不料韩扁

行至汉水为曹魏军所捕。诸葛瑾闻之甚惧,马上给陆逊写信,说:"圣驾已还,韩扁被捕。敌已知我底细,况汉水枯水季将至,当急退兵。"但陆逊仍无退意,命令士兵种菜种豆,自己与诸将弈棋射戏如常。诸葛瑾知道陆逊这样做自有其道理,果然,陆逊对诸葛瑾说:

敌已知圣驾返回,已无东顾之忧,得专力对付吾等。且敌已扼守要害之处,我军心不安,当以镇定之态安之,然后施以变术退兵。若今急退,敌便知吾恐怖,若来相逼,必败之势也。

当下,陆逊与诸葛瑾秘密议定,让诸葛瑾督率战船待机,自己则率兵马直攻襄阳。魏军一向惧怕陆逊,立即收兵进城。诸葛瑾便指挥部队将船引出,陆逊从容整军,步行上船,安然而退。后退途中,又对曹魏江夏南新(治今湖北京山东北)、安陆(治今湖北云梦)、石阳(治今湖北汉川西北)等县发动袭击,斩获近千人。

总观孙吴对曹魏的这些进攻,都是在诸葛亮北出关陇的前后。由于东、西两条战线没有统一的指挥,从而影响了配合的效果,但孙吴配合诸葛亮北进的意图是明显的。

与此同时,诸葛亮也经常把北伐的情况向孙吴通报。第一次北伐失败后,诸葛亮曾给其兄诸葛瑾写信说:

前赵子龙退军,烧坏赤崖以北阁道,缘谷一百余里,其阁梁一头入山腹,其一头立柱于水中。今水大而急,不得安柱,此其穷极不可强也。

不久,又写第二封信给诸葛瑾,说:

顷大水暴出,赤崖以南桥阁悉坏,时赵子龙与邓伯苗(邓芝),一戍赤崖屯田,一戍赤崖口,但得缘崖,与伯苗相闻而已。

在诸葛亮准备进攻陈仓前,又写信给诸葛瑾说:

有绥阳小谷,虽山崖绝重,溪水纵横,难用行军者,昔逻候往来要道通入。今使前军斫治此道,以向陈仓,足以攀连贼势,使不得分兵东行者也。

建兴十二年(234),诸葛亮最后一次北伐,兵驻五丈原,还给孙吴西陵都督写信说:

仆前军在五丈原,原在武功西十余里……马冢在武功东十余里,有高势,攻之不便,是以留耳。

这一封封信,表明了诸葛亮对盟友的信任,对联盟的真诚,也说明了诸葛亮的北伐是在东方盟友的配合下进行的。

诸葛亮的诚意,赢得了孙吴的信任和配合;诸葛亮的不断北伐,显示了进攻曹魏的力度。

然而,他还必须占据陇右和关中,因为只有这样,才能使蜀汉的国力大大增强,才能实现与孙吴合击中原的钳形态势。

诸葛亮死后,后主以丞相长史蒋琬为尚书令,总统国事,不久又加封琬为行都护,假节,领益州牧。蒋琬受命之后,既无忧国之戚容,也无升职之喜色,神色举止,有如平日,于众臣之中,出类拔萃,因此众望渐服。大家都称赞诸葛丞相选准了继任者,临终前还为蜀国的安定出了力。

诸葛亮病逝后,蜀国吏民十分怀念他,各地纷纷要求为诸葛亮立庙,祭祀他们心目中的贤相。后主刘禅开始未同意,百姓便每逢年节私祭于道路田陌之上。这样一直延续了二十多年,祭祀活动长盛不衰。后来步兵校尉习隆、中书郎向充等上书建议后主为诸葛亮立庙,说:"自汉代以来,有小善小德的人,被绘图立庙祭祀的很多,何况诸葛丞相品德堪称四海之内的楷模,功勋又为汉末举世无双,蜀汉能够得以存在,实在是得力于丞相,然而,现在祭祀他的活动只见于普通百姓之中,此非纪念先贤功业与德行的办法。应该建立武侯庙宇,使其亲属按时去祭奠,凡其部属与百姓也可自愿去那里祭奠,这才是正当的礼仪。"刘禅批准了他们的奏议。下令在沔阳(今陕西勉县)靠近诸葛亮墓地处修建了武侯庙。后来晋朝钟会征蜀至汉川,特地到诸葛亮墓前祭奠这位"敌国"的统帅,并下令军士不得在墓地附近砍柴放牧。蜀汉灭亡之

第八章 北伐曹魏

后，304年，李雄在成都建立成汉政权时，又在成都"少城"建立孔明庙。347年，东晋桓温伐蜀，灭掉成汉后，将"少城"夷平，唯独保留了孔明庙，表示了他和东晋统治者对诸葛亮的敬慕。这些敌国首领对诸葛亮的尊敬，充分体现了他的威望之高。后来成都南郊建立了武侯祠，夔州、沪州、卧安等州郡竞相为诸葛亮立庙。从此，这些地方成为人们游览的胜地。历代都有许多著名的文人、政治家前来观瞻、凭吊，并且写下了无数咏叹、赞颂诸葛亮的诗文、题词，抒发了他们对这位政治家的崇敬和景仰之情。

为什么诸葛亮能赢得千百年来人们的崇敬呢？是他的智慧，他的功绩，更是他伟大的品德和人格。

首先，他对统治者忠诚。中国封建社会中，士为知己者死，效忠国君，是一种崇高的道德。诸葛亮追随刘备，忠心耿耿，为创建蜀国，稳定蜀国统治，立下了汗马功劳。但他从不居功自傲，功高而不震主。平定南夷后，他的威望空前提高，在他出兵汉中，准备北伐时，李严写信劝他进爵称王，接受人臣最高礼遇的"九锡"（国君赐予重臣的车马、服饰、杖节等九种物品，是极高的荣誉）。诸葛亮以"坐贵自大，与义不合"为由拒绝了。其实，凭着先帝托孤的话，凭他的地位、权势、才智和威望，别说称王，就是取后主而代之，也不是不可能的。但他没这样做。因此，"上不生疑心，下不兴流言"。正如后人评论，他大权在握而不失礼，不跋扈欺上；他代替皇帝行事，而国人并不怀疑他有篡位自代的野心。

诸葛亮忠于刘备，毫无二心。他刚出仕不久，便遭遇刘备在长坂的大败。当时刘备处境十分困难。诸葛亮去东吴劝说孙权共同拒曹时，孙权劝他留在东吴，而且其兄诸葛瑾正是东吴重臣，但他忠贞不二。后来在蜀国为相，诸葛瑾几次去蜀国，诸葛亮只按别国使臣的礼节接待他，除公事会面交谈外，从未私下会晤，丝毫不掺杂个人感情，不使上生疑。正如后人所评论的那样：诸葛一生唯谨慎。

诸葛亮忠于皇帝，但不是一味听任君主所为。他对后主经常匡谏，严格要求，苦口婆心地规劝后主"不宜妄自菲薄，引喻失义"，要后主"亲贤臣，远小人"，"咨诹善道，察纳雅言"，真正尽到了人臣的职责。

其次，他勤勉尽职。他"受任于败军之际，奉命于危难之间"，东奔西走，转战南北，不辞劳苦。辅政之后，为改变蜀国民贫国虚的不利局面，他"夙夜忧叹"，为国制定良策。他日理万机，除担负全国的军政大事外，还亲自组织兴修水利、桥梁、道路、驿舍等工程，亲自过问养蚕、织锦、煮盐、冶铁、铸钱等事业，亲自参与设计制造木牛、流马、连弩等器械，甚至亲自检查一些重要兵器的制作。他对每项工作都认真负责，兢兢业业，一丝不苟，以致于"流汗竟日"。直到临终前还不忘安排军务，处理后事，难怪清朝康熙皇帝不无感慨地说："诸葛亮云：'鞠躬尽瘁，死而后已'。为人臣者，惟诸葛亮之能如此耳。"

第三，诸葛亮一身正气，清廉无私。他很欣赏孔子"其身正，不令而行；其身不正，虽令不从"的话，主张为政者要正己教人，他说："上之所为，人之所瞻也。夫释己教人，是谓逆政，正己教人，是谓顺政。"强调"先理身，后理人"，"理上则下正，理身则人敬"。他位居人臣之首，但严于律己。他讲求法制，赏罚分明。首次北伐失利，他自请免去丞相之职。贬官三级。他生活简朴，始终实践着自己给后主表中"不别治生，以长尺寸。臣死之日，不使内有余帛，外有赢财"的诺言。他临终前，嘱咐丧事从俭，依山造墓，坟冢仅能容下棺材即可，入殓时穿平常衣服，无须随葬器物。所有这些都是极其难能可贵的。

他严于律己，还包括严格要求、耐心教育子侄。他起初无子嗣，将诸葛瑾的次子诸葛乔过继给自己，作为长子。诸葛亮北伐时，让其随军同行，加以锻炼。诸葛亮还安排他与其他将领子弟一起率部分兵卒顶风冒雨，跋涉于崇山峻岭、峡谷小路中，押运军需。他的嫡长子诸葛瞻少年时才思敏捷，诸葛亮关心其成长，寄予厚望。在给兄长诸葛瑾的信中说："瞻今已八岁，聪慧可爱，嫌其早成，恐不为重器耳。"故也严加要求。

诸葛亮特别写了一篇《诫子书》，对儿子们谆谆教诲：

夫君子之行，静以修身，俭以养德。非淡泊无以明志，非宁静无以致远。夫学须静也，才须学也。非学无以广才，非静无以成学。淫慢则不能砺精，险躁则不能治性。年与时驰，意与日去，遂成枯落，多不接世，悲守穷庐，将复何及？"

他还写了《诫外甥书》，书中说：

第八章 北伐曹魏

夫志当存高远，慕行贤，绝情欲，弃凝滞，使庶几之志，揭然有所存，恻然有所感。忍屈伸，去细碎，广咨问，除嫌吝，虽有淹留，何损于美趣，何患于不济。若志不强毅，意不慷慨，徒碌碌滞于俗，默默束于情，永窜伏于凡庸，不免于下流矣！

在这里，诸葛亮论述了清心寡欲、淡泊名利在品德修养中的重要性，阐明了学习对增长才干的重大作用，强调了远大志向对成就学业的意义。这些见解是极为精辟的。既是对子侄们的殷切教诲与期望，也是他伟大人品风范的写照，对后代产生了深远的影响。

由于诸葛亮的谆谆教诲和严格要求，特别是他自身的榜样，子侄们都成为国家有用的人才。诸葛乔虽才华不及其长兄诸葛恪，但品德与学业则过之。乔早死，其子诸葛攀在蜀国做了官。后诸葛恪在东吴以"谋反"罪被杀，全家被株连遭夷灭，诸葛攀又重做了诸葛瑾的后代。诸葛瞻十七岁那年，做了后主的驸马，官拜骑都尉，第二年提升为羽林中郎将。后又连升为射声校尉、侍中、尚书仆射、军师将军。他多才多艺，工于书画，强识念，为官清正，忠于蜀汉。蜀中人追思诸葛亮，也都自然地敬爱诸葛瞻的才智。朝廷每有一善政佳事，即使并非诸葛瞻所建议倡导，百姓也都互相传告说："葛侯之所为也。"

诸葛亮以其超凡才智，在历史的舞台上表演了可歌可泣的一幕，留下了不可磨灭的功绩。其开明的政治，改善了人民的生活，缓和了民族矛盾；其伟大的人格风范昭示着后人。因此千百年来深为人们所景仰。